U0118664

大安出版社四十周年社慶叢刊

大安出版社成立於一九七四年八月，以出版人文研究、教學用書爲宗旨，迄今四十年。社員深幸當初作夥結緣之初衷未改，故特別推出「四十週年社慶叢刊」多種，一則紀念友誼，二則共饗海內外同好。

夏長樸著

儒家與儒學探究

大安出版社印行

國家圖書館出版品預行編目資料

儒家與儒學探究 / 夏長樸著. -- 一版.
-- 臺北市 : 大安, 2014.06
面 ; 公分
ISBN 978-986-7712-61-5(平裝)
1.儒家 2.儒學 3.文集

121.207 103010233

儒家與儒學探究

著者：夏長樸
發行人：蕭淑卿
發行所：大安出版社
電話：（○二）二三六四三三二七
傳真：（○二）二三六七二四九九
地址：台北市中正區汀州路三段一五一號二樓（100）
郵撥帳號：一○一○三八七七
戶名：大安出版社
電子郵件信箱：taan1@seed.net.tw
二○一四年六月 一版一刷 0001~0300
行政院新聞局登記證局版第三四五九號
定價：新台幣五○○元

ISBN 978-986-7712-61-5(平裝)

自序

筆者在臺大任教三十多年，由於教學研究所需，經常要發表學術論文；再加上受邀參加國內、外的各種學術會議，也必須撰寫相關的會議論文宣讀。時間一長，兩者相加，不知不覺累積了不少研究心得，也增加了相當數量的學術成果。除了民國七十八年匯集其中七篇論文，出版《李覯與王安石研究》之外，由於心力專注在探尋新知上，沒有再動過修訂整理已發表文章，另行出版專書的念頭。

近幾年來經常有學生提及，由於拙作發表的刊物散布在兩岸三地，除了國內的期刊論文便於查索之外，其餘專書與會議論文集發行有限，想參考或蒐集這些論文並不容易，建議考慮彙整成書，以方便學界查索。學術事業本來即是探索、創新及傳佈知識的工作，研究成果理應提供給同道過目，用以徵詢意見、交換心得。在此考量下，易於取得自然應列爲優先考量。期刊論文固然有發表最新研究成果的方便，但就人文學研究而言，其具體呈現思想系統、充分展開完整思考的效果，就不如一部主題集中、宗旨明確的專書。思考及此，自覺應該調整態度，改弦更張，並且劍及履及的採取行動，以落實此一想法。

筆者研究的領域是中國學術思想史，在大學開設的課程與發表的論文也以中國思想史、秦漢學術史、宋代學術思想及清代學術史爲主，因此收入本書的研究論文自然集中在這些領域。必須說明的是，由於過去發表的文章以宋代部份數量較夥，若一併收入，必然使得全書輕重失衡，加以篇幅過鉅，也非一冊書所能容納。此外，清代《四庫全書總目》的編纂過程與學術影響，是筆者近幾年來用力最深的研究主題，雖然已有相當數量的研究成果發表，但目前仍在持續進行中。這兩部份的研究成果積累的其實不少，各自獨立成書，或許更可彰顯研究主題。經考慮再三，最後決定二者另行結集出版，不再收入。這部書並未包括宋代與《四庫全書總目》的研究論文，原因在此。

本書收入的各篇論文，都是曾在期刊或論文集發表的文章，匯集成書時，也經過局部修訂。各篇論文的安排順序，皆依照學術慣例，以探討的時代爲準，自先秦以迄清末民初。九篇論文的構思與撰寫，幾乎都與筆者曾開設的相關課程有關，如先秦四篇都與孔子相關，這是教授「論孟導讀」、「四書」的授課心得；漢代的兩篇，是開設「秦漢學術思想史」的研究成果；明代一篇，是擔任「中國思想史」課程的思考所得；清代兩篇，則是講授「中國近三百年學術史」的具體成果。這些論文雖說時代各異，探討的問題也有所不同，其實萬流歸宗，都聚焦在「儒家與儒學」此一主題上，本書因此定名爲《儒家與儒學探究》。

自留校任教以來，筆者始終秉持「學不可以已」這一宗旨，持續進修。如今雖已退休改為兼任，仍深感教學與研究如車之兩輪、鳥之雙翼，二者密切相關，相輔相成，既不可切割分離，也不宜有所偏廢。正因如此，更能體會孔子所謂「學而時習之」一語，意味深長，發人深省，於我心有戚戚焉。昔人雖已遠，典範猶存至今。謹以斯語自勉之。

民國一〇三年六月序於臺大中文系第十二研究室

儒家與儒學探究　目次

尋孔顏樂處[1]

一

《二程集》有如下的記載：「昔受學於周茂叔，每令尋仲尼、顏子樂處，所樂何事。」[2]南宋的黃震也說：「其相與授受之要，在尋顏子樂處，與所樂何事。」[3]可見尋孔顏樂處是周敦頤與二程兄弟關切的一個問題。由於一般認爲周敦頤是理學的開創者，二程兄弟又是理學的

---

1 本文初稿曾在「首次海峽兩岸儒學研討會」及臺大中文系學術研討會宣讀，初稿經修改後正式發表。本書所收係修訂稿。

2 宋・程顥、程頤：《二程集・河南程氏遺書》（北京：中華書局，1984年），卷2上，頁16。

3 宋・黃震：《黃氏日抄》（臺北：大化書局，民國73年，影印日本立命館大學藏清乾隆三十三年刊本），卷32，總頁447，「周子後錄」。

巨擘。他們提出的這個問題，自然就受到其後學者的注意與探討，因之「尋孔顏樂處」就在這些學者探研下，成爲宋代理學的一個重要論題。孔、顏的樂處究竟在何處？他們所樂的又是何事？周與二程都沒有明確的指出來。後來的學者雖相繼就孔顏樂處發表一己的見解，而他們是否真正掌握了此一問題的核心，在人言人殊的情形下，也很難有一個確切的定論。本文之作，嘗試就個人涉獵所得，對這個論題提出若干探索，至於是否真有所見，則不敢自以爲是，有待大雅方家不吝教之。

二

孔子曾說：「賢哉回也，一簞食，一瓢飲，在陋巷。人不堪其憂，回也不改其樂。賢哉回也。」[4]又說：「飯疏食飲水，曲肱而枕之，樂亦在其中矣。不義而富且貴，於我如浮雲。」[5]二章同時都提到「樂」，而這個「樂」究竟是什麼呢？其中頗有可以討論之處。孔子固然不

---

4 宋・朱熹：《四書章句集注・論語集注》（臺北：大安出版社，影印北京中華書局本，民國75年），卷3，頁87，〈雍也篇〉。

5 同上書，卷4，頁97，〈述而篇〉。

排除富貴，肯定「富與貴是人之所欲也」，6也有過「富而可求也，雖執鞭之士，吾亦為之」7的感慨，但他卻清楚的意識到「死生有命，富貴在天。」8不是勉強可得的。因此他所謂的「樂」，應該不會是富貴。就上文所云來看，「簞食、瓢飲、陋巷」是物質上的貧窮，「疏食飲水、曲肱而枕」，也不是富裕的生活。這種生活上的匱乏是一般世俗常人所不堪忍受，甚而為之整日憂愁，顏淵卻「不改其樂」，孔子也「樂在其中」，這其中的原因在那裏？又是什麼使孔、顏忘卻了貧窮生活中必然有的種種不便？很明顯的，答案要在物質生活以外去找。

《論語·學而篇》載：「子貢曰：『貧而無諂，富而無驕』，何如？」子曰：『可也。未若貧而樂，富而好禮者也。……』」9這裏的「貧而樂」與「富而好禮」，語義並不相稱。「貧而樂」，《史記·仲尼弟子列傳》作「貧而樂道」，皇侃《論語義疏》本、高麗本、足利本「樂」下都有「道」字，可見原文作「貧而樂道」似乎較妥當。由此看來，孔子、顏淵所樂的對象，應該就是「道」。10《論語》一書中，孔子推崇道的言論所在多有，如：

---

6 同上書，卷2，頁70，〈里仁篇〉。

7《論語集注》，卷4，頁96，〈述而篇〉。

8《論語集注》，卷6，頁134，〈顏淵篇〉。

9《論語集注》，卷1，頁52。

10 鄭玄注本雖無「道」字，但就《集解》所引鄭注：「樂謂志於道，不以貧為憂苦。」來看，則鄭玄也以「道」

> 子曰：「志於道，據於德，依於仁，游於藝。」[11]
>
> 子曰：「朝聞道，夕死可矣。」[12]

不僅以道爲個人修養的鵠的，而且揭示了慕道殷切，是需要以整個生命投入追尋的。而如下列言論：

> 子曰：「士志於道，而恥惡衣惡食者，未足與議也。」[13]
>
> 子曰：「君子謀道不謀食。耕也，餒在其中矣；學也，祿在其中矣。君子憂道不憂貧。」[14]

更是把君子嚮往企盼目標在「道」，而非物質上的衣食滿足，明確的點出來。「道」既然能令孔顏師徒忘卻物質上的匱乏，全心全意的探討追求，那麼他們所樂的「道」又是什麼呢？《論

爲所樂的對象。類似的說法漢代常見，如：「賢哉回也」章，《集解》引孔安國云：「顏淵樂道，雖簞食，在陋巷，不改其樂。」又趙岐注《孟子．離婁下》云：「當亂世安陋巷者，不用於世，窮而樂道也。』即是其例。

11《論語集注》，卷4，頁94，〈述而篇〉。

12 同上書，卷2，頁71，〈里仁篇〉。

13 同上書，卷2，頁71，〈里仁篇〉。

14《論語集注》，卷8，頁167，〈衛靈公篇〉。

語》載：

> 子曰：「參乎！吾道一以貫之。」曾子曰：「唯。」子出，門人問曰：「何謂也？」曾子曰：「夫子之道，忠恕而已矣。」[15]

將「道」解爲「忠恕」，雖然出自曾子之口，並非孔子親口所言，但這個說法應是可信的。程頤《論語解》云：「盡己之謂忠，推己之謂恕。」[16]程顥也說：「以己及物，仁也；推己及物，恕也，違道不遠是也。」[17]這種由盡己進而推及他人的德性就是仁，所以孔子說：「道二：仁與不仁而已矣」。[18]仁是孔子思想的中心，《論語》一書中關於仁的討論極多，如果說孔子的學說就是仁學，是相當貼切也並不爲過的。

15《論語集注》，卷2，頁72，〈里仁篇〉。

16《二程集．河南程氏經說》，卷6，頁1138。

17 宋．《論語精義》（京都：中文出版社，影印日本享保14年〔1729〕刊本，未署出版時間），卷2下，總頁231。

18《四書章句集注．孟子集注》（臺北：大安出版社，民國75年，影印北京中華書局本），卷7，頁277，〈離婁上〉。

孔子曾經頗爲感嘆的說：「鳥獸不可與同羣，吾非斯人之徒與而誰與？」19這裏明顯的指出了人的社會性。人是羣居的動物，離羣索居與麋鹿遊的生活，在孔子看來是不自然且不必要的。既然人必須生活在社會中，也必然會產生人與他人的社會關係，則個人應如何自我定位，進而發展人我的關係，就是不能不面對的現實。孔子提出的仁，即是個人社會中調適生活，進而安身立命的道德理想。《論語》記載說：「樊遲問仁，子曰：『愛人。』」20愛是情感，愛人則是由感情而表現的道德。以愛人爲基礎，開展出個人的團體生活，這是孔子的創見，也爲孟、荀以下的儒家學者所服膺。仁既是孔子思想中的崇高道德，如何求仁行仁自然成爲孔門教化的一個主題，不僅孔子本人孜孜不倦的追求這個理想，孔子的學生也莫不如此。《論語》載：

子貢曰：「如有博施於民而能濟眾，何如？可謂仁乎？」子曰：「何事於仁，必也聖乎！堯舜其猶病諸！夫仁者，己欲立而立人，己欲達而達人。能近取譬，可謂仁之方也

19《論語集注》，卷9，頁184，〈微子篇〉。
20《論語集注》，卷6，頁139〈顏淵篇〉。

己。」21

程顥說：「能近取譬，反身之謂也。」22反身就是反求諸己。何以行仁之方要由一己開始呢？孔子認爲和一個人最接近的就是自己本人，能以自己做比方，事事思考到別人，就是行仁的最好方法。若能如此，將心比心，自己有所需求時，同時也能考慮到別人有同樣的需求，這就是「己欲立而立人，己欲達而達人。」反過來說，自己不想別人這樣待我，自然不會這樣對別人，這即是孔子所謂的「己所不欲，勿施於人。」23能由這一觀點出發，循序而行，仁的實現就不會沒有著落。《論語》載：

> 子路問君子。子曰：「脩己以敬。」曰：「如斯而已乎？」曰：「脩己以安人。」曰：「如斯而已乎？」曰：「脩己以安百姓。脩己以安百姓，堯舜其猶病諸！」24

劉寶楠說：「修己者，修身也。以敬者，禮無不敬也。安人者，齊家也。安百姓，則治國平天

---

21 同上書，卷4，頁91，〈雍也篇〉。

22 《二程集．河南程氏外書》，卷2，頁362。

23 此語凡兩見，一見於《論語》，卷6，頁132，〈顏淵篇〉，「仲弓問仁章」；再見於同書卷8，頁166，〈衛靈公篇〉，「子貢問曰章」。

24 《論語集注》，卷7，頁159，〈憲問篇〉。

下也。」[25]此處的「安百姓」，就是前述的「博施於民而能濟眾」。「安人」與「安百姓」，也即是齊家、治國平天下，這是以個人修身爲前提，在「愛人」的認知下，由己及人，自近而遠逐步推擴才能完成的，這種過程即是仁的具體實現。具備實現這種理想能力的人就是所謂的仁者、聖人。後來《大學》的格致誠正修齊治平八條目，正是這一思想的進一步發展。從「堯舜其猶病諸」這一句話可以知道，孔子清楚的了解到「安百姓」的理想在現社會政治上並不容易達到，甚至有這種道德素養的人也不常見，有感於此，所以他不輕易以仁許人。《論語》中這種言論極多，如：

> 孟武伯問：「子路仁乎？」子曰：「不知也。」又問。子曰：「由也，千乘之國，可使治其賦也，不知其仁也。」「求也何如？」子曰：「求也，千室之邑，百室之家，可使為之宰也，不知其仁也。」「赤也何如？」子曰：「赤也，束帶立於朝，可使與賓客言也，不知其仁也。」[26]
>
> 子張問曰：「令尹子文三仕為令尹，無喜色；三已之，無慍色。舊令尹之政，必以告新令尹。何如？」子曰：「忠矣。」曰：「仁矣乎？」曰：「未知，焉得仁？」「崔子弑齊

---

25 清·劉寶楠：《論語正義》（北京：中華書局，1987年），卷17，頁605。

26 《論語集注》，卷3，頁77，〈公治長篇〉。

君，陳文子有馬十乘，棄而違之。至於他邦，則曰：『猶吾大夫崔子也。』違之。之一邦，則又曰：『猶吾大夫崔子也。』違之。何如？」子曰：「清矣。」曰：「仁矣乎？」曰：「未知，焉得仁？」[27]

不論是對自己的學生，或是當時國際上的賢大夫，孔子都有恰如其分的品評，卻很少以仁推許。例外的只有管仲與顏淵兩人，孔子稱讚管仲使「桓公九合諸侯，不用兵車」[28]，有行仁的功效，然而管仲器量褊淺，「管氏而知禮，孰不知禮？」[29]顏淵聰敏好學，「聞一以知十」[30]是孔門諸子中有志行仁，也最爲孔子看好的，卻不幸早死，有志未酬。雖說行仁如此不易，但孔子自己仍懷抱著「老者安之，朋友信之，少者懷之」，[31]的崇高志向，以「我欲仁斯仁至矣」[32]的積極態度，從事求仁行仁的工作，「爲之不厭，誨人不倦」，[33]「發憤忘

27《論語集注》，卷3，頁80，〈公冶長篇〉。
28《論語集注》，卷7，頁153，〈憲問篇〉。
29同上書，卷2，頁67，〈八佾篇〉。
30同上書，卷3，頁77，〈公冶長篇〉。
31同上書，卷3，頁82，〈公冶長篇〉。
32同上書，卷4，頁100，〈述而篇〉。
33《論語集注》，卷4，頁101，〈述而篇〉。

食，樂以忘憂，不知老之將至云爾。」34所謂的樂處就在這裏，世俗的富貴貧賤自然不會放在心中。

顏淵在孔門諸生中以德行著稱，曾子曾說：「以能問於不能，以多問於寡；有若無，實若虛，犯而不校，昔者吾友嘗從事於斯矣。」35馬融認爲曾子指的「吾友」就是顏淵，可見同門對他的推崇。孔門學生中顏淵獨以好學出名，《論語》載：

哀公問：「弟子孰為好學？」孔子對曰：「有顏回者好學，不遷怒，不貳過。不幸短命死矣！今也則亡，未聞好學者也。」36

朱子《集注》說：「怒於甲者，不移於乙；過於前者，不復於後。顏子克己之功至於如此，可謂真好學矣。」可知「不遷怒，不貳過」是屬於個人修身範圍內的事。顏淵自述己志說：「願無伐善，無施勞。」37「無伐善，無施勞」一般認爲是個人德行的修養，但「施勞」一事，《集注》又說：「或曰：『勞，勞事也。勞事非己所欲，故亦不欲施之於人。』亦通。」若從此

34《論語集注》，卷4，頁98，〈述而篇〉。
35《論語集注》，卷4，頁104，〈泰伯篇〉。
36《論語集注》，卷3，頁84，〈雍也篇〉。
37 同上書，卷3，頁82，〈公冶長篇〉。

說，「無施勞」就不僅只是個人範圍內事，同時也涉及到人我之間的關係。在這裏，顏淵表現出來的是「己所不欲，勿施於人」[38]的情操，足見他有求仁行仁的意願。孔子對顏淵這個說法並沒有表示異議，似乎默認顏淵的確有能力做到這一點，這和孔子不同意子貢能做到「我不欲人之加諸我也，吾亦欲無加諸人。」[39]是大不相同的。不僅如此，顏淵問仁，[40]又問爲邦。[41]可見他的志向並不以修己爲限，修己之外還要安人、安百姓，他也有安邦治國的意願，王應麟說：「孔門獨顏子爲好學，所問曰爲仁，曰爲邦。成己成物，體用本末備矣。」[42]是相當正確的。孔子讚揚顏淵「吾見其進也，未見其止也。」[43]又說「回也其庶矣，屢空。」[44]強調他能「三月不違仁」，[45]並且對顏淵說：「用之則行，舍之則藏，惟我與爾有

38《論語集注》，卷6，頁132，〈顏淵篇〉。

39《論語集注》，卷3，頁78，〈公冶長篇〉。

40《論語集注》，卷6，頁131，〈顏淵篇〉。

41 同上書，卷8，頁163，〈衛靈公篇〉。

42 宋．王應麟撰，清．翁元圻注：《翁注困學紀聞》（臺北：臺灣中華書局，民國59年，《四部備要》本）卷7，頁29。

43《論語集注》，卷5，頁114，〈子罕篇〉。

44 同上書，卷6，頁127，〈先進篇〉。

45 同上書，卷3，頁86，〈雍也篇〉。

是夫！」46足見對顏淵在仁道上所下的工夫是極為肯定的。在這種情形下，以顏淵好學不倦的努力，深切了解仁學的真諦，進而浸淫其中，充分享受求仁行仁的樂趣，忘卻簞瓢陋巷，是相當可以理解的。

三

「尋孔顏樂處」是周敦頤首先提出來的問題，周敦頤本人對這個問題的看法又如何呢？他認為人在萬物之中得陰陽五行之秀而最靈，人生存在世上最要緊的事就是提升自己的德行，《通書・師友篇》說：「天地間至尊者道，至貴者德而已矣。至難得者人，人而至難得者道德有於身而已矣。」47能夠修養德行到高厚境界的即是聖人。孔子本人是生而知之的聖人，卻鼓勵大家好學，孔子說：「我非生而知之者，好古，敏以求之者也。」48好學的目的即在成

46《論語集注》，卷4，頁95，〈述而篇〉。

47 宋・周敦頤撰、清・董榕輯：《周子全書》（臺北：廣學社印書館，影印標點本，未署出版時間），卷9，頁175。

48《論語集注》，卷4，頁98，〈述而篇〉。

爲聖人。顏淵也說過：「舜何人也？予何人也？有爲者亦若是。」[49]可見「聖賢非性生」[50]可以靠後天的修養獲致，是孔、顏共同的體認。基於此一認知，周敦頤提出的修養方法有二，其一是無欲，其二是遷善改過。[51]在「無欲」方面，《通書・聖學篇》說：「『聖可學乎？』曰：『可。』曰：『有要乎？』曰：『有。』請問焉。曰：『一爲要。』一者無欲也，無欲則靜虛動直。靜虛則明，明則通。動直則公，公則溥，明通公溥，庶矣乎！」[52]孟子主張「養心莫善於寡欲」，[53]周敦頤則更進一步，「寡焉以至於無」，[54]提出「無欲」來。所謂「無欲」，並非滅絕欲望，而是不存私心雜念。沒有私心雜念，心即虛靜，虛靜則能清楚無疑，通曉透

49《孟子集注》，卷5，頁251，〈滕文公上〉。

50《周子全書》，卷17，頁334，〈養心亭說〉。

51《周子全書》，卷10，頁186，《通書・乾損益動篇》云：「君子乾乾不息於誠，然必懲忿窒欲，遷善改過而後至。乾之用其善是，損益之大莫是過，聖人之旨深哉。」「集說」引孫奇逢說：「懲忿窒欲，遷善改過，是修德實地工夫，足盡聖人之蘊，不獨爲〈乾〉、〈損〉、〈益〉三卦之旨。」今人張立文據《說文》：「窒，塞也。」認爲：「窒欲，就是窒息欲和杜塞欲的意思。因此，周敦頤提出無欲的主張。」（《宋明理學研究》，頁163，中國人民大學出版社，1985年）

52《周子全書》，卷9，頁164。

53《孟子集注》，卷14，頁374，〈盡心下〉。

54《周子全書》，卷17，頁334，〈養心亭說〉。

徹。如此一來，當意念動時，便會公正無私。這就是「靜虛動直」、「明通公溥」。所謂「聖人之道，至公而已矣。」[55]能修養到上述境界的人，就是聖人。關於遷善改過方面，《通書·愛敬篇》云：「有語曰：斯人有是之不善，非大惡也？則曰：孰無過焉，知其不能改，改則爲君子矣。不改爲惡，惡者天惡之，彼豈無畏耶？烏知其不能改。」[56]周敦頤認爲人不可能沒有過失，人的善與不善，不在於此人的有無過失，要緊的是有過時改或不改。知過而能改，從而向善，就是君子；知過不改，怙惡不悛，「過而不改，是謂過矣。」[57]即是真惡。因之，就一個有心向道修己的人而言，有人指出自己的過失，不僅不應恚怒生氣，反而要視之如藥石，切實改正，《通書·過篇》說：「仲由喜聞過，令名無窮焉。今人有過，不喜人規，如護疾而忌，寧滅其身而悟也，噫！」[58]孔子學生中「子路，人告之以有過則喜。」[59]這因爲聞過可以導致自我反省，遷善改過，對提升個人修養而言，有正面積極的作用。惡聞己過，猶如諱疾忌醫，不能面對現實，又怎能對症下藥，改過自新？因此，《通書·幸篇》說：「人之生，

55《周子全書》，卷10，頁196，《通書·公》。
56《周子全書》，卷9，頁156。
57《論語集注》，卷8，頁167，〈衛靈公篇〉。
58《周子全書》，卷10，頁178。
59《孟子集注》，卷3，頁239，〈公孫丑上〉。

不幸不聞過，大不幸無恥。必有恥，則可教；聞過，則可賢。」60知恥聞過，其實只是一事。知恥是由內心產生；聞過，則是得之於外在。知恥是內心的自覺，在這個基礎上，由聞過而知所改過，個人道德的提升可以預期。透過上述無欲與遷善改過這兩種修養工夫，善日增而德日進，久而久之，自然可以臻於聖人之境。由於聖人能充分感受這種精神境界的樂趣，不為外物所移，自然「常泰無不足，而銖視軒冕，塵視金玉。」61置富貴於度外。

《通書・志學篇》說：「聖希天，賢希聖，士希賢。」62顏淵雖非聖人，但在孔子「循循然善誘」之下，已達「三月不違仁」的境界，並仍在「日知其所無，月無忘其所能」的好學不倦，距離成聖已經不遠。在這種情形下，他整個人浸潤在自我道德不斷提升的樂趣中，外在的貧賤富貴自然不會影響到他。《通書・顏子篇》說：「顏子一簞食，一瓢飲，在陋巷，人不堪其憂，而不改其樂。夫富貴人所愛也，顏子不愛不求，而樂乎貧者，獨何心哉？天地間有至貴至愛可求而異乎彼者，見其大則心泰，心泰則無不足，無不足則富貴貧賤處之一也，處之一則能化而齊，故顏子亞聖。」63正具體說明了這一點。

60《周子全書》，卷8，頁144。
61《周子全書》，卷10，頁191，《通書・富貴》。
62《周子全書》，卷8，頁146。
63《周子全書》，卷9，頁171。

周敦頤要二程兄弟尋孔顏樂處，就二程的言論來看，他們已掌握了個中契機，這可以從他們所說的「聖人氣象」說起，程頤說：「學者不學聖人則已，欲學之，須熟玩味聖人之氣象，不可只於名上理會。如此，只是講論文字。」[64]所謂「氣象」，就是個人內在的德行修養表現在言語舉止待人接物上，使他人得到的一種感受。這種氣象不僅接觸的人可以感受到，甚至不同時空的人也可以透過語言文字，感覺到當事者的氣象，程頤即曾說：「凡學者讀其言便可以知其人，若不知其人，是不知言也。」[65]那麼孔、顏這些聖賢的氣象又如何呢？《二程集》載：「仲尼，元氣也；顏子，春生也；孟子，并秋殺盡見。仲尼，無所不包；顏子示不違如愚之學於後世，有自然之和氣，不言而化者也；孟子則露其才，蓋亦時然而已。仲尼，天地也；顏子，和風慶雲也；孟子，泰山巖巖之氣象也。觀其言，皆可以見之矣。」[66]二程是宋朝人，自然不可能見到孔、顏、孟，但他們從《論語》、《孟子》中感覺到上述氣象，他們也從這種氣象中學習如何成爲聖人。周敦頤曾在《通書．志學篇》說：「志伊尹之所志，學顏子之所學，過則聖，及則賢，不及則亦不失於令名。」[67]因此，二程就把學顏子之所學做爲學聖

64《二程集．河南程氏遺書》，卷15，頁158。
65《二程集．河南程氏粹言》，頁1234。
66《二程集．河南程氏遺書》，卷5，頁76。
67《周子全書》，卷8，頁147。

的重點。

二程說：「聖人之德行，固不可得而名狀。若顏子底一個氣象，吾曹亦心知之，欲學聖人，且須學顏子。」68要學顏子，必須先知道顏子所喜好的是什麼？程頤在〈顏子所好何學論〉中說：「聖人之門，其徒三千，獨稱顏子為好學。夫《詩》、《書》六藝，三千子非不習而通也。然則顏子所獨好者何學也？學以至聖人之道也。」69他認為像孔子這樣的聖人境界，是可以靠學習達到的，他說：「凡學之道，正其心，養其性而已。中正而誠，則聖矣。君子之學，必先明諸心，知所養，然後力行以求至，所謂『自明而誠』也。故學必盡其心。盡其心，則知其性，知其性，反而誠之，聖人也。」70就個人的道德修養而言，「顏子去聖人，只毫髮之間。」71所謂「毫髮之間」，就行仁的表現來看，即是「夫子安仁也，顏淵不違仁也，子路求仁也。」72《論語》有孔子與弟子言志的記載，具體說明了三者之間的差異：

顏淵、季路侍。子曰：「盍各言爾志？」子路曰：「願車馬衣輕裘與朋友共，敝之而無

68《二程集．河南程氏遺書》，卷2上，頁34。
69《二程集．河南程氏遺書》，卷8，頁577。
70同前。
71《二程集．河南程氏遺書》，卷18，頁197。
72《二程集．河南程氏經說》。卷6，頁1140。

憾。」顏淵曰：「願無伐善，無施勞。」子路曰：「老者安之，朋友信之，少者懷之。」73

二程對這段資料的看法是：「『願無伐善』，則不私矣；『無施勞』，則仁矣。顏子之志，則可謂大而無以加矣。然以孔子之言觀之，則顏子之言出於有心也。至於『老者安之，朋友信之，少者懷之，』猶天地之化，付與萬物，而已不勞焉，此聖人之所爲也。」74簡而言之，顏淵行仁是有心而爲黽勉力行，孔子則無所謂行不行仁，動靜語默之間，自然而然即是仁的具體呈現。所謂「聖人之動以天，賢人之動以人。若顏子之有不善，豈如衆人哉？惟只在於此間爾，蓋猶有己焉。至於無我，則聖人也。顏子切於聖人，未達一息爾。」75即是此意。程頤指出，由於清楚的了解到這個關鍵所在，「故顏子所事，則曰『非禮勿視，非禮勿聽，非禮勿言，非禮勿動。』仲尼稱之，則曰『得一善，則拳拳服膺而弗失之矣』；又曰『不遷怒，不貳過，有不善未嘗不知，知之未嘗復行也。』此其好之篤，學之之道也。」76，在這種好學不

73《論語集注》，卷3，頁82，〈公冶長篇〉。

74《二程集・河南程氏外書》，卷3，頁368。

75《二程集・河南程氏遺書》，卷11，頁126。

76《二程集・河南程氏遺書》，卷8，頁578，〈顏子所好何學論〉。

倦的情形下，「顏淵之德，可謂充實而有光輝矣，所未至者，守之也，非化之也。以其好學之心，假之以年，則不日而化矣。故仲尼曰：「『不幸短命死矣』。蓋傷其不得至於聖人也。」[77]程頤認爲，顏淵雖因短命而死，不能臻於聖人境界，但從顏淵「溫淳淵懿，於道得之更淵粹，近聖人氣象」[78]來看，他已從這種精神境界中充分感受到樂，忘卻了簞瓢之苦。因此，二程說：「學者以顏子爲師，則於聖人之氣象類矣。」[79]是頗有意義的。

二程的學生謝良佐曾說：「明道先生坐如泥塑人，接人則渾是一團和氣。」[80]程頤也說：「視其（程顥）色，其接物也，如春陽之溫。聽其言，其入人也，如時雨之潤。」又說：「先生接物，辨而不間，感而能通。教人而人易從，怒人而人不怨。」[81]可見就二程兄弟的氣象而言，程顥似乎比程頤更能感受到孔、顏的樂處所在。從程顥的詩文中，可以明確的看出這一點來，在〈偶感〉這首詩中，他說：「雲淡風輕近午天，望花隨柳過前川。旁人不識予心

77《二程集．河南程氏遺書》，卷8，頁578，〈顏子所好何學論〉。
78《二程集．河南程氏遺書》，卷15，頁151。
79《二程集．河南程氏粹言》，卷2，頁1232。
80《二程集．河南程氏外書》，卷12，頁426，引《上蔡語錄》。
81 以上引文見《二程集．河南程氏文集》，卷11，頁630，〈明道先生行狀〉。

樂，將謂偷閒學少年。」[82]另一首〈秋日偶成〉則說：「閒來無事不從容，睡覺東窗日已紅。萬物靜觀皆自得，四時佳興與人同。道通天地有形外，思入風雲變態中。富貴不淫貧賤樂，男兒到此自豪雄。」[83]兩首詩同樣都提到「樂」，所以會樂的原因，不僅在於自己本身（予心樂，貧賤樂），也在於與人同（四時佳興與人同），與物同（雲淡風輕，望花隨柳，萬物靜觀皆自得），甚而與無限的天地宇宙同（道通天地有形外，思入風雲變態中）。[84]這種與人與物與宇宙同的情境，用程顥自己的言語來說，就是「仁者渾然與物同體」。[85]孟子曾說：「萬物皆備於我矣。反身而誠，樂莫大焉，強恕而行，求仁莫近焉。」[86]張載〈西銘〉也說：「乾稱父，坤稱母；予茲藐焉，乃混然中處。故天地之塞，吾其體；天地之帥，吾其性。民吾同胞，物吾與也。」[87]程顥的「仁者渾然與物同體」的看法，與孟子、張載的意見基本上是相同的。要怎樣才能達到這種境界呢?程顥指出：要做到這一點並不難，他說：「學者須

82《二程集．河南程氏文集》，卷3，頁476。

83《二程集．河南程氏文集》，卷3，頁482。

84 參見馮友蘭：《中國哲學史新編》（第五冊）（北京：人民出版社，1988年），頁123。又見於馮友蘭：〈程顥、程頤〉，收在《中國古代著名哲學家評傳》（濟南：齊魯書社，1982年），頁24。

85《二程集．河南程氏遺書》，卷2上，頁16。

86《孟子集注》，卷13，頁350，〈盡心上〉。

87 宋．張載：《張載集》（臺北：里仁書局，民國68年，影印北京中華書局本），《正蒙．乾稱篇》，頁62。

先識仁。仁者，渾然與物同體，義、禮、智、信皆仁也。識得此理，以誠敬存之而已，不須防檢，不須窮索。」88這裏的「物」，指的是一切事物，也就是宇宙萬物。他認爲人性本來就是仁，原本就與天地萬物爲一體，具備天理。由於人心有時被私欲所蒙蔽，所謂「人心莫不所知，惟蔽於人欲，則亡天德也。」89因而表現出不仁的情形，他說：「醫書言手足痿痺爲不仁，此言最善名狀。仁者，以天地萬物爲一體，莫非己也。認得爲己，何所不至？若不有諸己，自不與己相干。如手足不仁，氣已不貫，皆不屬己。」90不仁，就有「不與己相干」的現象出現，也就有了「己」與「非己」、「人」與「物」的對立，「二物有對，以己合彼，終未有之，又安得樂？」91要消除這種問題，必須針對重點，除去自私用智的情緒。「夫人之情，易發而難制者，惟怒爲甚。第能於怒時遽忘其怒，而觀理之是非，亦可見外誘之不足惡，而於道亦思過半矣。」92，簡而言之，就是撇去不當的自我私情，而以公正無私的方式來定

88《二程集．河南程氏遺書》，卷2上，頁16。
89《二程集．河南程氏遺書》，卷11，頁123。
90同前，卷2上，頁15。
91同前，卷2上，頁17。
92《二程集．河南程氏文集》，卷2，頁460，〈答橫渠張子厚先生書〉。

性，他說：「所謂定者，動亦定，靜亦定，無將迎，無內外。」[93]既不要「以外物爲外，牽己而從之」，也不要「有意於絕外誘」，[94]因爲「天人本無二」，[95]性亦無內外。「此道正物無對」[96]，不必自立分別。了解這個道理之後，「以誠敬存之」，也就是以孟子所謂的「必有事焉而勿正，心勿忘，勿助長」，[97]這種法子來存養一己的良知良能，「久則可奪舊習」，[98]自然就能「廓然而大公，物來而順應。」[99]逐步達到仁的境界。仁者既具有「渾然與物同體」的胸襟，個人的得失、世間的富貴貧賤都不會放在心上，自然觸處生趣無物不樂，所謂孔顏樂處也就在此。

---

93 同前。

94 同前。

95 清・黃宗羲、全祖望等：《宋元學案》，《黃宗羲全集》〔第三冊〕（杭州：浙江古籍出版社，1999 年），卷 13，頁 680，〈語錄〉。

96 《二程集・河南程氏遺書》，卷 2 上，頁 17。

97 《孟子集注》，卷 3，頁 232，〈公孫丑上〉。

98 《二程集・河南程氏遺書》，卷 2 上，頁 17。

99 《二程集・河南程氏文集》，卷 2，頁 460，〈答橫渠張子厚先生書〉。

四

以上簡要論述了孔顏樂處及宋儒周敦頤、二程尋孔顏樂處的大致情形。在探討過程中很清楚的可以看出：孔、顏所樂的是道，而周與二程追求的是成聖成賢。孔、顏關心的是如何由修養個人進而擴展到整個社會國家，周與二程則把眼光放在個人人格的提升上。二者雖同樣以修己爲著眼點，但孔、顏修己之外同時還要安人、安百姓，內聖工夫與外王事業同時兼顧；周與二程雖不忘安人、安百姓，畢竟重點仍落在個人道德的修養上，內聖工夫多過於外王事業。儒家的道德理想是以人爲本，但孔、顏的人本與周子、二程的人本面目雖同，而意趣已異，這是顯而易見的。雖說如此，儒家把外王事業的基礎設定在個人道德修養上，藉著個人道德的提升，由己而人而百姓，這種思考方式在孔、顏與宋儒身上並無二致。從實際政治上看來，此一教化民眾的方式理想色彩相當濃厚。我們都知道過於理想的理論落實到現實生活中去實踐時，往往有格格不入，不能使升斗小民接受的弊病。儒家聖人政治難以實行，陳義過高不切實際，恐怕是主要原因。「尋孔顏樂處」不是不可能做到，但只限於少數人。當大多數人困窘於衣食奔波上時，要求這些人「貧而樂道」的確不是容易的事。標舉高遠的理想是知識分子的責任，但如何配合大眾的心理，使這種理想能真正實現，恐怕是必須同時考慮的。此後的儒學要如何開展，個人應如何安身立命，從「尋孔顏樂處」下手，嘗試賦與新的解釋，似乎仍不失爲值得考慮的作法。

（原載《王叔岷先生八十壽慶論文集》，頁407–420，國立臺灣大學中國文學系編印，1993年6月）

孔子的實學[1]

一、緒論

「實學」一詞，近人多用以指明清時代的實學思潮，其實這一詞語出現甚早，目前可知北宋程頤已開始使用「實學」一詞。但在不同的時代、不同環境的學者，對「實學」的認知意義各自有所差異，如北宋的程頤所謂的實學是「治經學」；南宋的朱熹所指的實學，指的是《中庸》中的「理」；與朱熹學術方向不同的陸九淵，以「去私」為實學；明代的王守仁則以「去私意」為實學。即使同一時代的學者因治學路數不同，也會有不同的解釋，如顧炎武以「修己治人」為實學，黃宗羲以「經史與經世」為實學，戴震以「名物制度」為實學。雖然如此，但

1 本文為 1992 年 10 月，中國實學研究會主辦之「第二屆東方實學學術研討會」宣讀論文，經修改後發表。收入本書者為修訂稿。

不論宋明儒或清儒，儘管學術上有不同的面目，有各自的宗旨主張，但窮源溯本，歷代的學者仍有共同的認知，他們都認同自己的學術是經學，都肯定孔子之學是儒學的根源，是討論實學的真正源頭。

《漢書·河間獻王傳》記載河間獻王劉德「修學好古，實事求是」2，其具體的內涵就是「六藝」，唐顏師古注曰：「此六藝謂六經。」足見漢人已以「五經之學」爲實學。五經之學是孔門所傳，就記載孔子言行的《論語》而言，孔子之學雖無實學之名，卻有實學之實，基於此一事實，清代學者朱次琦就直截了當的明言孔子之學是「古之實學」3

本文的寫作，即以上述朱次琦的言論爲基礎，在爲朱次琦的說法做註解的情形下討論孔子的實學。

二、《論語》中所見孔子的實學

就《論語》一書所見，孔子的實學大概可分三部份討論，即行仁、正名及崇實黜虛。孔子

2 漢·班固：《漢書》（臺北：世界書局，1972年，影印北京中華書局本），卷53，頁2410，〈景十三王傳〉。

3 清·朱次琦：《朱九江集·年譜》（臺北：臺灣商務印書館，1973年，影印清刻本），〈卷首〉，頁25，「咸豐八年」條。

言仁，提倡修己治人以至博施濟眾；重視正名，要求名實相副，反對名不正言不順；崇實黜虛，主張敬鬼神而遠之。凡此種種都足以證明孔子重視實際，反對空言，在孔子身上可以具體見到儒家「實事求是」的真正精神。

（一）論仁

仁是孔子思想的中心，《論語》中討論仁的言論極多，如果說孔子之學就是仁學，應是相當合理的。所謂「仁」，最清楚具體的解釋就是孔子在回答樊遲問仁時所說的「愛人」4。仁是一種道德，愛是情感，仁這種道德是基於情感之上而顯現出來的。孔子認爲人生而具有社會性，不能脫離團體而遺世獨立，與鳥獸麋鹿同遊的生活方式只是在現實生活中受到挫折後的短暫憧憬，並非個人生涯的真實，因此孔子固然曾有「道不行，乘桴浮於海」、5「欲居九夷」6的感觸，但卻不能不明確的表示：「鳥獸不可與同群，吾非斯人之徒與而誰與？」7既然人

---

4 宋・朱熹：《四書章句集注・論語集注》（臺北：大安出版社，1986年，影印北京中華書局本），卷6，頁139，〈顏淵篇〉。

5《論語集注》，卷3，頁77，〈公治長篇〉。

6《論語集注》，卷5，頁113，〈子罕篇〉。

7《論語集注》，卷9，頁184，〈微子篇〉。

必須生活在社會中，也必然會與社會中的其他個體產生互動關係，那麼如何調適個人，如何開展個人與社會其他成員的關係，就是一個人所必須面對的課題。

與孔子同時，有許多「避世」的隱者，如晨門、荷蕢、接輿、長沮、桀溺、荷蓧丈人，就其言論來說，這些人都有相當的知識學問，他們有鑒於「滔滔者天下皆是」，[8]見於時局之亂而難以挽回，於是抱著消極的態度，知其不可而不爲，不肯干預世事。孔子與這些隱者不同，他認爲人不可能離群索居，他以「愛人」爲基礎，由內而外，由己而人，逐步開展出個人的團體生活來。《論語》載：

> 子貢曰：「如有博施於民而能濟眾，何如？可謂仁乎？」，子曰：「何事於仁，必也聖乎！堯舜其猶病諸！夫仁者，己欲立而立人，己欲達而達人，能近取譬，可謂仁之方也已。」[9]

這裡的「能近取譬」，程顥解爲「反身之謂也」。[10]所謂「反身」，就是反求諸己。孔子認爲

8《論語集注》，卷9，頁184，〈微子篇〉。

9《論語集注》，卷3，頁91，〈雍也篇〉。

10 宋．程顥、程頤：《二程集．河南程氏外書》（臺北：里仁書局，1982年，影印北京中華書局本），卷2，頁362。

一個人最關心、最看重的就是自己，如果在思考問題時，能以自己做比方，像看重自己一樣對待別人，處處考慮到他人的存在，自然不會自我中心，只想到一己，必能兼顧到別人。這種態度如果能建立起來，在待人處世時，就會將心比心，消極方面的表現就是「己所不欲，勿施於人」[11]；積極方面的表現則是「己欲立而立人，己欲達而達人」，這就是孔子主張的行仁的最好法子。如能由這個觀點出發，推己及人，循序而為，仁的實現就不愁沒有著落。《論語》又載：

> 子路問君子。子曰：「脩己以敬。」曰：「如斯而已乎？」曰：「脩己以安人。」曰：「如斯而已乎？」曰：「脩己以安百姓。脩己以安百姓，堯舜其猶病諸！」[12]

這一章與上章同有「堯舜其猶病諸」的感慨，兩章在內容上也可以互相參證，「安百姓」即是「博施於民而能濟眾」，也就是〈禮運大同篇〉所謂：「使老有所終，壯有所用，幼有所長，矜寡孤獨廢疾者皆有所養。男有分，女有歸」[13]的大同之治境界。劉寶楠註解此章說：「脩己

---

11 《論語集注》，卷6，頁132，〈顏淵篇〉。

12 《論語集注》，卷7，頁159，〈憲問篇〉。

13 清·孫希旦：《禮記集解》（北京：中華書局，1989年），卷21，頁582。

者，脩身也。以敬者，禮無不敬也。安人者，齊家也。安百姓，則治國平天下也。」[14]由此可見，脩己以安人、安百姓，正是脩身、齊家、治國、平天下。這是在「愛人」的基礎上，以個人脩身爲前提，由己及人，由近而遠逐步完成的，這就是實踐仁的具體過程。在行仁的過程中，脩己是最爲重要的關鍵，所以孔子在討論安人治人時，一再強調脩己的必要，如答季康子問政時說：「政者，正也。子帥以正，孰敢不正？」[15]又說：「其身正，不令而行，其身不正，雖令不從。」[16]又說：「苟正其身，於從政乎何有？不能正其身，如正人何？」[17]可見脩己是不可或缺的工夫。由脩己而安人而安百姓，孔子所懷抱的「老者安之，朋友信之，少者懷之」[18]的理想，才有可能實現。上述行仁的思想與《尚書．堯典》記載的「克明俊德，以親九族；九族既睦，平章百姓；百姓昭明，協和萬邦，黎民於變時雍。」[19]若合符契，基本上是相通的。而《大學》所謂：「古之欲明明德於天下者，先治其國；欲治其國者，先齊其

---

14 清．劉寶楠：《論語正義》（北京：中華書局，1990年），卷17，頁605。

15《論語集注》，卷6，頁137，〈顏淵篇〉。

16《論語集注》，卷7，頁143，〈子路篇〉。

17《論語集注》，卷7，頁144，〈子路篇〉。

18《論語集注》，卷3，頁82，〈公治長篇〉。

19 清．孫星衍：《尚書今古文注疏》（北京：中華書局，1986年），卷1，頁6-9。

家；欲齊其家者，先脩其身；欲脩其身者，先正其心；欲正其心者，先誠其意；欲誠其意者，先致其知；致知在格物。」20很明顯的是孔子脩己治人的仁道思想的進一步發展，此一思想後來成爲儒家學者論政的基本信念，對中國知識份子的影響極大。

（二）論正名

「正名」是孔子崇實的具體表現。孔子對於似是而非，淆亂同異的現象極爲深惡痛絕，他曾說：「惡紫之奪朱也，惡鄭聲之亂雅樂也，惡利口之之覆邦家者。」21紫色近朱卻非朱，然而足以亂朱；鄭聲是樂但非雅樂，然而足以亂雅樂。這種似真而非真的情形，常足以淆亂真假，導致黑白不分，是非不明。孔子重視實際，針對這種現象，提出了「正名」的主張。

一般常認爲，孔子的「正名」指的就是正名分，其實未必盡然。就《論語》一書中的資料來看，孔子所謂的「正名」，應有廣、狹二義。廣義的正名，指的是正名實。〈子路篇〉何晏《集解》引馬融說：「正百事之名也。」22即是正名實。狹義的正名，才是正名分。〈子路

20《四書章句集注．大學章句》，頁3。
21《論語集注》，卷9，頁180，〈陽貨篇〉。
22 梁．皇侃：《論語集解義疏》（臺北：世界書局，1980年），卷6，頁129，「子路曰衛君待子而爲政」章。

篇〉朱熹《集注》云：「是時出公不父其父而禰其祖，名實紊矣，故孔子以正名爲先。」[23]朱熹之意，在正祖禰之位，專就正名分而言。此處先談正名實，次論正名分。《論語》載：

> 子張問：「士何如斯可謂之達矣？」子曰：「何哉，爾所謂達者？」子張對曰：「在邦必聞，在家必聞。」子曰：「是聞也，非達也。夫達也者，質直而好義，察言而觀色，慮以下人。在邦必達，在家必達。夫聞也者，色取仁而行違，居之不疑。在邦必聞，在家必聞。」[24]

《集注》引尹焞曰：「子張之學，病在乎不務實。」（同上）就本章顯示，的確如此。子張所問，一經孔子深入追究，就顯露出他使用的名並不符合其實。子張所想問的是聞而非達，卻誤以爲是達。孔子因此爲他分別列舉聞與達的實質不同，用以訂正子張用名的不當之處。這種正名，很明顯的是正名實而非正名分。就這段資料來看，孔子在此所做的正名，是《荀子．正名篇》所謂的「辨同異」，並不是〈正名篇〉中的「明貴賤」，二者之別，是相當清楚顯著的。

23《論語集注》，卷7，頁142，〈子路篇〉。

24《四書章句集注．論語集注》，卷6，頁138，〈顏淵篇〉。

25

正名分，可以說是《論語》書中論及正名時的主要涵義。孔子生當周之季世，有鑒於禮壞樂崩，諸侯大權旁落下移，傳統維繫政治秩序的典章制度、風俗習慣已失去原有的功能，所謂「世衰道微，邪說暴行有作，臣弑其君者有之，子弑其父者有之。」26因之，每逢討論爲政時，孔子經常提出正名爲先的主張。《論語》載：

> 子路曰：「衛君待子而為政，子將奚先？」子曰：「必也正名乎！」子路曰：「有是哉，子之迂也！奚其正？」子曰：「野哉由也！君子於其所不知，蓋闕如也。名不正，則言不順；言不順，則事不成；事不成，則禮樂不興；禮樂不興，則刑罰不中；刑罰不中，則民無所措手足。故君子名之必可言也，言之必可行也。君子於其言，無所苟而已矣。」27

此處的「名不正，則言不順；言不順，則事不成」，就其形式而言，所涵攝較廣，可以適用於名實，也可適用於名分。但若加上句首「衛君待子而爲政」，就可以了解孔子此時正在衛國，

---

25 參看陳大齊：《孔子學說》（臺北：正中書局，1964年），頁189。

26《孟子集注》，卷6，頁272，〈滕文公下〉。

27《論語集注》，卷7，頁141，〈子路篇〉。

衛君爲出公輒，孔子所言係針對蒯聵與輒父子爭立而發，則孔子所謂「正名」，主要的意義應指正名分而言。「夫蒯聵欲殺母，得罪於父，而輒據國，皆無父之人也，其不可有國明矣。」[28]蒯聵與輒在禮制上都有無父之名，也有非人子之實，父而不父，子而不子，無論就親親或尊尊而言，名分都不正，遑論其他？孔子認爲爲政是修己治人之事，己身不正，又何能正人、治百姓？他的意見在當時雖不爲時人所喜，但卻是孔子論政的一貫主張，此由下文可見。《論語》又載：

> 齊景公問政於孔子。孔子對曰：「君君，臣臣，父父，子子。」公曰：「善哉！信如君不君，臣不臣，父不父，子不子，雖有粟，吾得而食諸？」[29]

就孔子的意思來看，他認爲君臣父子如果能顧名思義各正其位，而且就其在社會政治上的名位各盡其義務，各行其所當行，各用其所宜用，恰如其分，那麼蕩然的社會秩序就有恢復的可能。君臣在位若各盡其能，安百姓的理想自然不難實現。

由於正名是孔子論政的主要前提，又是政治的必要條件，因此孔子對正名分頗爲堅持，絕

28《論語集注》引胡安國說。

29《論語集注》，卷6，頁136，〈顏淵篇〉。

不寬貸假借，這類言論在《論語》中極多，如：

> 子曰：「管仲之器小哉！」或曰：「管仲儉乎？」曰：「管仲有三歸，官事不攝，焉得儉？」「然則管仲知禮乎？」曰：「邦君樹塞門，管仲亦樹塞門；邦君為兩君之好，有反坫，管仲亦有反坫。管仲而知禮，孰不知禮？」30

孔子不輕以仁許人，獨對管仲有「如其仁」之讚美，這因「管仲相齊桓公，霸諸侯，一匡天下，民到于今受其賜。微管仲，吾其被髮左衽矣。」31但是對於管仲僭越人臣之禮，則大不以爲然。此因樹塞門、反坫都是諸侯之禮，管仲以人臣身分，不在其位而有之，是欺世盜名的行爲，孔子斥其不知禮，即是正名分的具體表現。又如：

> 孔子謂季氏：「八佾舞於庭，是可忍也，孰不可忍也。」
>
> 三家者以〈雍〉徹。子曰：「『相維辟公，天子穆穆』，奚取於三家之堂？」32

八佾與〈雍〉，是天子的樂舞，只有周天子有資格享用，三桓只是魯國的大夫，連諸侯身

30《論語集注》，卷2，頁67，〈八佾篇〉。

31《論語集注》，卷7，頁153，〈憲問篇〉。

32 以上皆見於《論語集注》，卷2，頁61，〈八佾篇〉。

分都不具備，不在其位而僭用天子的舞與樂，於名於位皆不正。孔子斥之，即是正其僭越不合禮制。類此之例尚多，不再一一詳舉。孔子面對當時這種亂象，曾有過語重心長的評論，他說：「天下有道，則禮樂征伐自天子出；天下無道，則禮樂征伐自諸侯出。自諸侯出，蓋十世希不失矣；自大夫出，五世希不失矣；陪臣執國命，三世希不失矣。」更再三強調：「天下有道，則政不在大夫。天下有道，則庶人不議。」[33]孔子之所以放言高論，臧否時政與政治人物，實有其不得不然的苦衷。對此，孟子曾說：「孔子成《春秋》而亂臣賊子懼。」[34]莊子也說：「《春秋》以道名分。」[35]這正是孔子貫徹正名主張的最佳證明。

（三）論崇實黜虛

殷商文化中有敬天畏鬼神的傳統，這由現存文獻及出土甲骨卜辭可以明確覘知。孔子雖是魯國人，但他的祖先弗父何及正考父都是宋國貴族，所以孔子本是宋人。宋爲殷之後，因而孔子也自謂「丘也，殷人也。」[36]雖然如此，且孔子對於天與鬼神的態度，並不與前人完全相

---

33 以上皆見於《論語集注》，卷8，頁171，〈季氏篇〉。

34《孟子集注》，卷6，頁272，〈滕文公下〉。

35 清・郭慶藩：《莊子集釋》（北京：中華書局，1989年），卷10下，頁1067，〈天下篇〉。

36 清・孫希旦：《禮記集解》，卷8，頁196，〈檀弓上〉。

同。從《論語》中涉及到天的言論，如：「獲罪於天，無所禱也。」[37]「予所否者，天厭之，天厭之！」[38]「天之未喪斯文也，匡人其如予何？」[39]「吾誰欺？欺天乎？」[40]「天喪予！天喪予！」[41]「知我者其天乎！」[42]「天何言哉？四時行焉，百物生焉，天何言哉？」[43]以及提到天命的言論，如：「五十而知天命」，[44]「畏天命」[45]來看，孔子所謂的「天」，仍然只是有意志的天，也就是馮友蘭所說的「主宰之天」[46]，這一點孔子的態度比較保守，遵循傳統，並沒有新的見解。

從對鬼神的態度來看，孔子的意見就和前人不一致了。《論語》中涉及鬼神的地方不多，

37《論語集注》，卷2，頁65，〈八佾篇〉。
38《論語集注》，卷3，頁91，〈雍也篇〉。
39《論語集注》，卷5，頁110，〈子罕篇〉。
40《論語集注》，卷5，頁112，〈子罕篇〉。
41《論語集注》，卷6，頁125，〈先進篇〉。
42《論語集注》，卷7，頁157，〈憲問篇〉。
43《論語集注》，卷9，頁180，〈陽貨篇〉。
44《論語集注》，卷1，頁54，〈爲政篇〉。
45《論語集注》，卷8，頁172，〈季氏篇〉。
46 馮友蘭：《中國哲學史》（增訂本）（臺北：臺灣商務印書館，1993年），頁55。

僅就這些言論而言，孔子的態度即比前人理性得多，這是積極而正面的改變，《論語》說：「祭如在，祭神如神在。」47程頤說：「祭，祭先祖也。祭神，祭外神也。祭先主於孝，祭神主於敬。」48就「如」字而言，並未確定鬼神是否存在，只表露祭者的誠意，態度上似乎已無前人畏懼之情。但就下列資料，則可以清楚的看出孔子態度迥異前人之處：

> 樊遲問知。子曰：「務民之義，敬鬼神而遠之，可謂知矣。」49

程頤說：「人多信鬼神，惑也。而不信者又不能敬，能近能遠，可謂知矣。」50信鬼神是惑，迷信更是虛妄不實。鬼神若不存在，自然不必祭祀；鬼神如果存在，則不能不祭祀。以當時知識，實在無法證實鬼神存在或不存在，在此情形下，只好心存敬意，保持距離。「敬鬼神而遠之」，是不得已而有的態度，把鬼神放在知識的範圍以外，比較消極。至於「務民之義」，就在人道範圍之內，世人可以掌握的事情，應屬於知識領域內的，人可以積極從事。類此情形，又見於《論語》的另一章：

47《論語集注》，卷2，頁64，〈八佾篇〉。
48《論語集注》引，卷2，頁64。
49《論語集注》，卷3，頁89，〈雍也篇〉。
50《論語集注》引，卷3，頁89。

季路問事鬼神。子曰：「未能事人，焉能事鬼？」敢問死。曰：「未知生，焉知死。」[51]

孔子所謂的「未知生，焉知死」，似乎是指，在未知生以前，死是不可知的。若與上文：「未能事人，焉能事鬼」相比，上文用了「能」字而此處未用，由是可知「焉知死」是不能解作「焉能知死」的。追究孔子本意，似乎在告誡子路，應對生的事情多加關心，不要對於死後不可知的事情勞神傷思。這也就表示應當把死的問題摒諸知識追求的範圍以外，不要將其列爲知識探討的對象。此說若不誤，則孔子這種態度與上述「敬鬼神而遠之」一致。「未能事人，焉能事鬼」一語，將人與鬼對舉，而輕重自分，棄虛崇實的意味是相當濃厚的，所謂「子不語怪，力，亂，神。」[52]正是孔子重視實際的最好說明。

孔子曾說：「知之爲知之，不知爲不知，是知也。」[53]又說：「君子於其所不知，蓋闕如也。」[54]這種對知識不苟且的態度，表現在鬼神生死問題上，就是不迷信、不盲從，對鬼神

51《論語集注》，卷6，頁125，〈先進篇〉。
52《論語集注》，卷4，頁98，〈述而篇〉。
53《論語集注》，卷1，頁58，〈爲政篇〉。
54《論語集注》，卷7，頁142，〈子路篇〉。

保持距離，存而不論。以孔子當時的時空背景而言，能有如此想法，的確非比尋常，非常人所及。說孔子實事求是，誰曰不宜？

三、經學即實學

孔子以六藝教人，六藝雖然不是孔子所作，但在孔子「述而不作」，實則「以述爲作」的傳述下，逐漸成爲儒家學者專擅的學術。「經學」一詞，雖遲至漢武帝時才出現，55但早在戰國末年，即已有學者具體指出六藝之學的實用價值。自漢武帝罷黜百家獨尊孔氏後，儒家取得獨尊的局面，儒家的學術——經學，也成爲朝廷的官學，自漢迄清，莫不如此，影響中國學術達二千年之久。經學本身雖有漢學、宋學的不同，56但不論漢、宋，其重視實用則爲一致，這種現象和孔子爲學重視修己治人實有莫大的關連。經學既有此一重實際應用的特色，如

---

55 見漢・班固：《漢書》（臺北：世界書局，1972年，影印北京中華書局本）卷58，頁2629，〈兒寬傳〉：「見上，語經學。上說之，從問《尚書》一篇。」

56 清・永瑢、紀昀：《四庫全書總目提要》（臺北：臺灣商務印書館，1983年，影印武英殿本），卷1，頁1-53，〈經部總敘〉：「自漢京以後，垂二千年，儒者沿波，學凡六變。……要其歸宿，則不過漢學、宋學兩家互爲勝負。」

果說經學即實學，應不為過。

六藝之學的實用性，戰國末年的學者早已具體指出，如《荀子．勸學篇》說：

> 故《書》者，政事之紀也；《詩》者，中聲之所止也；《禮》者，法之大分、類之綱紀也。故學至乎《禮》而止矣。夫是之謂道德之極。《禮》之敬文也，《樂》之中和也，《詩》、《書》之博也，《春秋》之微也，在天地之間者畢矣。57

〈儒效篇〉說：

> 《詩》言是其志也，《書》言是其事也，《禮》言是其行也，《樂》言是其和也，《春秋》言是其微也。58

這些雖是泛論，但卻明確的指出各書的特色，也肯定了各書的功能。稍晚的《禮記．經解篇》則說：

> 孔子曰：「入其國，其教可知也：其為人也，溫柔、敦厚，《詩》教也。疏通、知遠，

57 清．王先謙：《荀子集解》（北京：中華書局，1988年），卷1，頁11-12。

58《荀子集解》，卷4，頁133。

《書》教也。廣博、易良，《樂》教也。絜靜、精微，《易》教也。恭儉、莊敬，《禮》教也。屬辭、比事，《春秋》教也。故《詩》之失愚，《書》之失誣，《樂》之失奢，《易》之失賊，《禮》之失煩，《春秋》之失亂。」59

此處詳言六藝教化的得失，而其立論的基礎即在人事，自個人修身以至處世治國，無不涵蘊在內，是先秦學者對六經實用價值的具體說明。漢代學者類此言論極多，如《春秋繁露》的〈玉杯篇〉、〈俞序篇〉，《淮南子》的〈泰族篇〉，《史記》的〈太史公自序〉、〈滑稽列傳〉，《漢書・藝文志》的〈六藝略〉、〈諸子略〉等，不一一列舉。而司馬談〈論六家要指〉所說的「儒者以六藝爲法，……若夫列君臣父子上下之禮，序夫婦長幼之別，雖百家弗能易也。」60以及班固《漢書・儒林傳》所謂「古之儒者博學乎六藝之文。六學者，王教之典籍，先聖所以明天道，正人倫，致至治之成法也。」61則直言六藝之用即在人倫與政治方面。可見自先秦以下，六藝的價值在實際應用上，是儒家學者之間的共識。在這種風氣下，學者無論著書立說，或是立身處世，除了極少數例外，都避免不了實用的傾向，形成中國學術一個明顯的特色。

59 清・孫希旦：《禮記集解》（北京：中華書局，1989年），卷48，頁1254。
60 漢・司馬遷：《史記》（臺北：世界書局，1972年，影印北京中華書局本），卷130，頁3290。
61 班固：《漢書》，卷88，頁3589。

漢代經學的實用色彩最濃厚，通經致用之風極盛，清代學者皮錫瑞說：「武、宣之間，經學大昌，家數未分，純正不雜，故其學極精而有用。以〈禹貢〉治河，以〈洪範〉察變，以《春秋》決獄，以三百五篇當諫書，治一經得一經之益也。」[62]皮氏爲今文經學家，對許多荒誕不經的傳說都深信不疑，但此論卻極爲平允。所謂「以〈禹貢〉治河」，見於《漢書・平當傳》[63]；所謂「以〈洪範〉察變」，見於《漢書・夏侯勝傳》[64]；以《春秋》決獄，指董仲舒弟子呂步舒以《春秋》審判淮南王劉安謀反案，見《史記・儒林列傳》[65]，董仲舒本人並作有《公羊董仲舒治獄》十六篇[66]；以三百篇當諫書，見於《漢書・儒林傳・王式傳》[67]。漢代學者們，常常把經書中學到的知識，應用到實際生活上，這就是所謂的「通經致用」，皮錫瑞所說的，只是較有名的顯例。其實經學對漢代人事影響之大，遠超過現今一般人的想像，以下就政治及社會方面各舉一例，用爲說明：

---

62 清・皮錫瑞撰、周予同注：《經學歷史》（北京：中華書局，1989年），頁90，〈經學昌明時代〉。

63 班固：《漢書》，卷71，頁3050。

64 班固：《漢書》，卷75，頁3155。

65 司馬遷：《史記》，卷121，頁3129，〈儒林列傳〉。

66 班固：《漢書》，卷30，頁1714，〈藝文志・六藝略〉。

67 班固：《漢書》，卷88，頁3609，〈儒林傳・王式傳〉。

漢宣帝元鳳五年（前 57），匈奴五單于爭立，國內大亂。在漢朝廷議中，多數人都認爲匈奴爲害日久，宜趁此良機，一舉而消滅這一心腹大患。御史大夫蕭望之獨持異議以爲不可，他說：

> 《春秋》晉士匄帥師侵齊，聞齊侯卒，引師而還。君子大其不伐喪，以為恩足以服孝子，誼足以動諸侯。前單于慕化鄉善稱弟，遣使請求和親，海內欣然，夷狄莫不聞。未終奉約，不幸為賊臣所殺，今而伐之，是乘亂而幸災也，彼必奔走遠遁。不以義而動兵，恐勞而無功。宜遣使者弔問，輔其微弱，救其災患。四夷聞之，咸貴中國之仁義。如遂蒙恩得復其位，必稱臣服眾，此德之盛也。68

蕭望之的主張，即是儒家傳統的「以德化人」的思想；他堅持「兵以義動」，即是儒家「仁」的思想的高度發揮。漢宣帝採納他的意見，後來竟出兵保護呼韓邪單于平定其國。甘露三年（前 51），呼韓邪單于因此感恩來朝，這是漢、匈外交關係上的一大成就。蕭望之依據的理由見於《春秋公羊傳》襄公十九年，這是經學在政治上的實際應用。

至於經學對社會上的影響，主要表現在禮制，尤其是喪服制度上。漢安帝時，開始准大臣

---

68 班固：《漢書》，卷 78，頁 3279，〈蕭望之傳〉。

行三年喪，建光元年（121），尚書令祝諷、尚書孟布等上奏，建議恢復光武帝的作法，不行三年喪。此時，尚書陳忠上疏表示異議，他說：

> 臣聞之《孝經》，始於愛親，終於哀戚。上自天子，下至庶人，尊卑貴賤，其義一也。……是以《春秋》臣有大喪，君三年不呼其門。閔子雖要經服事，以赴公難，退而致位，以究私恩，故稱「君使之非也，臣行之禮也。」周室陵遲，禮制不序，〈蓼莪〉之人作詩自傷曰：「瓶之罄矣，惟罍之恥。」言己不得終竟子道者，亦上之恥也。……大漢之興，雖承衰敝，而先王之制，稍以施行。故藉田之耕，起於孝文；孝廉之貢，發於孝武；郊祀之禮，定於元、成；三雍之序，備於顯宗；大臣終喪，成乎陛下。……孟子有言：「老吾老以及人之老，幼吾幼以及人之幼，天下可運於掌。」臣願陛下登高北望，以甘陵之思，揆度臣子之心，則海內咸得其所。[69]

陳忠以《春秋》、《詩》、《孟子》與《孝經》義爲依據，勸諫皇帝不宜改變已頒行數年的准許大臣服三年之喪的詔令。但因宦官不便，安帝還是取消了大臣准服三年喪的規定。這次建議雖說

---

69 宋·范曄：《後漢書》（臺北：明倫出版社，1972 年，影印北京中華書局本），卷 46，頁 1561，《郭陳列傳》。

失敗，卻可以從陳忠的奏疏中看出經書對當時人的生活方式，有相當不小的影響力。

漢儒通經致用已如上述，後人常以章句訓詁之學看待漢代經學，未免一偏之見，其實在章句訓詁中仍可以見到漢學重視實際的作法。以下茲以集兩漢經學大成的鄭玄為例，對此做進一步的說明。鄭玄以經學名重當世，一生從不涉入政治活動，將全副心力貫注在著書立說上，《後漢書》本傳論說他：「括囊大典，網羅眾家，刪裁繁誣，刊改漏失，自是學者略知所歸。」[70]是很恰當的說法。鄭玄遍注群經，調和今、古，使經學面目為之一變，他所用的方式是「不尚空論，考釋先王之道，必先研究名物訓詁和典章制度。」[71]此處所謂的典章制度、名物訓詁指的就是鄭玄的三《禮》之學。晚清學者陳澧在其名作《東塾讀書記》即說：「鄭君專於禮學，故多以《禮》說《詩》。」[72]其實不僅說《詩》，鄭玄注釋經書時所重即在禮制，試翻檢鄭玄所注各經即可得知。尤其值得注意的是鄭玄解禮重在貫通，《東塾讀書記》說：

> 鄭注三《禮》，以漢制況周制，而《周禮注》尤多。王伯厚皆錄之，為《漢制考》。……

---

70 范曄：《後漢書》，卷35，頁1213，《張曹鄭列傳》。

71 章權才：《兩漢經學史》（廣州：廣東人民出版社，1990年），頁254。

72 清・陳澧：《東塾讀書記》（臺北：世界書局，1975年，影印清刊本），卷6，總頁396。

所謂「舉今以曉古」者，即訓詁之法也。古語則以後世之語通之，古官、古事則以後世之官、後世之事況之，其義一也。古地理亦以今地名釋之，即是此法，此乃注經一定不易之法也。漢法依古而來，所謂「繼周百世可知也」。周法無文，則約漢法以況之，亦約他經以注此經之法也。至亂世之法，鄭君不以解周禮，賈〈疏〉之說尤明。73

就鄭玄所處的時代來說，周制是古學，漢制是今學，以周制明周制，所得的是古法，相較於漢制，所得雖多，也只是過去的陳跡，可以說是求真，卻不具實用意義。如以漢制況周制，是借今言古，漢制依古制而來，不僅可以了解古制，也有會通古今的用意，對古今沿革流變有更切實的掌握，這就是通古今之變，就當代而言，有實質的意義。這種治經的方式，對象雖是古書中的名物制度，所得的卻是古今興亡成敗之理，也是一種實學。

宋、明儒遭遇的問題與漢儒不同，漢儒當秦焚書坑儒之後，「書缺簡脫，禮壞樂崩」74，需要的是行為的依據、治國的理論，六藝正合於此一需要，通經致用遂成為漢學的特色。宋、明儒面對的是佛老之說盈天下，前期宋儒如孫復〈儒辱〉石介〈怪說〉、歐陽修〈本論〉等多從實際人事方面排佛，絲毫未涉及佛老理論本身的批評，因此成效不彰。李覯雖已見

---

73 陳澧：《東塾讀書記》，卷7，總頁406。

74 班固：《漢書》，卷30，頁1701，〈藝文志〉。

到浮屠的優點在「獨見情性之本」[75]，並且提出以《易》、〈樂記〉、《中庸》等儒家典籍中的道理與佛家做學理的比較對照[76]，但卻未更進一步從道德性命的基礎理論上對釋老做根本的批判，這種工作主要由稍後的理學家來繼續完成。

程頤是第一個提出「實學」概念的理學家。[77]他說：

> 治經，實學也，譬諸草木，區以別矣。道之在經，大小遠近，高下精粗，森列於其中。譬諸日月在上，有人不見者，一人指之，不如眾人指之自見也。如《中庸》一卷書，自至理便推之於事。如國家有九經，乃歷代聖人之跡，莫非實學也，如登九層之臺，自下而上者為是。人患居常講習空言無實者，蓋不自得也。為學，治經最好。苟不自得，則盡治五經，亦是空言。[78]

程頤將治經，尤其是《中庸》，解釋成實學。他認為空言無實際價值，治經貴自得，若為學不

---

75 宋・李覯：《李覯集》（北京：中華書局，1981年），卷24，頁267，〈修梓山寺殿記〉。

76 李覯：《李覯集》，卷24，頁260，〈建昌軍景德寺重修大殿並造彌陀閣記〉。

77 「實學」二字，目前所知最早見於《舊唐書・楊綰傳》，約在程頤之前三百年，但程頤是理學家中最先使用這個概念的。

78 程顥、程頤：《二程集・河南程氏遺書》，卷1，頁2。

能自得，便是空言，將流於空虛無用。如果能將經中的「道」或「理」，施之於人事，就是實學，所謂「窮經，將以致用也。」[79]即是此義。

朱熹是程頤的四傳弟子，也繼承了程頤的上述觀點，他認為《中庸》一書：「始言一理，中散為萬事，末復合為一理，『放之則彌六合，卷之則退藏於密』，其味無窮，皆實學也。」[80]又說：「閒嘗竊病近世學者不知聖門實學之根本次第，而溺於老佛之說，無致知之功，無力行之實，而常妄意天地萬物人倫之外，別有一物空虛玄妙不可測度。其心懸懸然惟徼幸於一件此物以為極致，而視天地萬物本然之理，人倫日用當然之事，皆以為是非要妙，特可以姑存而無害云爾。蓋天下之士不志於學，則泛然無所執持而徇於物欲；幸而知志於學，則未有不墮於此者也。」[81]朱熹的這個看法簡單說來就是：

> 儒、釋之分，只爭虛、實而已。如老氏亦謂：「恍兮惚兮，其中有物；窈兮冥兮，其中有精。」所謂「物」、「精」，亦是虛。吾道雖有「寂然不動」，然其中粲然者存，事事

---

79 程顥、程頤：《二程集．河南程氏遺書》，卷4，頁71。

80《四書章句集注．中庸章句》，頁17，〈卷首〉。

81 宋．朱熹：《朱文公文集》（臺北：臺灣商務印書館，1980年，《四部叢刊正編》本），卷46，總頁726，〈答汪太初書〉。

有。[82]

朱熹同時的理學家，大都也持同樣的觀點，如張栻說：

> **心本虛，理則實。**[83]

如陸九淵說：

> **千虛不博一實，吾平生學問無他，只是一實。**[84]

由此可見宋代理學家所談的實學，是相對於佛老言空虛而來的。佛老談心性，理學家也談心性，所不同的是理學家所談的心性由經學中而來。由經學而來的學問可以致知，可以在人事中實踐，不脫離天地萬物人倫，是真正的實學，與儒家經學本身並不相違。明乎此，就可以了解理學家何以常談實理、實材、實用了。

---

82 宋・黎靖德編：《朱子語類》（臺北：文津出版社，1986年，影印北京中華書局本），卷124，頁2975。

83 宋・張栻：《南軒集》（臺北：廣學社印書館，1975年，影印綿邑洗墨池重刊本），卷36，總頁873-874，〈虛舟齋銘〉。

84 宋・陸九淵：《陸九淵集》（臺北：里仁書局，1981年，影印北京中華書局本），卷34，頁399，〈語錄上〉。

清代學者面對的是明末王學末流的束書不觀，空言心性的流弊，因此清儒提出的對策是以實治虛。

黃宗羲認爲：

> 明人講學，襲語錄之糟粕，不以六經為根柢，束書而從事於游談，故受業者必先窮經。經術所以經世，方不為迂儒之學，故兼令讀史。85

他主張爲學必須以六經爲本，窮經而外，還要讀史，因此，黃宗羲的實學即是經史之學。

王夫之主張「尊經窮理以爲本，適時合用以爲用，登士於實學，固科場救弊之一道也。」

86他以爲經與理不可析而爲二，理即在經之中，他說：

> 天下惟器而已矣。道者器之道，器者不可謂之道之器也。無其道則無其器，人類能言之。雖然，苟有其器矣，奚患無道哉？……無其器則無其道，人鮮能言之，而固其誠然者也。洪荒無揖讓之道，唐、虞無弔伐之道，漢、唐無今日之道，則今日無他年之道者多

---

85 清．全祖望撰、朱鑄禹彙校集注：《全祖望集彙校集注．鮚埼亭集》（上海：上海古籍出版社，2000 年），卷11，頁219，〈梨洲先生神道碑文〉。

86 清．王夫之：《船山全書．噩夢》（長沙：嶽麓書社，1992年），第12冊，頁570。

> 矣。…故無其器則無其道，誠然之言也，而人特未之察耳。故古之聖人，能治器而不能治道。[87]

王夫之認為天底下一切事物都是器，器的涵義極廣，如此看來，經也是器，理在經中也就是道在器中，「無其器則無其道」，聖人之經就是求道之器，所以要得理就必須從聖人所作的經中尋，離經求理是不可能的。他的理論明顯是針對王學流弊而發，就他而言，所謂的實學就是研經窮理，捨經而尋理絕非實學。

顧炎武有鑒於明末「制義初行，一時人士盡棄宋元以來所傳之實學。上下相蒙以饗祿利，而莫之問也。嗚呼！經學之廢，實自此始。」[88]究其文義，他反對的不是宋元人的心性之學，他反對的其實是明末王學所造成的流弊。他批評這些士人只知空言成聖成賢，不知民間疾苦，「今之君子則不然，聚賓客門人之學者數十百人，譬諸草木，區以別矣，而一皆與之言心言性，舍多學而識，以求一貫之方，置四海困窮不言，而終日講危微精一之說，是必其道之高於夫子，而其門弟子之賢於子貢，…我弗敢知也。」[89]有感於此，他痛心疾首的說：「昔之

---

87 王夫之：《船山全書．周易外傳．繫辭上傳》，第1冊，頁1027。

88 清．顧炎武：《原鈔本日知錄》（臺北：明倫出版社，1970年），卷20，頁525，「四書五經大全」條。

89 顧炎武：《亭林文集》（臺北：世界書局，1963年），卷3，頁43，〈與友人論學書〉。

清談談老莊，今之清談談孔孟。已遺其粗，未究其本而先辭其末。不習六藝之文，不考先王之典，不綜當代之務，舉夫子論學論政之大端一切不問，而曰一貫，曰無言。以明心見性之空言，代修己治人之實學。」[90]爲鍼貶此一弊病，因此他提出的具體對策是：「愚所謂聖人之道者如之何？曰博學於文，曰行己有恥。自一身以至於天下國家，皆學之事也；自子臣弟友以至出入、往來、辭受、取與之間，皆有恥之事也。」[91]可見他所謂的「實學」，即是透過博學於文、行己有恥下工夫的修己治人之學。晚清朱一新在《無邪堂答問》中所說的：「亭林、桴亭之學，雖皆重實學，皆主經世。」[92]就是最具體的寫照。

綜上所述，可知歷代學者遭遇的問題容或有所不同，他們所憑藉的利器則無二致，全是由孔學逐漸形成的經學。六藝之學自先秦以來即已被視爲有實用意義的學術，漢儒直接以經義致用，經學與人事有密不可分的關係。宋儒的處境有所不同，他們要因應佛老的心性之學，於是由經書（尤其是《大學》、《中庸》與《易傳》）之中尋找根源，加以深化抽離，建構起儒家本身的心性之學，用以翼護儒學，強化了經學內聖的一面，形成所謂「理學」，其重點則落在修己之上。清儒懲明末王學流弊，以心性爲空言不切實際，又轉而回歸通精讀史的舊路，就經書

90《原鈔本日知錄》，卷9，頁196，「夫子之言性與天道」條。

91 顧炎武：《亭林文集》，卷3，頁44，〈與友人論學書〉。

92 清·朱一新：《無邪堂答問》（北京：中華書局，2000年），卷5，頁208。

求理，於器中尋道，藉著博學於文的工夫來達到修己治人的目的。就此而言，雖然宋學重義理，清學好名物訓詁，但他們所反對的都是空虛不實的學風。不論是義理或名物訓詁，面目雖異，其本質都是徵實，都是由經學開出的實學。

四、結語

以上分就《論語》中所見的孔子的實學與經學即實學兩部份，對孔子的實學做了大略的討論。從上述的探討中可以發現孔子之學雖無實學之名，卻有實學之實。孔子之學本身即是修己治人之學，其主要目的在經世致用。由孔子及其後學發展出來的經學，歷代面目雖有異同，但其講內聖外王的工夫，求經世的精神卻始終無二。在這種情形下，說孔子的學術就是實學，應不至於太過牽強附會，所以說朱次琦斷言孔子之學是實學，的確不是虛語，是完全可以接受的。

（原載《中國哲學》第 16 輯，頁 35-53，嶽麓書社出版，1993 年 12 月）

堯舜其猶病諸——論孔孟的聖人論[1]

一

做聖人、學聖人是先秦以來儒家學者的一個傳統。

但是，聖人究竟是什麼樣的人？一個人合乎什麼條件才可稱爲聖人？要解答這個問題似乎並不容易。因爲「聖人」一詞在中國傳統典籍中經常出現，不僅《詩經》、《尚書》、《左傳》、《國語》常見，先秦諸子幾乎個個都談聖人，但各家所談的「聖人」，其指涉的內涵又不完全相同。在這種各說各話的情形下，要具體而清楚的說明聖人是什麼，的確不是易事。雖說如此，但不可否認的，聖人是傳統儒家的一個崇高典範，是儒家理想的化身。要了解儒家學術，

---

1 本文爲 1993 年 8 月，中國孔子基金會主辦「孔孟荀學術思想國際研討會」宣讀論文，經修改後正式發表。本書所收爲修訂稿。

除了耳熟能詳的道、德、理、心、性等概念外，「聖人」這個概念，以及如何成聖人，恐怕是不能不面對、不能不處理的一個問題。

本文之作，主要的目的卽在探討「聖人」一詞的涵義，並嘗試解答合乎什麼要求的人才可以稱爲聖人。在窮源溯本的考慮下，暫以孔、孟所說的聖人爲討論對象，取材的範圍也以《論語》、《孟子》二書爲主，希望能就這一部分尋求一個比較具體實在的答案來。

二

《論語．子罕篇》有如下的記載：

> 大宰問於子貢曰：「夫子聖者與？何其多能也？」子貢曰：「固天縱之將聖，又多能也。」子聞之，曰：「大宰知我乎！吾少也賤，故多能鄙事。君子多乎哉？不多也。」[2]

大宰以孔子多才多藝，所以認爲孔子是聖人。子貢不以大宰的意見爲然，他認爲孔子不僅是

2 宋．朱熹：《四書章句集注．論語集注》（臺北：大安出版社，民國 75 年，影印北京中華書局本），卷 5，頁 110。

「天縱之將聖」，並且又多才多藝。此處所謂「將聖」，當從何晏《集解》引孔安國說，即『大聖』之義。[3]簡言之，子貢認爲孔子是聖人，同時又多才藝。由此可知，大宰和子貢雖同以孔子爲聖人，但兩人對「聖人」一詞的認知卻不一致。大宰認爲多才多藝的人就是聖人，子貢並不同意大宰的看法，他認爲聖人是聖人，多才多藝是多才多藝，多才多藝的人未必是聖人，聖人也未必見得就多才多藝，兩者並不是同一回事，聖人也不以多才多藝爲充分條件或必要條件。在這次討論中孔子迴避了自己是否是聖人這個問題，他只說明自己何以多才多藝的原因是：「吾少也賤，故多能鄙事。」並且說明君子並不一定要多才多藝。孔子在此雖沒有明言聖人與多能的關係如何，但就《論語》一書中孔子常以聖人、仁子、君子等爲理想人格的代稱來看，孔子心目中的聖人是不需要多才多藝的。

聖人與多能既不一定相涉，那麼孔子理想中的聖人又應具備什麼樣的條件呢？《論語》書

---

3 此一說解與朱子的說法不同，《集注》說：「將，殆也。謙若不敢知之辭。」清．錢大昕不同意朱子的說解，《潛研堂文集》（上海：上海古籍出版社本，1989 年）卷 9，頁 121，「答問六」云：「『將聖』之義，當從古注爲長。〈釋詁〉云：『將，大也。』『詩』『有・方將』、『我受命溥將』之『將』並訓爲大。然則將聖者，大聖也。孔安國云：『天固縱大聖之德。』此以『大』訓『將』之明證也。子貢之稱孔子也，或擬諸日月，或擬諸天之不可階可升，又云：『自生民以來，未有夫子。』此豈猶有疑於夫子之聖而不敢質言之乎？且智足以知聖人，亦無庸謙也。」

中提到「聖」字的次數一共有八次，[4]其中有五次是孔子的言論，其餘三次是弟子與時人說的，以下的討論主要依據這些資料。〈述而篇〉有如下的記載：

> 子曰：「若聖與仁，則吾豈敢？抑為之不厭，誨人不倦，則可謂云爾已矣。」公西華曰：「正惟弟子不能學也。」[5]

朱子《集注》引晁氏（說之）曰：「當時有稱夫子聖且仁者，以故夫子辭之。」足見不僅大宰如此，時人也有以孔子爲聖人、仁者的。《集注》又說：「爲之，謂爲仁聖之道。誨人，亦謂以此教人也。」可知孔子雖自謙不居聖、仁，但並不否認以聖、仁爲個人下工夫，並用以教人的一個理想目標。同篇又有相同的言論：「子曰：『默而識之，學而不厭，誨人不倦，何有於我哉？』」[6]卽是最好的佐證。值得注意的是，孔子雖謙辭不受，子貢卻就「爲之不厭，誨人不倦」一事，肯定自已的老師是聖人，他的說法見於《孟子．公孫丑上篇》：

> 昔者子貢問於孔子曰：「夫子聖矣乎？」孔子曰：「聖則吾不能，我學不厭而教不倦

---

4 這個數字依據哈佛燕京社編的《論語引得》。

5《論語集注》，卷4，頁101。

6《論語集注》，卷4，頁93。

也。」子貢曰：「學不厭，智也；教不倦，仁也，仁且智，夫子既聖矣！」7

朱子《集注》說：「學不厭者，智之所以自明；教不倦者，仁之所以及物。」子貢認爲「學不厭」屬智的表現，「教不倦」是仁的實踐，孔子兼有這兩種美德，既仁且智，當然已是聖人。由此可知，子貢所謂的「聖人」，是兼具仁、智二者的理想人物。這種以仁智兼備爲聖人的說法有其見地，也爲許多學者所接受。子貢雖是孔子的得意門生之一，但子貢的這種闡釋是否即能說是孔子的原意，不無可議之處。再就文獻資料而言，《左傳》文公二年有孔子批評臧文仲「其不仁者三，不知者三」的記載，8《論語》中孔子以仁、智並舉的例子極多，如：「仁者安仁，知者利仁。」9「知者樂水，仁者樂山；知者動，仁者靜；知者樂，仁者壽。」10「知者不惑，仁者不憂，勇者不懼。」11「知及之，仁不能守之；雖得之，必失之。知及之，仁能守之；不莊以涖之，則民不敬。知及之，仁能守之，莊以涖之；動之不以禮，未善

---

7 朱熹：《四書章句集注．孟子集注》（臺北：大安出版社，民國75年，影印北京中華書局本），卷3，頁233。

8 參見周．左丘明傳、晉．杜預注、唐．孔穎達疏：《左傳注疏》（臺北：藝文印書館，民國 54 年，影印清嘉慶二十年江西南昌府學本），卷18，總頁303。

9《論語集注》，卷2，頁69，〈里仁篇〉。

10《論語集注》，卷3，頁90，〈雍也篇〉。

11《論語集注》，卷5，頁116，〈子罕篇〉。

也。」[12]樊遲嘗兩次問仁、知，[13]而季氏家臣陽貨更當面以仁、知譏諷孔子，[14]這些證據的確顯示仁與智是並列的兩個概念，而仁之中並未包括智在內。[15]仁是德性，智是智慧，兩者性質不同，前人以之並列而不相涵攝，其實相當合理。[16]

12《論語集注》，卷8，頁167，〈衛靈公篇〉。

13一見於〈雍也篇〉：「樊遲問知。子曰：『務民之義，敬鬼神而遠之，可謂知矣。』問仁。曰：『仁者先難而後獲，可謂仁矣。』」（《集注》卷 3，頁 89）再見於〈顏淵篇〉：「樊遲問仁。子曰：『愛人。』問知。子曰：『知人。』」（《集注》，卷6，頁139）

14此事見於《論語．陽貨篇》：「陽貨欲見孔子，孔子不見，歸孔子豚。孔子時其亡也，而往拜之，遇諸塗。謂孔子曰：『來！予與爾言。』曰：『懷其寶而迷其邦，可謂仁乎？』曰：『不可。』『好從事而亟失時，可謂知乎？』曰：『不可。』『日月逝矣，歲不我與。』孔子曰：『諾，吾將仕矣。』」（《集注》，卷9，頁175）

15屈萬里先生在〈仁字涵義之史的觀察〉一文中，對仁字的涵義做了縝密的考察，發覺仁字在孔子以前的涵義是狹窄的，不是做人的最高準則。但是孔子擴大了仁的涵義，「幾乎」包括了人類全部的美德，成為做人的最高準則。屈先生雖未明確指出智不在仁字所包括的美德中，但從文章的統計歸納中可以看出，智是不屬於仁德的範圍內的。屈文收在《書傭論學集》（臺北：臺灣開明書店，民國 58 年 3 月）中，頁 255-267，。此外，《論語》有兩處以智、仁、勇並列，即〈子罕篇〉：「智者不惑，仁者不憂，勇者不懼。」（《集注》，卷 5，頁 116）及〈憲問篇〉：「仁者不憂，智者不惑，勇者不懼。」（《集注》，卷 7，頁 156）但孔子曾說：「仁者必有勇，勇者不必有仁。」（《集注》，卷7，頁149，〈憲問篇〉）可見仁字概念中涵括了勇，惟有智是獨立於仁之外的。

16參看林義正：〈論孔子思想的基本格式〉，收入林著：《孔子學說探微》（臺北：東大圖書公司，民國 76 年）一書中，頁20。

但是，說仁與智兩者異質而不相涵攝，並不意謂著合仁與智即是聖，「仁且智」爲聖人，那是子貢對孔子的闡述。孔子本意是否如此，仍有待討論。

要了解孔子所謂的聖人是什麼，還是必須從孔子自己的言論著手，〈述而篇〉載：

> 子曰：「聖人，吾不得而見之矣；得見君子者，斯可矣。」子曰：「善人，吾不得而見之矣；得見有恆者，斯可矣。亡而為有，虛而為盈，約而為泰，難乎有恆矣。」[17]

朱子《集注》說：「聖人，神明不測之號。君子，才德出眾之名。」何晏《集解》則說：「疾世無明君。」[18]朱子以「神明不測之號」解聖人，恐怕是孟子以後的觀念。「聖人」、「善人」既是孔子「不得而見之」的理想人物，應該不是孔子見過的人。「善人」一詞，《論語》出現的次數不多，但從「善人爲邦百年，亦可以勝殘去殺矣」[19]及「善人教民七年，亦可以即戎矣」[20]二語來看，除了德行之外，善人在事功方面，也應有相當的表現。準此而論，何晏以

17《論語集注》，卷4，頁99。

18 三國魏．何晏注、邢昺疏：《論語注疏》（臺北：藝文印書館，民國54年，影印清嘉慶二十年江西南昌府學本），卷7，總頁63。

19《論語集注》，卷7，頁144，〈子路篇〉。

20《論語集注》，卷7，頁148，〈子路篇〉。

「明君」釋聖人，邢昺《疏》說：「聖人，謂上聖之人，謂堯、舜、禹、湯也。」21可能會比較接近孔子的原意。《論語》中孔子回答子貢的言論已充分說明了這一點，〈雍也篇〉載：

子貢曰：「如有博施於民而能濟眾，何如？可謂仁乎？」子曰：「何事於仁，必也聖乎！堯舜其猶病諸！夫仁者，己欲立而立人，己欲達而達人。能近取譬，可謂仁之方也已。」22

朱子《集注》說：「仁以理言，通乎上下，聖以地言，則造其極之名也。」所謂的「仁以理言」、「聖以地言」的意義爲何？《朱子語類》有極清楚的說明：「蓋仁以道理言，聖以地位言，自是不同。如『博施濟眾』爲仁，而利物愛人小小者亦謂之仁。仁是直看，直上直下只是一個道理。『聖』字便橫看，有眾人，有賢人，有聖人，便有節次，只豈但於仁。蓋『博施濟眾』，雖聖如堯舜，猶以爲病耳。」23又說：「仁以理言，聖以事業言。子貢所問『博施濟眾』，必有聖人之德，有天子之位，而後可以當此，堯舜恁地尚以爲病。」24由此可知，仁

21《論語注疏》，卷7，總頁63。。
22《論語集注》，卷3，頁91。
23宋·黎靖德編：《朱子語類》（臺北：文津出版社，民國75年，影印北京中華書局本），卷33，頁842。
24《朱子語類》，卷33，頁843。

是就道德而言，聖是就事業言。仁是愛人，行仁有小大，「修己以安人」固然是行仁，「修己以安百姓」也是行仁，[25]只是範圍大小的不同。能行仁的就是仁者，所以「修己以安人」者、「修己以安百姓」者都可以說是仁者，但是「修己以安百姓」者（或說博施濟眾者）是聖人，而「修己以安人」者卻不能說是聖人。程顥就曾說：「聖爲仁之成德。謂仁爲聖，譬猶雕木爲龍，木乃仁也，龍乃聖也，指木爲龍可乎？故博施濟眾乃聖之事，舉仁而言之，則能近取譬是也。」[26]這因爲仁者只是就德性而言，有了「仁」的德性就可以說是「仁者」，不論其地位事功如何，而聖人則是仁者同時具有「安百姓」的事功表現；說得更具體些，「聖」必須德業兼備，是內聖外王的合一，如堯、舜等人即是顯例。惟有如此，才能可能做到「博施於民而能濟眾」。就《論語》一書的資料來說，孔子固然不輕以仁許人，但曾以微子、箕子、比干爲殷之三「仁」，[27]稱讚管仲「如其仁」，[28]又嘉許顏淵「三月不違仁」，[29]謂伯夷、叔齊「求

---

25 兩處引文均見於《論語集注》，卷7，頁159，〈憲問篇〉。

26 宋·程顥、程頤：《二程集·河南程氏外書》（北京：中華書局，1984年），卷2，頁362。

27 《論語集注》，卷9，頁182，〈微子篇〉：「微子去之，箕子爲之奴，比干諫而死。孔子曰：『殷有三仁焉。』」朱子《集注》曰：「三人之行不同，而同出於至誠惻怛之意，故不咈乎愛之理，而有以全其心之德也。」

28 《論語集注》，卷7，頁153，〈憲問篇〉：「子路曰：『桓公殺公子糾，召忽死之，管仲不死。』曰：『未仁乎？』子曰：『桓公九合諸侯，不以兵車，管仲之力也。如其仁！如其仁！』」同篇：「子貢曰：『管仲非仁者與？桓公殺公

仁而得仁」，30凡此，都足以證明行仁不是不可能的事，所以孔子才會說：「仁遠乎哉？我欲仁，斯仁至矣。」31至於聖，可就完全不同了，通觀《論語》全書，除了上述以堯、舜爲聖人之外，未嘗有以聖許人的記載，即使稍微放寬些，也只能加上禹、湯。這些「聖人」都是天子，也都有高超的道德與事功表現，《論語》中對這些人有相當肯定的評價，如堯：

子曰：「大哉堯之為君也！巍巍乎！惟天為大，惟堯則之。蕩蕩乎！民無能名焉。巍巍乎！其有成功也；煥乎！其有文章！」32

朱子《集注》說：「言物之高大，莫有過於天者，而獨堯之德能與之準。故其德之廣遠，亦如天之不可以言語形容也。」又引尹氏（焞）說：「天道之大，無爲而成。惟堯則之以治天下，故民無得而名焉。所可名者，其功業文章巍然煥然而已。」可見堯在道德修養（內聖）及事功

子糾，不能死，又相之。』子曰：『管仲相桓公，霸諸侯，一匡天下，民到于今受其賜。微管仲，吾其被髮左衽矣。豈若匹夫匹婦之爲諒也，自經於溝瀆而莫之知也。』」

29《論語集注》，卷3，頁86，〈雍也篇〉：「子曰：『回也，其心三月不違仁，其餘則日月至焉而已矣。』」

30《論語集注》，卷4，頁96，〈述而篇〉：「冉有曰：『夫子爲衛君乎？』子貢曰：『諾，吾將問之。』入，曰：『伯夷、叔齊何人也？』曰：『古之賢人也。』曰：『怨乎？』曰：『求仁而得仁，又何怨。』出，曰：『夫子不爲也。』」

31《論語集注》，卷4，頁100，〈述而篇〉。

32《論語集注》，卷4，頁107，〈泰伯篇〉。

文章（外王）具有崇高的成就。如舜：

子曰：「巍巍乎！舜禹之有天下也，而不與焉。」33

子曰：「無為而治者，其舜也與？夫何為哉，恭己正南面而已矣。」34

子謂韶，「盡美矣，又盡善也。」謂武，「盡美矣，未盡善也。」35

據前述資料，首條之「巍巍乎」既形容天之高大，指德性，又形容事業之成就。「不與」，與「無爲」同義，36次條朱子《集注》云：「無爲而治者，聖人德盛而民化，不待其有所作爲也。獨稱舜者，紹堯之後，而又得人以任眾職，故尤不見其有爲之跡也。」這正是〈爲政篇〉中孔子所稱讚的「爲政以德，譬如北辰，居其所而眾星共之」37的具體寫照。也正因爲有此

33《論語集注》，卷4，頁107，〈泰伯篇〉。

34《論語集注》，卷8，頁162，〈衛靈公篇〉。

35《論語集注》，卷2，頁68，〈八佾篇〉。

36 案：不與，朱子《集注》云：「不與，猶言不相關，言其不以位爲樂也。」程樹德《論語集釋》（北京：中華書局，1990年），卷16，頁547據毛奇齡《論語稽求篇》及黃式三《論語後案》引《孟子》及漢晉諸家說，以爲「不與」即「無爲」之意，言得人善任，不身親其事也。其義較長，此處用程說。

37《論語集注》，卷1，頁53，〈爲政篇〉。

德業，所以舜之韶樂才能做到盡善盡美的境界，才使孔子聞之「三月不知肉味」38，無怪乎重視禮樂教化的孔子論爲邦時要特別強調「樂則韶舞」了。39又如禹：

> 子曰：「禹，吾無閒然矣。菲飲食，而致孝乎鬼神；惡衣服，而致美乎黻冕；卑宮室，而盡力乎溝洫。禹，吾無閒然矣。」40

朱子《集注》說：「閒，罅隙也，謂指其罅隙而非議之也。」又引楊氏（時）曰：「薄於自奉，而所勤者民之事，所致飾者宗廟朝廷之禮，所謂有天下而不與也，夫何閒然之有。」可見禹除了「有天下而不與」之外，自奉甚儉，勤民之事，而又能孝敬鬼神，在事功的表現實無可非議，孔子連言「吾無閒然矣」，正是對禹的最好評價。

除上述三人之外，有許多古人如文王、武王、周公、伯夷、叔齊、泰伯、管仲等，孔子並沒有推許爲聖，其理由可能在於孔子對聖的要求極嚴，文王雖「三分天下有其二，以服事

38《論語集注》，卷4，頁96，〈述而篇〉。

39《論語集注》，卷 8，頁 163，〈衛靈公篇〉：「顏淵問爲邦。子曰：『行夏之時，乘殷之輅，樂則韶舞。放鄭聲，遠佞人。鄭聲淫，佞人殆。』」

40《論語集注》，卷4，頁108，〈泰伯篇〉。

殷」，[41]德極高，在「安百姓」上，則有所欠缺；武王伐紂救民，以征誅得天下，有「盡美矣，未盡善也」之憾；周公有才且美，制禮作樂，封建宗親以藩屏周，有「安百姓」的事業，成就極大，但一則輔佐武王以武力得天下，再則殺管叔、放蔡叔，在人倫之際，也不無遺憾；伯夷、叔齊讓國，「求仁而得仁」，[42]「泰伯三以天下讓」，「可謂至德」；[43]管仲「相桓公，霸諸侯，一匡天下，民到於今受其賜。微管仲，吾其被髮左衽矣」。[44]有仁之名，但器小「不知禮」。[45]自伯夷至管仲諸人或有德，或有事業，但都做不到二者皆備，可見在孔子的心目中，德、業必須兼備，也就是說內聖外王必須合一，才能名之爲「聖」，若缺其一，不能兼備，就只能是仁者、賢人，甚或「逸民」了。[46]孔子這種德業兼備的聖人論，在中國思想史上有其獨特的意義。

---

41 見《論語集注》，卷4，頁108，〈泰伯篇〉：「三分天下有其二，以服事殷。周之德，其可謂至德也已矣。」

42 見《論語集注》，卷4，頁96，〈述而篇〉。

43《論語集注》，卷4，頁102，〈泰伯篇〉：「子曰：『泰伯，其可謂至德也已矣！三以天下讓，民無得而稱焉。』」

44 見《論語集注》，卷7，頁153，〈憲問篇〉。

45《論語集注》，卷2，頁67，〈八佾篇〉：「子曰：『管仲之器小哉！』或曰：『管仲儉乎？』曰：『管氏有三歸，官事不攝，焉得儉？』『然則管仲知禮乎？』曰：『邦君樹塞門，管氏亦樹塞門；邦君爲兩君之好，有反坫，管氏亦有反坫。管氏而知禮，孰不知禮？』」

46《論語集注》，卷9，頁185，〈微子篇〉：「逸民：伯夷、叔齊、虞仲、夷逸、朱張、柳下惠、少連。」

孔子以前，《詩》、《書》、《左傳》、《國語》中早已有「聖」或「聖人」的記載，如《詩經．大雅．桑柔》：

> 維彼聖人，瞻言百里；維彼愚人，覆狂以喜。[47]

《尚書．洪範》：

> 睿作聖。（偽孔《傳》：「於事無不通，謂之聖。」）[48]

《左傳》襄公二十二年：

> 春，臧武仲如晉。雨，過御叔。御叔在其邑。將飲酒，曰：「焉用聖人，我將飲酒，而己雨行，何以聖為？」穆叔聞之，曰：「不可使也，而言傲使人，國之蠹也。」令倍其

---

47 漢．毛亨傳、漢．鄭玄箋、唐．孔穎達疏：《毛詩注疏》（臺北：藝文印書館，民國 54 年，影印清嘉慶二十年江西南昌府學本），卷 18，總頁 657。

48 舊題漢．孔安國傳、唐．孔穎達疏：《尚書注疏》（臺北：藝文印書館，民國 54 年，影印清嘉慶二十年江西南昌府學本），卷 12，總頁 170。

賦。（杜預注：「武叔多知，時人謂之聖。」）49

《國語·越語下》：

聖人不出，忠臣解骨。（韋昭注：「聖，通也。通智之人皆隱遁也。」）50

這些資料中所提及的「聖」、「聖人」，其意義內涵不出「智」、「通」二者。再就「聖」字的本義來看，許慎《說文解字》云：

聖，通也。從耳，呈聲。51

李孝定《甲骨文字集釋》云：

聖，象人上著大耳，從口，會意。聖之初誼為聽覺器官的敏銳，故引申訓通；賢聖之義，又其引申也。……許君以形聲說之，非是。聽、聲、聖三字同源，其始當本一字。

49《左傳注疏》，卷35，總頁598。

50 吳·韋昭注：《國語》（上海：上海古籍出版社，1988年），卷21下，頁646。

51 漢·許慎：《說文解字》（北京：中華書局，1992年），卷12上，總頁250。又清·段玉裁：《說文解字注》（臺北：漢京文化事業公司，民國69年），卷12上，總頁598。

[52]據上可知，「聖」字本與聽、聲同源，本義為聽覺敏銳，引申為通，其後才再引申出賢聖之義來。足見文字學上的見解與《詩》、《書》等文獻顯現出來的現象是一致的。除了「智」、「通」之外，在德行上有特別的表現者，也可以謂之「聖」，如《左傳》昭公七年：

> （孟僖子）召其大夫曰：「禮，人之幹也。無禮，無以立。吾聞將有達者曰孔丘，聖人之後也，而滅於宋。其祖弗父何以有宋而授厲公。及正考父，佐戴、武、宣，三命茲益共，故其鼎銘云：『一命而僂，再命而傴，三命而俯，循牆而走，亦莫余敢侮。饘於是，鬻於是，以糊余口。』其共也如是。臧孫紇有言曰：『聖人有明德者，若不當世，其後必有達人。』今其將在孔丘乎！我若獲沒，必屬說與何忌於夫子，使事之，而學禮焉，以定其位。」故孟懿子與南宮敬叔師事仲尼。[53]

此處聖人凡兩見，杜預於「聖人之後」注云：「聖人，殷湯。」於「達人」下注云：「聖人之後有明德而不當大位，謂正考父。」杜說有誤，王引之《經義述聞》云：

---

52 李孝定：《甲骨文字集釋》（臺北：中央研究院歷史語言研究所專刊，民國59年），冊十二，頁3519。

53 《左傳注疏》，卷44，總頁766。

> 聖人，謂弗父何、正考父也。聖人之後，謂孔子為弗父、考父之後。……曰聖人、曰聖人有明德者，皆指弗父、考父言之，故篇內無一語及商湯者。……以弗父、考父為聖人者，聖為明德之通稱，不專指大聖。弗父之讓，考父之共，其有明德如是，得不謂之聖人乎?固不必商湯而後為聖也。54

就王引之的說法來看，聖的意義有二，一爲明德之通稱，一爲大聖。弗父何將君位讓給其弟宋厲公，表現的德行是「讓」；正考父輔佐宋戴公、武公、宣公三君，身爲上卿而更加謙恭，表現的德行是「恭」，由於弗父何、正考父各具如此的美德，所以孟僖子推崇兩人爲聖人。而由弗父何、正考父因「讓」、「恭」而被時人稱爲聖人來看，孔子以前的「聖」即明德之義，明德者即是聖人。因此聖字常與其他諸德並列，如《尚書》之「肅、乂、哲、謀、聖」，55《左傳》之「齊、聖、廣、淵、明、允、篤、誠」，56《國語》之「智、聖、明、聰」並

---

54 清・王引之：《經義述聞》（南京：江蘇古籍出版社，2000年），卷19，總頁456，「聖人之後，聖人有明德者」條。

55《尚書注疏》，卷12，總頁170，〈洪範篇〉：「恭作肅，從作乂，明作哲，聰作謀，睿作聖。」

56《左傳注疏》，卷20，總頁353，文公十八年《傳》：「昔高陽氏有才子八人，……齊、聖、廣、淵、明、允、篤、誠、天下之民謂之八愷。」

列，57無一不是這種現象的呈現。甚而較晚出現的作品《周禮》，也都還保留有這種過去的遺風，以「知、仁、聖、義、中、和」六德同列。58從孔子開始，「聖」不再是明德的通稱，孔子將「聖」由一般德目中提升起來，將其安放到人倫的最高境界，塑造成德業兼備的儒家理想人格，轉化爲所謂的「大聖」，樹立起新的典範，這是孔子的創見，也爲此後的儒家學者開啓了新的方向。

綜上所述，孔子成功的改變了「聖人」的內涵，賦予「聖人」一詞新的意義，同時也建立起儒家聖人之學的理論，使儒者在治學時確定了努力的方向，不僅要成德，重視個人的德行修養，更要在內聖的基礎上推己及人，開創外王的濟眾事功。這種內外並重、德業兼修的學問，用具體的言語表現出來，即是由「修己以敬」始，進而「修己以安人」，而以「修己以安百姓」爲終極目的。59此一由修己以至安百姓的仁學體系，是孔子聖人論的宗旨所在，也是孔子對中國文化的主要貢獻。

57《國語》，卷 18，頁 560，〈楚語下〉：「古者民神不雜，民之精爽不攜二者，而又能齊肅衷正，其智能上下比義，其聖能光遠宣朗，其明能光照之，其聰能聽徹之，如是則明神降之，在男曰覡，在女曰巫。」

58 漢·鄭玄注、唐·賈公彥疏：《周禮注疏》（臺北：藝文印書館，民國 54 年，影印清嘉慶二十年江西南昌府學本），卷 10，總頁 160，〈地官·大司徒〉：「以鄉三物教萬民而賓興之，一曰六德：知、仁、聖、義、中、和。」。

59《論語集注》，卷 7，頁 159，〈憲問篇〉。

三

孔子創建了儒家學派，同時也開啓了德業兼備的聖人論。孟子私淑孔子，[60]以孔子的繼承者自居，[61]在聖人論上不僅接受了孔子的觀點，並且更進一步，賦予聖人論新的內容，使儒家聖人論的內容更充實，也更具有積極的意義。

孔子聖人論的最大特色是道德與事功並重，內聖與外王兼修，孟子基本上繼承了這個理論，所以言論中雖偶有偏道德者，如〈盡心上〉：

> 孟子曰：「形色，天性也；惟聖人，然後可以踐形。」[62]

朱子《集注》引程子（頤）云：「此言聖人盡得人道而能充其形也。蓋人得天地之正氣而生，與萬物不同。既爲人，須盡得人理，然後稱其名。眾人有之而不知，賢人踐之而未盡，能充其

60《孟子集注》，卷 8，頁 295，〈離婁下〉，孟子曰：「君子之澤五世而斬，小人之澤五世而斬。予未得爲孔子徒也，予私淑諸人也。」

61《孟子集注》，卷 3，頁 234，〈公孫丑上〉，孟子曰：「（伯夷、伊尹、孔子）皆古聖人也，吾未能有行焉；乃所願，則學孔子也。」按：《孟子》書中以繼承孔子職志爲己任的言論甚多，如〈滕文公下〉「公都子曰：外人皆稱夫子好辯」章；〈盡心下〉「由堯舜至於湯，五百有餘歲」章，都有具體詳盡的記載，文繁不錄，請參看。

62《孟子集注》，卷 13，頁 360，〈盡心上〉。

形，惟聖人也。」盡人道、盡人理都指修德而言，所以此處的聖人，是偏就道德立論。與此相異的是，孟子言聖人亦有偏事功而言的，如同篇載：

孟子曰：「易其田疇，薄其稅斂，民可使富也。食之以時，用之以禮，財不可勝用也。民非水火不生活，昏暮叩人之門戶，求水火，無弗與者，至足矣。聖人治天下，使有菽粟如水火。菽粟如水火，而民焉有不仁者乎？」63

教民節儉，使民財用富足有餘，都是外王事功。這裏的聖人，是偏就事功之論。雖說如此，孟子心目中的聖人，其實是道德、事功並重的，如〈離婁上〉載：

孟子曰：「規矩，方員之至也；聖人，人倫之至也。欲為君盡君道，欲為臣盡臣道，二者皆法堯舜而已矣。不以舜之所以事堯事君，不敬其君者也；不以堯之所以治民，賊其民者也。孔子曰：『道二，仁與不仁而已矣。』暴其民甚，則身弒國亡；不甚，則身危國削。名之曰『幽厲』，雖孝子慈孫，百世不能改也。詩云『殷鑑不遠，在夏后之世』，

63《孟子集注》，卷13，頁356，〈盡心上〉。

此之謂也。」64

人倫，指的是「父子有親，君臣有義，夫婦有別，長幼有序，朋友有信。」65「聖人，人倫之至」固然是就內在的德性立論，但五倫中的君臣一倫事實上是包含著事君治民的事功在內，法堯、舜事君治民，不是普通意義的盡君道盡臣道而已，實際上就是「以不忍人之心，行不忍人之政」66也即是所謂「仁政」，這是儒家事功的極致。所以，孟子理想的聖人，也仍是綰合德、業於一身的。就在孔子的基礎上，孟子對聖人論又有進一步的闡發。

首先，孟子適度修訂了孔子對聖人條件的要求，做了若干調整。孔子理想中的聖人是兼具道德與事功兩方面的，要有仁者之德，同時必須有事功表現，這裏的事功主要是指「安百姓」或是「博施濟眾」。就孔子言論來看，合於此一要求的只有堯、舜、禹、湯等人，而這些人在地位上都是天子（君）。如果堅持這種高標準的話，那麼「聖人」將是遙不可及的一個理想，幾乎永不可能達到。因爲求仁、行仁都操之在我，只要堅持自我，修養道德，則自有成爲仁者的可能。但是，要有上述的事功表現可就不同了，最好要有天子之位配合，才比較有可能做到

64《孟子集注》，卷7，頁277，〈離婁上〉。
65《孟子集注》，卷5，頁259，〈滕文公上〉。
66《孟子集注》，卷3，頁237，〈公孫丑上〉。

「博施濟眾」，這是操之於外，不是一己所能決定的，孟子自己也曾說：「匹夫而有天下，德必若舜、禹，而又有天子薦之者，故仲尼不有天下。」67不僅孔子如此，古之賢人如益、伊尹、周公也莫不如此。68有鑑於此，孟子適度修改了聖人的條件，將事功的要求放寬，不再堅持非有極高的事業成就，只要有仁者之德，且兼有事功表現，就可以算是聖人。在這種狀況下，不僅一些古代賢王如文王、武王成了聖人，連沒有君位的伯夷、伊尹、柳下惠、周公、孔子也都成為聖人。這種情形好像是聖人尺度放寬了，要求不似孔子那麼嚴格；但若換一個角度觀察，未嘗不可解釋為聖人觀念的人性化，使聖人不再是企不可及，在儒家重視的教化上具有積極正面的意義。

其次，孟子提出了「聖人可學」的命題，這是孟子聖人論的中心，也是孟子在聖人觀念上的最大創見，對後代儒家學者，尤其是宋明儒，有莫大的影響。要討論這個問題，必須先從孔子談起。孔子曾說：「鳥獸不可與同羣，吾非斯人之徒與而誰與？」69提出人有社會性，並且強調人與鳥獸是不同的生物，不能混居在一起。孔子的學生有若，更具體明確的提出「類」的觀念來，有若說：「鳳凰之於飛鳥，太山之於丘垤，河海之於行潦，類也。聖人之於民，亦

67《孟子集注》，卷9，頁309，〈萬章上〉。
68 同前。
69《論語集注》，卷9，頁184，〈微子篇〉。

類也。出乎其類，拔乎其萃，自生民以來，未有盛於孔子也。」[70]「類」的觀念的出現，很清楚的畫分了人與禽獸的區別，也釐清了人與非人的不同。「聖人之於民，亦類也」，這一句話不但將聖人是人不是神這一點清楚的點明，同時也預設了人可以爲聖人的可能性。

孟子接受了上述「類」的觀念，一方面用以排斥異端，如「聖王不作，諸侯放恣，處士橫議，楊朱、墨翟之言盈天下。天下之言，不歸楊，則歸墨。楊氏爲我，是無君也；墨氏兼愛，是無父也。無父無君，是禽獸也。」[71]人類與禽獸雖同爲生物，但人有倫理，禽獸則否，這是兩「類」的最大區別，「無父無君」即是無人倫，故孟子將楊、墨摒除於人類之外。就另一方面而言，孟子應用「類」的觀念，在有若的基礎上，承繼顏淵「舜何人也？予何人也？有爲者亦若是」[72]的精神，建立起「聖人可學而至」的理論，他說：

> 故凡同類者，舉相似也，何獨至於人而疑之？聖人與我同類者。……口之於味也，有同者焉；耳之於聲也，有同聽焉；目之於色也，有同美焉。至於心，獨無所同然乎？心之所同然者何也？謂理也，義也。聖人先得我心之所同然耳。故理義之說我人心，猶芻豢

70《孟子集注》，卷3，頁235，〈公孫丑上〉。
71《孟子集注》，卷6，頁272，〈滕文公下〉。
72《孟子集注》，卷5，頁251，〈滕文公上〉。

之悅我口。73

孟子先肯定「聖人與我同類者」，意即聖人不是其他生物，聖人也是人，這樣就把聖人與常人的距離拉近，不再是高不可攀，遙不可及。唯一不同的是，聖人先得我心之同然而已。伊尹曾說：「天之生此民也，使先知覺後知，使先覺後覺也。予，天民之先覺者也；予將以斯道覺斯民也。非予覺之，而誰也？」74此處的「先」，即顯示伊尹所謂聖人先知先覺的特色。至於理義，程子（頤）說：「在物為理，處物為義，體用之謂也。孟子言人心無不悅理義者，但聖人則先知先覺乎此耳，非有以異於人也。」75人與聖人同悅理義，在先知先覺的聖人引領下，自有成為聖人的可能。當然，這裏有一個問題必須先行處理，那就是聖人是天生的，或是後天學成的？如果聖人是天生的，一般人自然不可能學成聖人；如果聖人除先天以外，也有學習而成的可能，那麼討論學聖人才有意義。關於這個問題，孔子的若干言論已透露一些訊息，如：「性相近也，習相遠也。」76「惟上知與下愚不移。」77「生而知之者，上也；學而知

73《孟子集注》，卷 11，頁 329，〈告子上〉。
74《孟子集注》，卷 9，頁 310，〈萬章上〉。
75《孟子集注》引述，，卷 11，頁 330。
76《論語集注》，卷 9，頁 175，〈陽貨篇〉。

之者，次也；困而學之，又其次也；困而不學，民斯爲下矣。」78「我非生而知之者，好古，敏以求之者也。」79而前曾引述「若聖與仁」章80，孔子雖謙遜不敢以「聖與仁」自居，但是卻明確的表示自己是「爲之不厭」，這個「之」字正是稱代「聖與仁」二者的。足見孔子雖不否認聖人有生而知之的，但真正關切的卻是學而知之的部分，「學而時習之」81才是孔子畢生心力貫注所在。孟子承襲了孔子的思想，在孔子的理論基礎上做了更大的展開，他說：

> 堯舜，性之也；湯武，身之也；五霸，假之也。久假而不歸，惡知其非有也。82

又說：

> 堯舜，性者也；湯武，反之也。83

77《論語集注》，卷9，頁176，〈陽貨篇〉。

78《論語集注》，卷8，頁172，〈季氏篇〉。

79《論語集注》，卷4，頁98，〈述而篇〉。

80《論語集注》，卷4，頁101，〈述而篇〉。

81《論語集注》，卷1，頁47，〈學而篇〉。

82《孟子集注》，卷13，頁358，〈盡心上〉。

朱子《集注》說：「性者，得全於天，無所污壞，不假修爲，聖之至也。反之，者，修爲以復其性，而至於聖人也。」又引程子（顥）說：「性之反之，古未有此語，蓋自孟子發之。」此處將聖人分爲「性之」、「身（反）之」，[84]明顯的肯定「生而知之」、「學而知之」皆是聖人，堯、舜是「生而知之」的聖人，湯、武是「學而知之」的聖人。孟子以湯、武爲學而知之的典範，確立了聖人可學而至，這是儒家聖人論的一大創獲。〈告子下〉又載：

> 曹交問曰：「人皆可以為堯舜，有諸？」孟子曰：「然。」「交聞文王十尺，湯九尺，今交九尺四寸以長，食粟而已，如何則可？」曰：「奚有於是？亦為之而已矣。……徐行後長者謂之弟，疾行先長者謂之不弟。夫徐行者，豈人所不能哉？所不為也。堯舜之道，孝弟而已矣。子服堯之服，誦堯之言，行堯之行，是堯而已矣；子服桀之服，誦桀之言，行桀之行，是桀而已矣。」[85]

朱子《集注》引陳氏（暘）說：「孝弟者，人之良知良能，自然之性也。堯舜人倫之至，亦率是性而已。豈能加毫末於是哉？」人人都可以爲堯舜，而「堯舜之道，孝弟而已矣」。這不是

83《孟子集注》，卷 14，頁 373，〈盡心下〉。
84 同前。
85《孟子集注》，卷 12，頁 339，〈告子下〉。

說能孝弟者便是堯、舜，而是說學堯、舜之道須從孝弟做起。孟子曾有一段言論，正是這個說法的最好解釋，他說：

> 人之所不學而能者，其良能也；所不慮而知者，其良知也。孩提之童，無不知愛其親者；及其長也，無不知敬其兄也。親親，仁也；敬長，義也。無他，達之天下也。86

「愛其親」即孝，「敬其兄」即弟，孝弟是人的良知良能。由人心所同然的孝弟擴充推廣，自然有可能做到仁義，也才能成聖成賢。87孟子這種觀念應是承續有若所說：「君子務本，本立而道生，孝弟也者，其爲仁之本與！」88而來。從孟子的言論中也可以看出，他主張「聖人可學而至」的主要理由就在於「性善」，如果說孟子聖人論的理論基礎就是性善論，應該是確切無疑的。

又次，孟子認爲聖人的出現與否與天下國家的治亂相關，聖人出則天下治，聖人不出則天下亂，一治一亂之間，聖人扮演著關鍵的角色。他說：

86《孟子集注》，卷13，頁353，〈盡心上〉。

87 參鍾彩鈞：《二程聖人之學研究》（臺灣大學中國文學研究所博士論文，何佑森先生指導，民國79年6月），頁9。

88《論語集注》，卷1，頁48，〈學而篇〉。

天下之生久矣，一治一亂。當堯之時，水逆行，氾濫於中國。蛇龍居之，民無所定。……使禹治之，禹掘地而注之海，……險阻既遠，鳥獸之害人者消，然後人得平土而居之。堯舜既沒，聖人之道衰。暴君代作，……及紂之身，天下又大亂。周公相武王，誅紂伐奄，……天下大悅。……世衰道微，邪說暴行有作，臣弒其君者有之，子弒其父者有之。孔子懼，作春秋。春秋，天子之事也。……聖王不作，諸侯放恣，處士橫議，楊朱、墨翟之言盈天下。……楊、墨之道不息，孔子之道不著，……吾為此懼，閑先聖之道，距楊、墨，放淫辭，邪說者不得作。……共者禹抑洪水而天下平，周公兼夷狄驅猛獸而百姓寧，孔子成春秋而亂臣賊子懼。……我亦欲正人心，息邪說，距詖行，放淫辭，以承三聖者；豈好辯哉？予不得已也。89

上述文字中，清楚的顯現出聖人與治亂關係來，洪水氾濫，聖人（禹）以治水英雄的姿態出現；暴君（紂）殘賊人民，聖人（周公）以弔民伐罪的仁君姿態現身；邪說暴行混淆是非，敗壞人倫，聖人（孔子）以道德家的面目導正社會風氣。聖人出現，扶危定傾，使政治清明，社會安定；世衰道微、社會動蕩，也就是世無聖人的時候。聖人在君位，名爲聖王，對政治社會

89《孟子集注》，卷6，頁271，〈滕文公下〉。

有具體的實質效果；不在位的聖人如孔子，就只能以個人的行爲及著述影響社會，導正人心，垂教後世。由於這個原因，不在位的聖人處於不同時代、不同環境，所呈現的面貌，就有極大的差異，如伯夷之清，伊尹之任，柳下惠之和，孔子之時，[90]雖有許多差別，但這些聖人對社會風氣都有一定的影響。孔子之所以被稱爲「聖之時者」，那是因爲孔子身有三人之德而能以時出之，謂之「集大成」。「集大成也者，金聲而玉振之也。金聲也者，始條理也；玉振也者，終條理也。始條理者，智之事也。終條理者，聖之事也。」[91]孔子智、聖兼備，本末終始一貫，道德事功遠在其他聖人之上，「賢於堯舜遠矣」，[92]成爲孟子所最景仰的聖人，也是中國歷史上影響最大的聖人。

四

經過上述的論證後，對於孔孟的聖人論的內容，有了比較具體的了解，以下試著做一個簡單的結語。

---

90 見《孟子集注》，卷 10，頁 314，〈萬章下〉，文繁不錄。

91《孟子集注》，卷 10，頁 315，〈萬章下〉。

92《孟子集注》卷 3，頁 234，〈公孫丑上〉：「宰我曰：『以予觀於夫子，賢於堯舜遠矣。』」

傳統學者都認爲「仁且智」者就是孔子所謂的聖人，這個觀點現在看來是值得討論的，以「仁且智」者爲聖人，是子貢的個人觀點，不是孔子的看法。孔子心目中的聖人，是德業兼備，合內聖外王於一身的。如堯、舜等人，只有這樣的聖人才有可能做到「博施於民而能濟眾」。仁者而無事功表現，有事功表現而無仁者的道德素養，都不能算是孔子所謂的聖人。正如將眾德之一的「仁」轉化爲兼包眾德（智除外）一樣，孔子將原本僅「明德」之義的「聖」提升成最高的道德，內容也擴大爲「大聖」之義。這種轉變使「聖人」成爲孔子心目中的理想人格，開創了儒家的聖人論，也使儒學成爲兼具內聖外王的聖人之學。

孔子建立聖人的高遠理想，孟子則在孔子的基礎上充實了聖人論的內容。孟子適度修正了孔子的理論，使「聖人可學而至」成爲可能；同時又放寬了聖人的「認定標準」，如此一來，有德而無位的仁者，像伯夷、伊尹、柳下惠、孔子等人，只要有具體的事功，對政治、社會有一定的影響，都可以成爲聖人。孟子的這種改造，使聖人之學得到真正的落實，讓「人皆可以爲堯舜」不再是遙不可及，其寓意是深遠的。

道家絕聖去智，法家賦予聖人絕對的權力，都不及儒家聖人的平易近人。儒家的聖人就生活在羣眾中，只要反求諸己，修養個人的品德，再有事功表現，人人都可能成爲聖人。儒家思想所以能成爲中國文化的主流，綿延二千多年而不墜，可說是其來有自，這一點，從孔孟的聖人論中，就可以看出其端倪來。

（原載《臺大中文學報》第6期，頁59-78，1994年6月）

子為政焉用殺——論孔子誅少正卯[1]

一、前言

「孔子誅少正卯」一事，究竟是歷史事實還是傳說，眾說紛紜，至今依然是一件懸案，無法取得學術界的共識。由於此事攸關孔子的思想，也與孔子本人的人格息息相關，就儒學研究來講，茲事體大，實有釐清的必要。本文之作，用意即在擺脫非學術性的考量，以平實的態度，據可信的資料，來檢討這一件眾所矚目的學術公案，將真相還諸歷史。

1 本文初稿曾在新加坡大學中文系主辦之『儒學與世界文明國際學術會議』（1997 年 6 月）及臺大中文系定期研討會（1997 年 12 月）宣讀，經修改後正式發表。收入本書者係修訂稿。

二、問題的出現

「孔子誅少正卯」這件事最早出現於《荀子》書中，《荀子·宥坐篇》載：

> 孔子為魯攝相，朝七日而誅少正卯。門人進問曰：「夫少正卯，魯之聞人也，夫子為政而始誅之，得無失乎？」孔子曰：「居！吾語女其故。人有惡者五，而盜竊不與焉：一曰心達而險，二曰行辟而堅，三曰言偽而辯，四曰記醜而博，五曰順非而澤。此五者有一於人，則不得免於君子不誅，而少正卯兼有之。故居處足以聚徒成群，言談足以飾邪營眾，強足以反是獨立，此小人之桀雄也，不可不誅也。是以湯誅尹諧，文王誅潘止，周公誅管叔，太公誅華仕，管仲誅付里乙，子產誅鄧析、史付，此七子者，皆異世同心，不可不誅也。詩曰：『憂心悄悄，慍於群小。』小人成群，斯足憂矣。」[2]

司馬遷作《史記·孔子世家》時，採用了這一資料。由於《史記》的廣大影響力，使得『孔子誅少正卯』一事，從漢代起，成爲學界習知的典故。[3]但因這件事既不見於《論語》、《孟

2 清·王先謙：《荀子集解·宥坐篇》（北京：中華書局，1990年），卷20，頁520-521。

3 稍早於《史記》的《淮南子·氾論篇》，已有此一記載。晚於《史記》的《說苑·指武篇》、《論衡·講瑞》〈定賢〉等篇、《白虎通·誅伐篇》、《孔子家語·始誅篇》以及著作時間仍有爭議的《尹文子·大道下》篇都有類似記

子》，也不見於《左傳》的記載，這些公認較可信的文獻，都沒有此事的痕跡，使得某些學者開始懷疑這一說法是否可信。

宋代學者富於懷疑精神，他們不僅疑經、傳，[4]也旁及先秦諸子，《荀子·宥坐篇》的這一段記載，自然吸引了他們的注意力。首先懷疑此事真實性的是南宋的朱熹與葉適，朱熹曾在〈舜典象刑說〉中說：

> 若少正卯之事，則予嘗竊疑之。蓋《論語》所不載，子思、孟子所不言，雖以左氏《春秋內、外傳》之誣且駁，而猶不道也。乃獨荀況言之，是必齊、魯陋儒憤聖人之失職，故為此說，以夸其權耳。吾又安敢輕信其言而遽稽以為決乎？聊並記之，以俟來者。[5]

載。子書以外，王尊（《漢書·趙尹韓張兩王傳》）、高誘（《淮南子氾論篇·注》）也有相似意見，可見許多漢代學者幾乎都接受這個說法。

4 參看葉國良：《宋人疑經改經考》（臺北：國立臺灣大學出版委員會，國立臺灣大學文史叢刊之55，民國69年）。

5 宋·朱熹：《朱熹集》（成都：四川教育出版社，1996年），卷67，頁3520-3521。另《朱子語類》（臺北：文津出版社，民國75年，影印北京中華書局本），卷93，頁2532，「某嘗疑誅少正卯無此事」條，也有相同說法。但朱子的《論語集注·序說》節錄《史記·孔子世家》，依舊沿用誅少正卯之說。而《朱子語類》，卷130，頁3123，「小人不可與君子同處於朝」條也云：「舜去四凶，孔子誅少正卯，當初也須與他說是非。到得他自恃甚高，不依聖人說話，只得去了。」可見對「孔子誅少正卯」一事，即使朱子本人的言論也相當不一致。雖說如此，但朱子

葉適也說：

《家語》……又言「七日誅亂政大夫少正卯，戮於兩觀之下，尸于朝三日」，其辭云云，皆非是，此荀卿子所載，或者荀氏之傳宜若此，而孔氏《家語》遂取以實其書爾。……又按〈始誅〉下文，子貢進曰：「夫少正卯，魯之聞人，今夫子為政而始誅之，其為失乎？」詳此，則少正卯之聞次於孔子。又按下文，「有父子訟者，同狴執之，三月不別，其父請止，夫子赦之。」夫父子訟真大罪，而孔子尚欲化誨之，使復于善；少正卯為國聞人，其罪未彰，而孔子乃先事設誅，播揚其惡。由後為夫子本旨，則其前為非夫子本旨明矣。按舜「讒說殄行，震驚朕師」，故命「龍納言，出納惟允」，而周、召之于頑民，待之數世。然則湯誅尹諧，文王誅潘正，6以至華仕、付乙、史何、少正卯，殆書生之寓言，非聖賢之實錄也。使後世謂聖人之用，不量先後緩急，教未加而遽震於大討，輕舉妄發以害中道，而曰孔子實然，蓋百世所同患矣。自子思、孟子猶

曾在文字著述中懷疑此事，卻是事實。

6 案：如北京中華書局本、中國子學名著集成編印基金會影印國立中央圖書館藏萃古齋精鈔本、臺灣商務印書館影印文淵閣《四庫全書》本等，上述各本《習學記言》均作「潘正」，與《荀子・宥坐篇》作「潘止」不同。

皆不然，獨荀況近之，故余以為荀氏之傳也。7

朱熹、葉適都是當時知名學者，兩人在學術界有相當的影響力，加以理學在後來成爲顯學的關係，使得漢代以來認爲理所當然的常識，成爲學者質疑的一個焦點。從南宋以迄民國，支持者與反對者對這個問題的討論，始終沒有停止過。主張確有其事的人，認爲這是一個歷史事實，無庸置疑，也不必討論；懷疑此事的人，覺得資料問題重重，根本就只是一個傳說，不能信以爲真，當作信史看待。兩者立場迴異，始終無法得出具體的結論。

「孔子誅少正卯」究竟是諸子傳說，還是歷史？處於今日，其實可以擺落傳統的包袱，去除不必要的成見，就事論事，以理性的態度，讓資料本身來說話，或許可以得出比較容易較人接受的答案。就此而言，早在唐朝，最先注解《荀子》的學者楊倞即曾在〈宥坐〉篇篇題下注云：「此以下，皆荀卿及弟子所引紀傳雜事，故總推之於末。」8楊倞的這個案語，已經明確指出《荀子．宥坐篇》以下各篇，包括〈宥坐〉、〈子道〉、〈法行〉、〈哀公〉、〈堯問〉等，均可能不是荀子本人原著，與其他篇章相比，可信度自然較低，其所記載，是否確有其事，也不能不令人存疑。其次，從朱熹起，許多學者已經指出：此事既不見於《論語》，也不見於《孟

7 宋．葉適：《習學記言序目》（北京：中華書局，1977年），卷17，頁232-233，〈相魯始誅〉。

8 王先謙：《荀子集解》，卷20，頁520。

子》；就此二書而言，前者是討論孔子生平與思想最重要的資料，後者書中所記有關孔子資料，也都爲學者所接受，而兩者都沒有孔子誅少正卯的記載，這種現象就很奇怪。如果真有其事，這件事決不是小事，必然廣爲孔子學生及當時政界所知曉，口耳相傳，見諸筆墨，自不在話下。如果說文獻殘缺，《論語》失載，以孟子之博學多聞，鄒、魯又相去不遠，這等大事，孟子怎麼可能一無所悉？除此以外，《左傳》、《國語》、《公羊》、《穀梁》，甚至《禮記》、《大戴禮記》全都沒有此一記載，則此事是否爲真實，至少在文獻記載上頗令人懷疑。

三、對孔子思想的考察

除上述文獻上的問題外，就孔子的思想來加以考索，可能是一個比較可靠的方式。爲信而可徵，並且避免不必要的爭議，這一討論完全以《論語》的資料爲準，不另引用他書資料。《論語》中的孔子，是一個重視生命、愛惜生命的人，〈鄉黨篇〉有如下的記載：

> 廄焚。子退朝，曰：「傷人乎？」不問馬。9

9 宋．朱熹：《四書章句集注．論語集注》（臺北：大安出版社，民國 75 年，影印北京中華書局本），卷 5，頁

何晏《集解》引鄭玄云：「重人賤畜也。」[10]《鹽鐵論．刑德篇》也有類似解釋，[11]朱熹《集注》則說：『非不愛馬，然恐傷人之意多，故未暇問。蓋貴人賤畜，理當如此。』[12]由此看來，不論是貴人賤畜，還是貴人也貴畜，人畜相比，人總是最重要的。在此前提下，孔子所揭櫫的「仁」，事實上就是以「人」爲本，以「愛人」[13]爲具體行動。孔子在討論爲政時，最重視的就是「人」，以「人」爲政治的主體，他曾說：

> 道之以政，齊之以刑，民免而無恥；道之以德，齊之以禮，有恥且格。[14]

此處的「政」，朱熹《集注》云：『謂法制禁令也。』[15]「刑」即刑罰。二者同爲當時流行的

121。

10 梁．皇侃：《論語集解義疏》（臺北：世界書局，民國69年），卷5，頁103。

11 王利器：《鹽鐵論校注》（定本）（北京：中華書局，1992年），卷10，頁567，〈刑德篇〉載：「文學曰：『…魯廄焚，孔子罷朝，問人不問馬，賤畜而重人也。』」。

12 《論語集注》，卷5，頁121。

13 《論語集注》，卷6，頁139，〈顏淵篇〉：「樊遲問仁。子曰：『愛人。』」

14 《論語集注》，卷1，頁54，〈爲政篇〉。

15 同上。

治民之具。據《左傳》記載，魯昭公六年（前536年），「鄭人（子產）鑄刑書。」[16]魯昭公二十九年（前513年），「晉趙鞅、荀寅帥師城汝濱，遂賦晉國一鼓鐵，以鑄刑鼎，著范宣子所爲刑書焉。」[17]孔子對於國際間爭相公布「刑書」的這種作法頗不以爲然，他認爲類此作風並非爲政之道。針對趙鞅的行爲，孔子曾說：「晉其亡乎！失其度矣。」他的理由是：

> 夫晉國將守唐叔之所受法度，以經緯其民，卿大夫以序守之，民是以能尊其貴，貴是以能守其業。貴賤不愆，所謂度也。文公是以作執秩之官，為被廬之法，以為盟主。今棄是度也，而為刑鼎，民在鼎矣，何以尊貴？貴何業之守？貴賤無序，何以為國？且夫宣子之刑，夷之蒐也，晉國之亂制也，若之何以為法？[18]

孔子的批評，今人看來似乎是固執保守，不合時代潮流，但就孔子本身思想而言，倒是前後一貫，始終如一。他所謂的「唐叔之法」，正是晉受之於周的「先王之法」，也就是文武之道，周公之禮。孔子主張「爲國以禮」，[19]這因爲禮的功用在「分」，若能貫徹實行，有助於建立一

---

16 楊伯峻：《春秋左傳注》（修訂本）（北京：中華書局，1990年），頁1274。

17《春秋左傳注》（修訂本），頁1504。

18《春秋左傳注》（修訂本），頁1504。

19《論語集注》，卷6，頁131，〈先進篇〉。

個貴賤有序、上下各守其業的國家。他提倡的「禮」，是以仁爲本的文、武、周公之道，不是徒具「玉帛」、「鐘鼓」形式的禮儀。[20]和范宣子所作的刑書，更是截然有別。孔子認爲用政、刑治國，只能使民眾表面守法而心懷苟且之意，徒具形式而無實質的意義。若能從根本下手，「道之以德，齊之以禮」，改治民爲化民，自然能使民眾心悅而誠服，表裡如一，從善如流。如此一來，刑殺既無必要，「鑄刑鼎」也就成了多此一舉。

由於重視以德化民，孔子對執政者的道德要求很高，他曾說：「君子之德風，小人之德草。草上之風，必偃。」[21]就孔子而言，爲政不是治理，而是教化，二者有極大的差別，不能不加以區隔。執政者最重要的不是制定各種法令制度，首要之務是「以身作則」，作民眾的表率。這種意見在《論語》中屢見不鮮，如：「季康子問政於孔子。孔子對曰：『政者，正也。子帥以正，孰敢不正？』」[22]又如「季康子患盜，問於孔子。孔子對曰：『苟子之不欲，雖賞之不竊。』」[23]簡單說來，孔子所謂的「爲政」，就是從執政者本身做起，提升個人的道德，

20《論語集注》，卷9，頁178，〈陽貨篇〉，「子曰：『禮云禮云，玉帛云乎哉？樂云樂云，鐘鼓云乎哉？』」
21《論語集注》，卷6，頁138，〈顏淵篇〉。
22《論語集注》，卷6，頁137。
23 同上。

作臣民行爲的表率，所謂「苟正其身矣，於從政乎何有？不能正其身，如正人何？」[24]就是最好寫照。這種寓政治於道德教化的作法，是典型的「人治」，絕非「法治」。在此一思想脈絡下，孔子曾讚美舜：「無爲而治者，其舜也與？夫何爲哉，恭己正南面而已矣。」[25]此處的「無爲而治」，與道家的不同，[26]朱熹《集注》說：「無爲而治者，聖人德盛而民化，不待其有所作爲也。」[27]這個解釋，應合於孔子的原意，孔子曾說「爲政以德，譬如北辰，居其所而眾星拱之。」確切說明了「無爲而治」的具體內涵。堯、舜是孔子一心嚮往的聖人，也是他的典範，從堯、舜的爲政風格中，可以清楚的看出孔子心目中的理想政治。

正因孔子主張以德、禮化民，而非以政、刑治民，因此他並不贊成用刑殺的式來對付民眾，《論語》有以下的記載：

> 季唐子問政於孔子曰：「如殺無道，以就有道，何？」孔子對曰：「子為政，焉用殺？子

24《論語集注》，卷7，頁144，〈子路篇〉。

25《論語集注》，卷8，頁162，〈衛靈公篇〉。

26宋．黎靖德編：《朱子語類》（臺北：文津出版社，民國75年，影印北京中華書局本），卷23，頁537，云：「老子所謂無爲，便是全不事事。聖人所謂無爲者，未嘗不爲，依舊是『恭己正南面而已矣』；是『己正而物正』，『篤恭而天下平』也。」

27《論語集注》，卷8，頁162，〈衛靈公篇〉。

欲善，而民善矣。……」[28]

季康子打算用刑殺爲手段，來解決魯國日益敗壞的治安問題，這種「以殺止殺」、「治亂世用重典」的想法，大概也是身處「禮壞樂崩」之時，朝野上下共同的心聲。可是孔子並沒有隨聲附和，他仍然堅持自己的意見，要求執政者從自我反省做起，在道德上做民眾的榜樣，藉此來教化民眾。從《論語》簡略的文字，很容易造成讀者的誤會，認爲孔子頑固保守，不知變通。其實不然，孟子說孔子是「聖之時者」，[29]並無誇張過實之處。孔子自稱「吾少也賤，故多能鄙事」，[30]又「嘗爲委吏矣」、「嘗爲乘田矣」，[31]所以他深知民間疾苦，對基層吏治清楚得很，否則絕對說不出「聽訟，吾猶人也，必也使無訟乎」[32]這樣的話來！有這樣的生活背景，又博學好問，孔子對當時的社會亂象，一定有深刻的體認。他當然了解時代有什麼需要，也知道民眾想些什麼？但是他考慮的不是一時而是長遠，要處理的是根本而非表象，這才是孔

28《論語集注》，卷6，頁138，〈顏淵篇〉。

29 宋．朱熹：《四書章句集注．孟子集注》（臺北：大安出版社，民國75年，影印北京中華書局本），卷10，頁315，〈萬章下〉。

30《論語集注》，卷5，頁110，〈子罕篇〉。

31《孟子集注》，卷10，頁321，〈萬章下〉。

32《論語集注》，卷6，頁137，〈顏淵篇〉。

子思慮深微之處。基於這種考量，當魯哀公問社於宰我，而宰我答以：「夏后氏以松，殷人以柏，周人以栗，曰使民戰栗時」時，孔子只說了一句話：「成事不說，遂事不諫，既往不咎。」[33]言語雖短，意味深長。朱熹《集注》說：「孔子以宰我所對，非立社之本意，又啓時君殺伐之心，而言已出，不可復救，故歷言此以深責之，欲使謹其後也。」[34]孔子的用意很清楚：防微杜漸，不要讓執政者產生殺伐的念頭。用心良苦，無過於此。雖然如此，但這並不表示孔子不能體察時艱，不了解實際爲政的困難所在，孔子雖嚮往堯舜之道、文武之德，一心企盼有用世的機會，但他也曾明言：「善人爲邦百年，亦可以勝殘去殺矣。誠哉是言也！」[35]所謂「勝殘去殺」，何晏《集解》引王肅云：「勝殘者，勝殘暴之人，使不爲惡也。去殺者，不用刑殺也。」[36]連善人都要「爲邦百年」之久，才能做到「勝殘去殺」，可見爲政不用懲罰是相當困難的事。就此而言，孔子雖雅不欲用刑殺，卻不能不承認爲邦治國以刑殺爲懲罰手段，是不能不有的罪惡。雖說如此，就孔子而言，刑殺是非不得已不用，即使非用不可，也要經過一定的程序，這個必須有的程序就是「教化」。孔子曾說：「善人教民七年，亦可以即

33《論語集注》，卷2，頁67，〈八佾篇〉。
34《論語集注》，卷2，頁67，〈八佾篇〉。
35《論語集注》，卷7，頁144，〈子路篇〉。
36《論語集解義疏》，卷7，頁133。

戎矣。」[37]所謂「教民」，朱熹《集注》說：「教民者，教之孝悌忠信之行，務農講武之法。」[38]這都是執政者應該而且必須做的事。戰爭是以生命相搏的事情，如果執政者沒有盡到教民的責任，只把民眾當作遂行戰鬥的工具，以欺騙或脅迫的手段將民眾送上戰場，任其送命，那就無異拋異了自己的民眾，是非常嚴重的失職，所以孔子說：「以不教民戰，是謂棄之。」[39]國君有此行爲，就是「不仁」，自然不配爲執政者。《論語》中有一段記載，最足以顯示孔子的看法：

> 子適衛，冉有僕。子曰：「庶矣哉！」冉有曰：「既庶矣。又何加焉？」子曰：「富之。」曰：「既富矣，又何加焉？」曰：「教之。」[40]

爲政首要在富民，《管子》也有類似思想，[41]但管子是富而後治，孔子則是富而後教，[42]一

37《論語集注》，卷7，頁148，〈子路篇〉。

38 同上。

39《論語集注》，卷7，頁148，〈子路篇〉。

40《論語集注》，卷7，頁143，〈子路篇〉。

41 黎翔鳳：《管子校注》（北京：中華書局，2004年），卷15，頁924，〈治國篇〉云：「凡治國之道，必先富民。民富則易治也，民貧則難治也。……是以善爲國者，必先富民，然後治之。」

「治」—「教」，兩者代表的心態完全不同。管子重視的是治民，孔子則強調教化。管子代表的是春秋戰國執政者的普遍立場，人民是被統治的對象，雖有「政之所興，在順民心；政之所廢，在逆民心。民惡憂勞，我佚樂之；民惡貧賤，我富貴之；民惡危墜，我存安之；民惡滅絕，我生育之。」[43]類此重視民意的言論，但具體呈現的卻是執政者的牧民心態。相對於此，孔子則是視人若己，「己欲立而立人，己欲達而達人」，[44]君、民地位雖有尊卑，其爲人也則一，沒有什麼不同。因此執政者只應該教化民眾，引導他們向善，往好的方面發展，而非用強制的方式，以刑殺來恐嚇或限制民眾。即使迫不得已，非得以刑殺來懲罰作姦犯科之人，施行的時機，必然是在長期施行教化以後，對象則是屢勸不改，依舊違法犯紀，惡行重大者。在整個過程中，「教化」是不可或缺，也必然要經過的階段。前述「以不教民戰，是謂棄之」

42 孔子這種「富而後教」的想法，後來成爲儒家的一貫主張，如《孟子．梁惠王上》云：「是故明君制民之產，必使仰足以事父母，俯足以畜妻子，樂歲終身飽，凶年免於死亡。然後驅而之善，故民之從之也輕。」（《孟子集注》，卷1，頁211。）《荀子．大略篇》也說：「不富無以養民情，不教無以理民性。故家五畝宅，百畝田，務其業而勿奪其時，所以富之也。立大學，設庠序，脩六禮，明十教，所以道之也。詩曰：『飲之食之，教之誨之。』王事具矣。」（《荀子集解》，卷19，頁498。）可見孟、荀對人性的看法雖有出入，但強調「富而後教」的的主張則一，這已成了儒家學者的共識。

43 黎翔鳳：《管子校注》，卷1，頁13，〈牧民篇〉。

44 《論語集注》，卷6，頁92，〈雍也篇〉。

一語，已充分表現孔子的想法。這種教而後行的態度孔子非常堅持，絕無妥協的餘地，從下列的資料可以清楚的看出來：

> 子張問於孔子曰：「何如斯可以從政矣？」子曰：「尊五美，屏四惡，斯可以從政矣。」……子張問：「何謂四惡？」子曰：「不教而殺謂之虐；不戒視成謂之暴；慢令致期謂之賊；猶之與人也，出納之吝，謂之有司。」45

所謂「不教而殺謂之虐」，皇侃《論語集解義疏》云：「爲政之道，必先施教，教若不從，然後乃殺。若不先行教，而即用殺，則是酷虐之君也。」46由此可見，爲政當以教化爲首先考量，「不教而殺」是孔子所謂從政四惡之首，他以此教導學生，當然也以此自警，在這種情形下，他怎麼可能自食其言，做出自己堅決反對的事來？

《荀子．宥坐篇》說：「孔子爲魯攝相，朝七日而誅少正卯，」《尹文子．大道下》說：「孔丘攝魯相，七日而誅少正卯。」47司馬遷《史記．孔子世家》載：「定公十四年（西元

45《論語集注》，卷10，頁194，〈堯曰篇〉。

46《論語集解義疏》，卷10，頁205，〈堯曰篇〉。

47 舊題周．尹文撰：《尹文子》（臺北：臺灣商務印書館，民國69年，《四部叢刊》本），總頁7。

前496年），孔子年五十六，由大司寇行攝相事，有喜色。……於是誅魯大夫亂政者少正卯。與聞國政三月，……」48劉向《說苑．指武篇》說「孔子爲魯司寇，七日而誅少正卯於東觀之下。」49《孔子家語．始誅篇》也說：「孔子爲魯司寇，攝行相事，有喜色。……于是朝政七日而誅亂政大夫少正卯，戮之於兩觀之下，尸于朝三日。」50上述所引，除《史記》外，各書都說「朝七日」、「七日」而誅少正卯。《史記》雖沒有說明孔子執政多久而誅少正卯，但從下文「與聞國政三月」來看，從「行攝相事」到「誅魯大夫亂政者少正卯」，時間不會太長，至多不會超過三個月。如此說來，孔子在魯執政沒有多久，甚至於上任伊始，就以迅雷不及掩耳的速度，誅殺了少正卯！這和上述所言孔子力主教化、反對刑殺的態度完全不同，也和孔子的爲人不符。除非另有其他佐證，或者孔子言行根本不一致，否則我們只能說《荀子．宥坐篇》及以下的這些記載只是傳聞，並非事實。

---

48 漢．司馬遷：《史記》（臺北：世界書局，民國61年，影印北京中華書局本），卷47，頁1917。

49 向宗魯：《說苑校證》（北京：中華書局，1987年），卷15，頁380。

50 清．陳士珂：《孔子家語疏證》，（臺北：臺灣商務印書館，民國57年，《國學基本叢書》本），卷1，頁7。

四、論孔子的言行

孔子是否爲一個言行不一致的人？這個問題或許很奇怪，但卻是我們處理「孔子誅少正卯」時，必須面對的問題。前節已經談過，就孔子論政的言論與態度而言，孔子應該不會有「不教而誅」的行爲發生。如果這件事是肯定的話，孔子理所當然是一個言行一致的人，而這也是歷代絕大多數學者的認定。若是換一個方向思考，孔子關心時政，又有心用世，當時公認他是「知其不可而爲之者」，51在急於實現自己理想的心態下，他會不會跟現代一般從事政治活動的人物一樣，上台前說的是一套，取得權力後，爲遂行己意，貫徹自己的想法，做的又是另一套？這是一個相當大膽的質疑。要回答這個問題，可以從兩方面來思考：第一，孔子對言與行有什麼樣的看法？第二，文獻所載，孔子有沒有言行不一致之處？以下分別討論這兩個問題。

51《論語集注》，卷 7，頁 158，〈憲問篇〉載：「子路宿於石門。晨門曰：『奚自？』子路曰：『自孔氏。』曰：『是知其不可而爲之者與？』」。可見孔子此一態度，當時許多人都知道。其實跟隨孔子周遊列國尋找機會的學生也都有類似看法，子路就曾說：「君子之仕也，行其義也。道之不行，已知之矣。」（《集注》卷 9，頁 185，〈微子篇〉。）

(一)孔子對言與行的看法

就現有可靠的文獻來看，孔子對於會說話、口才好的人，似乎並不欣賞。《論語》一書屢見「巧言令色，鮮於仁」[52]、「巧言、令色、足恭，左丘明恥之，丘亦恥之」[53]、「巧言亂德」[54]等記載。有人說：「雍也仁而不佞。」孔子的反應頗爲激烈：「焉用佞？禦人以口給，屢憎於人。不知其仁，焉用佞？」[55]「佞」字，《集注》云：「口才也」。又云：「仲弓爲人重厚簡默，而時人以佞爲賢，故美其優於德，而病其短於才也。」[56]可見孔子重視的是內在的德性，不以口才好爲賢。孔門雖有言語一科，那是後人所分，[57]並且所謂「言語」一詞，指的是外交辭令、使命應對，與「佞」字涵義並不相同。孔子好「直」，《論語》中論「直」處甚

52《論語集注》，卷1，頁48，〈學而篇〉。
53 同上書，卷3，頁82，〈公冶長篇〉。
54 同上書，卷8，頁167，〈衛靈公篇〉。
55《論語集注》，卷3，頁76，〈公冶長篇〉。
56《論語集注》，卷3，頁76，〈公冶長篇〉。
57《論語集注》，卷6，頁123，〈先進篇〉，「從我與陳蔡」章，《集注》曰：「弟子因孔子之言，記此十人，而并目其所長，分爲四科。」又引程子曰：「四科乃從夫子於陳、蔡者爾，門人之賢者固不止此。曾子傳道而不與焉，故知十哲世俗論也。」

多，就言語而言，「辭達而已矣」58即是言語上的「直」，這也是孔子對言語的基本要求，超過此一要求，除了辦外交需要外，其餘都有流於「佞」的可能，不爲孔子所喜。「仁」是孔子認爲的最高道德典範，幾乎就是所有美德的總稱，59但孔子一則說：「剛毅、木訥，近仁」60再則說：「仁者其言也訒，……爲之難，言之得無訒乎？」61由「木訥」、「其言也訒」這些描述來看，孔子對巧於言辭是相當排斥的。何以如此？原因在於孔子是一個重視名實相副的人，「名實相副」就個人而言，即是表裡如一、言行一致，沒有口是心非、所行不符所言之處。所謂言行一致，孔子有很清楚的說明：「君子名之必可言也，言之必可行也。君子於其言，無所苟而已矣。」62所謂「無所苟」，含意很明確，是什麼就說什麼，既不多也不少，是就是是，非就是非，沒有含糊籠統之處。而所謂的「名之必可言，言之必可行，」將名與

58《論語集注》，卷8，頁169，〈衛靈公篇〉。

59 孔子所稱的「仁」幾乎包含了所有的美德，唯獨「知」不在內。《論語》一書中常見「仁」、「知」並舉，如：「仁者安仁，知者利仁」（〈里仁〉篇）、「知者樂水，仁者樂山；知者動，仁者靜；知者樂，仁者壽」（〈雍也〉篇）、「樊遲問仁。子曰：『愛人。』問知。子曰：『知人。』」（〈顏淵〉篇）由此可見，「知」是在「仁」之外的，不爲「仁」所涵攝。

60《論語集注》，卷7，頁148，〈子路篇〉。

61《論語集注》，卷6，頁133，〈顏淵篇〉。

62《論語集注》，卷7，頁142，〈子路篇〉。

實、言與行的關係，發揮得很透徹。處於禮壞樂崩之際，孔子認爲名不副實是時政的積弊，如果有機會用世，首要之務是「正名」。這因爲「名不正，則言不順；言不順，則事不成；事不成，則禮樂不興；禮樂不興，則刑罰不中；刑罰不中，則民無所措手足。」[63]所以爲政首要在「正名」。至於要改正言行不一致的社會風氣，當務之急在去除朱紫不分、鄭聲雅樂相混、似是而非的苟且惡習。孔子之所以惡佞，討厭巧言令色，原因無他，巧言可以淆亂是非，可以模糊事實的真相，造成黑白難以分明，使真正是非無從彰明較著。在巧言利口小則亂德、大則覆邦家的考量下，[64]孔子強調剛毅木訥，力主「君子欲訥於言而敏於行」[65]，要「先行其言而後從之」[66]，似乎有矯枉過正之嫌，究其所以，原因在於「其言之不怍，則爲之也難」[67]。正因爲如此，孔子極力主張一個人必須「敏於事而愼於言」[68]，同時更要有「恥其言

63《論語集注》，卷7，頁142，〈子路篇〉。

64《論語集注》，卷9，頁180，〈陽貨篇〉載：「子曰：『惡紫之奪朱也，惡鄭聲之亂雅樂也，惡利口之覆邦家者。』」

65《論語集注》，卷2，頁74，〈里仁篇〉。

66《論語集注》，卷1，頁57，〈爲政篇〉。

67《論語集注》，卷7，頁154，〈憲問篇〉。

68《論語集注》，卷1，頁52，〈學而篇〉。

而過其行」[69]的認知，可見孔子非常堅持言行一致這個觀點。

（二）孔子有否言行不一致之處

孔子既力主言行必須如一，那麼孔子本人的行爲是否做得到這一點？要回答這個問題，必須以可靠的文獻爲依據，才能有較高的可信度。《左傳》中有許多和孔子相關的記載，大部份是孔子對歷史上人與事的評論，雖有少數與孔子行事相關，但都與本文論述主旨不符，因此在此從略，只以《論語》所載，做討論對象。

在《論語》中，有三處記載可能使人發生孔子言行不一致的懷疑，這就是〈陽貨欲見孔子〉章、〈公山弗擾以費畔〉章與〈佛肸召，子欲往〉章，茲分別討論於下。

1、〈陽貨欲見孔子〉章

陽貨欲見孔子，孔子不見，歸孔子豚。孔子時其亡也，而往拜之，遇諸塗。謂孔子曰：「來！予與爾言。」曰：「懷其寶而迷其邦，可謂仁乎？」曰：「不可。」「好從事而亟失時，可謂知乎？」曰：「不可。」「日月逝矣，歲不我與。」孔子曰：「諾。吾將仕

69《論語集注》，卷7，頁156，〈憲問篇〉。

矣。」[70]

陽貨即《左傳》、《史記》中的陽虎，本爲季氏家臣，而權位之尊擬於大夫，有心攀援孔子，藉以自重。孔子本來即厭惡權臣，曾批評季氏：「八佾舞於庭，是可忍也，孰不可忍也？」[71]現在卻與陽貨晤談，並且承諾出仕，乍看之下，似有言行不一致之處。事實上此一懷疑沒有必要，就上述記載來看，孔子根本迴避與陽貨見面，不期而遇不能說是有意見面。而孔子雖說「吾將仕矣」，但並未承諾在陽貨手下做事，助其爲虐。孔子本有出仕行道之意，據實回答，並未說謊。朱熹《集注》云：「孔子不見者，義也。其往拜者，禮也。必時甚亡而往者，欲其稱也。遇諸塗而不避者，不終絕也。隨問而對者，理之直也。對而不辯者，言之孫而亦無所詘也。」[72]此一解釋，言簡而意賅，頗爲中肯，正可以釋群疑。

2、〈公山弗擾以費畔〉章

公山弗擾以費畔，召，子欲往。子路不說，曰：「末之也已，何必公山氏之之也。」子

70《論語集注》，卷9，頁175，《陽貨篇》。

71《論語集注》，卷2，頁61，《八佾篇》。

72《論語集注》，卷9，頁175，《陽貨篇》。

曰：「夫召我者而豈徒哉？如有用我者，吾其為東周乎？」[73]

「公山弗擾」，何晏《論語集解》本、朱熹《論語集注》本同作「公山弗擾」，皇侃《論語集解義疏》本作「公山不擾」，《左傳》、《史記・孔子世家》、《漢書・古今人表》都作「公山不狃」，名字雖有不同，其實是同一個人。公山弗擾和陽虎同是魯國季桓子的家臣，曾做過費邑宰。弗擾以費爲據點，公然叛魯，招孔子，孔子有意前往。但此前孔子曾說過：「危邦不入，亂邦不居。天下有道則見，無道則隱。」[74]如此一來，豈不是後行不符前言，前後自相矛盾？子路爲此，大爲不悅。《史記・孔子世家》曾以《左傳》爲據，有如下的敘述：

（魯）定公八年（西元前 502 年），公山不狃不得意於季氏，因陽虎為亂，欲廢三桓之適，更立其庶孽陽虎素所善者，遂執季桓子。桓子詐之，得脫。定公九年（西元前 501 年），陽虎不勝，奔於齊。是時，孔子年五十。公山不狃以費畔季氏，使人召孔子。……子路不說，止孔子。孔子曰：「夫召我者豈徒哉？如用我，其為東周乎？」

73《論語集注》，卷 9，頁 176，《陽貨篇》。
74《論語集注》，卷 4，頁 106，《泰伯篇》。

[75]

以這一段記載和《左傳》定公八、九年的文字相比對，大部分相同，但有某些出入。依據《左傳》的記載，最明顯的是，定公八年的叛亂，公山不狃可能沒參加，也沒有「以費畔」；而定公九年的記載，主角是陽虎，根本沒牽連到公山不狃，自無所謂「以費畔」之事。這都和《論語》的記載不合。其實，《左傳》不是沒有「公山不狃以費畔」之事，只是不在定公八、九年，而在十二年（西元前498年）。《左傳》定公十二年的記載如下：

> 仲由為季氏宰，將毀三都（杜注：「三都，費、郈、成也。」）；於是叔孫氏墮郈。季氏將墮費，公山不狃、叔孫輒帥費人以襲魯。公與三子（案：季孫、孟孫、叔孫）入于季氏之宮，登武子之臺。費人攻之，弗克。入，及公側。仲尼命申句須、樂頎下伐之，費人北。國人追之，敗諸姑蔑；二子奔齊，遂墮費。[76]

這就是歷史上的「公山弗擾以費畔」。從上述的記載來看，孔子是敉平叛變的主角，而公山不狃是遭孔子擊敗的反叛者，兩人的立場正好是對立的。由此看來，「公山弗擾以費畔」是真有

75《史記》，卷47，頁1914，〈孔子世家〉。

76 楊伯峻：《春秋左傳注》（修訂本），頁1586。

其事，而「召，子欲往」卻是子虛烏有，並非事實。[77]

3、〈佛肸召，子欲往〉章

佛肸召，子欲往。子路曰：「昔者由也聞諸夫子曰：『親於其身為不善者，君子不入也。』佛肸以中牟畔，子之往也，如之何！」子曰：「然。有是言也，不曰堅乎，磨而不磷；不曰白乎，涅而不緇。吾豈匏瓜也哉？焉能繫而不食？」[78]

關於這一章，崔述在他所著的《洙泗考信錄》裡，有極爲清楚的考證。他舉出下列證據，證明這個記載有問題：第一，根據《韓詩外傳》、《新序》及《列女傳》的記載，佛肸之畔是趙襄子時的事。趙襄子立於魯哀公二十年（西元前 475 年），此時孔子已卒五年，[79]佛肸怎有可能召孔子？第二，當魯定公十四、五年（西元前 496、497 年）時，中牟爲范、中行氏之地，佛肸又怎麼可能據之以畔趙氏？第三，「夫子」一詞，「稱甲於乙之詞也，《春秋傳》皆然，未有

---

77 以上的討論，主要依據屈萬里先生的〈《論語》公山弗擾章辨證〉一文，收在《屈萬里先生文存》（臺北：聯經出版事業公司，民國 74 年），第 1 冊，頁 261-269。

78《論語集注》，卷 9，頁 177，〈陽貨篇〉。

79 案，孔子卒於魯哀公十六年（西元前 479 年）。

稱甲於甲而曰夫子者。至孟子時，始稱甲於甲而亦曰夫子；孔子時無是稱也。」[80]由於以上三點理由，崔氏判定佛肸召孔子這件事是戰國人所僞撰，不是事實。崔述的證據確鑿，論證明確。既無此事，此一記載也不就不能當作證據。

以上三事既都不能作爲證據，那麼就可信的資料而言，孔子在行爲上自無言行不一致之處。通過上述的考察，我們可以清楚的看出，孔子主張爲政首要在「正名」，力持「名之必可言也，言之必可行也。」在「君子於其言，無所苟而已矣」的態度下，他堅持言行一致的必要。不僅有此言論，他本人也身體力行，貫徹言行一致的主張。他能夠贏得當時人的讚美，有「聖人」之譽，[81]又普爲後世人所景仰，的確是其來有自，並非偶然。

---

80 以上具見於清．崔述《洙泗考信錄》，收在《崔東壁遺書》（上海：上海古籍出版社，1983年），卷2，頁292。

81 孔子生前即已有「聖人」之稱，如《論語．子罕篇》：「大宰問於子貢曰：『夫子聖者與?何其多能也?』子貢曰：『固天縱之將聖，又多能也。』」（卷 5，頁 110）。《孟子．公孫丑上》載：「昔者子貢問於孔子曰：『夫子聖矣乎?』孔子曰：『聖則吾不能，我學不厭而教不倦也。』子貢曰：『學不厭，智也；教不倦，仁也。仁且智，夫子既聖矣！』」（卷3，頁233）。

五、論孔子誅少正卯事件的學術意義

孔子既無誅少正卯之可能，那麼這個說法又從何而來？它的出現又有什麼意義？這是本節所要處理的問題。

簡單說來，「孔子誅少正卯」一說的出現，和戰國末年法家思想的興盛與法家學者積極進取的態度有密切的關連。就孔子思想而言，孔子反對誅殺，主張「爲政以德」已如上述。孔子以後，孟子處於戰國中期，當時整個政治、社會情勢已與春秋時期大不相同，因之孟子的言論也激烈得多，如「保民而王」[82]、「不嗜殺人者能一之」[83]、「君之視臣如草芥，則臣視君如寇讎」[84]以及「聞誅一夫紂矣，未聞弒君也」[85]等，這些言語都是身處春秋末期的孔子所不可能說的，雖然如此，但孟子的言論主要是針對執政者而發，對象並非一般士人。而面對「聖王不作，諸侯放恣，處士橫議，楊朱、墨翟之言盈天下」[86]的局面，孟子所做的最嚴厲

82《孟子集注》，卷1，頁207，〈梁惠王上〉。
83《孟子集注》，卷1，頁206，〈梁惠王上〉。
84《孟子集注》，卷8，頁290，〈離婁下〉。
85《孟子集注》，卷2，頁221，〈梁惠王下〉。
86《孟子集注》，卷6，頁272，〈滕文公下〉。

的批評也只是：「楊氏爲我，是無君也；墨氏兼愛，是無父也。無父無君，是禽獸也。」[87]此一言辭雖然嚴峻，有人身攻擊之嫌，但並沒有嚴重到將楊、墨加以誅殺的地步。楊、墨以外，另一個具體的例子是陳仲子（於陵仲子），其人大約與孟子同時。陳仲子的行爲相當特別，「上不臣王，下不治其家，中不索交諸侯。」[88]又「以兄之祿爲不義之祿而不食也，以兄之室爲不義之室而不居也，辟兄離母，處於於陵。」[89]，齊人稱爲「廉士」。孟子雖對其過於矯情不顧人倫的行爲頗不以爲然，但仍認爲仲子是齊人中的「巨擘」。而同一仲子在趙威后的眼中卻有「於陵仲子尚存乎？……此率民而出於無用者，何爲至今不殺乎」之疑。[90]可見孟子雖以辟異端、放淫辭捍衛堯舜聖人之道爲己任，但亦僅止於言辭上的「攻諸異端」而已，並不像時君一樣，有意用非常的手段來對付異己。一直到齊湣王時，才出現用殺戮的方式處決異議份子狐援，[91]但那已是孟子身後之事了。

87《孟子集注》，卷 6，頁 272，〈滕文公下〉。

88 漢．劉向集錄：《戰國策》（上海：上海古籍出版社，1995 年），卷 11，頁 418，〈齊王使使者問趙威后〉。

89《孟子集注》，卷 6，頁 273，〈滕文公下〉。

90《戰國策》，卷 11，頁 418，〈齊王使使者問趙威后〉。

91 狐援諫齊湣王，湣王不受。狐援出而哭國三日，王以哭國之法斮之。事見《呂氏春秋．貴直篇》，參看陳奇猷：《呂氏春秋校釋》（上海：學林出版社，1990 年），卷 23，頁 1532。

戰國末期，風氣不變，誅殺士人的記載屢見不鮮，《韓非子．外儲說右上》即有如下的記載：

> 太公望東封於齊，齊東海上有居士曰狂矞、華士，昆弟二人者立議曰：「吾不臣天子，不友諸侯，耕作而食之，掘并而飲之，吾無求於人也。無上之名，無君之祿，不事仕而事力。」太公望至於營丘，使吏執殺之以為首誅。周公旦從魯聞之，發急傳而問之，……太公望曰：「……（狂矞、華士）己自以為世之賢士，而不為主用，行極賢而不用於君，此非明主所臣也，亦驥之不可左右矣，是以誅之。」一曰：……太公望曰：「狂矞也議不臣天子，不友諸侯，吾恐其亂法易教也，故以為首誅。」92

此處太公望誅士的理由是狂矞、華士這類人，既不得而臣，也不得而使，又不能以賞罰勸禁，根本不為人君所用，留下來只會亂法易教，處置之法只有殺之一途。這種對於人才不能用則殺之的方式，正合於《韓非子》所謂「賞之譽之不勸，罰之毀之不畏，四者加焉不變，則其除之。」93是典型的法家作風。類此之例《韓非子》中所在多有，不一一列舉。由此可知，法

92 陳奇猷：《韓非子集釋》（臺北：河洛圖書出版社，民國63年），卷13，頁722。

93 陳奇猷：《韓非子集釋》，卷13，頁715，《外儲說右上》。

家對待異議份子與儒家大不相同，儒家較能包容與己意見不同的人，即使學派不同，立場極端對立，至多以「異端」視之，「道不同，不相為謀」，各行其是，互不來往；法家則不然，只要執政者認定有礙於統治，或可能妨害到「富國強兵」目標的達成，即便是歸隱林下不理世務之人，也格殺無論，絕不寬貸，以免污染了民眾的心靈。所謂「好顯巖穴之士而朝之，則戰士怠於行陣；上尊學者，下士居朝，則農夫惰於田。戰士怠於行陣者則兵弱也，農夫惰於田者則國貧也。兵弱於敵，國貧於內，而不亡者，未之有也。」94即是此一心態的具體反映。成書於戰國時的《管子》，就很清楚的表明法家「一道德，同風俗」的意圖，其〈法禁篇〉即說：

> 昔者聖王之治人也，不貴其人博學也，欲其人之和同以聽令也。……故有國之君，苟不能同人心，一國威，齊士義，通上之治，以為下法，則雖有廣地眾民，猶不能以為安也。95

在這種考量下，所有可能「弱君亂道」的行為都在禁止之列，其中即包括「聚徒威羣，上以蔽君，下以索民」在內。為便於極權統治，〈法禁〉篇提出了不下十六、七項「聖王之禁」，限於

94 同上書，卷11，頁654，《外儲說左上》。
95 黎翔鳳：《管子校注》，卷5，頁275。

篇幅，未便全錄，但其中有兩項卻不能不提，其一是：

> 拂世以為行，非上以為名，常反上之法制，以成群於國者，聖王之禁也。

其二是：

> 行僻而堅，言詭而辯，術非而博，順惡而澤者，聖王之禁也。96

上述引文與《荀子．宥坐篇》所載相比較，文字上雖有些許出入，但內容則幾乎全同，何以有此雷同現象？究其原始，可能來自於《荀子》。《荀子．非十二子篇》曾說：「行辟而堅，飾非而好，玩姦而澤，言辯而逆，古之大禁也。」97〈非十二子篇〉議論清楚，通篇體系完整，出於荀子本人之手應無疑問。〈非十二子篇〉所云，批評的是它囂、魏牟等十二子的言行，與孔子並無關涉，也沒有說是孔子所言。近人因此懷疑荀子先有非十二子的言論，其門人後學以此爲據，造出孔子誅少正卯的故事來，做爲誅除異己的依據。98此說雖無直接證據，但就荀

---

96 上述引文均見於《管子校注》，卷5，頁278。

97《荀子集解》，卷3，頁98～99。

98 見錢穆：《先秦諸子繫年．考辨》（香港：香港大學出版社，1956年），卷1，頁26，〈孔子行攝相事誅魯大夫亂政者少正卯辨〉。

學發展的脈絡來看，可能性相當大。這因爲荀子本人雖爲純儒，然而其學以性惡爲本，主張化性起僞，隆禮義，重名分，強調外在行爲的約束，又不廢刑殺，在形式上與法家思想已有某種程度的接近。就此而言，其門下弟子出現李斯、韓非等法家人物，其實並不令人意外。除此之外，另有一事頗值一提：《荀子．宥坐篇》曾說少正卯「居處足以聚徒成群，言談足以飾邪營衆，強足以反是獨立，此小人之桀雄也，不可不誅也。」類似的言論其實已經在荀卿的口中出現過，〈非相〉篇說：「聽其言則辭辯而無統，用其身則多詐而無功，上不足以順明王，下不足以和齊百姓，然而口舌之均，噡唯則節，足以爲奇偉偃卻之屬，夫是之謂姦人之雄，聖王起，所以先誅也。」[99]不僅如此，《荀子．王制篇》更曾說過「元惡不待教而誅」。[100]這種言論完全改變了此前儒者對誅殺的看法，是孔孟思想的一大轉折，也爲「孔子誅少正卯說」的出現，留下了可資利用的資料。依此線索，具有法家色彩或已經成爲法家學者的荀子後學，爲增加說服力，提升一己言論的正當性，按往舊造說，炮製出「孔子誅少正卯」事件，以遂行己私，雖不能說順理成章，但卻是相當可能的。

綜上所述，《荀子．宥坐篇》出現孔子誅少正卯這種記載，應是戰國末期諸家思想趨於混

99《荀子集解》，卷3，頁88-89，〈非相篇〉。

100《荀子集解》，卷5，頁148，〈王制篇〉。

同下的產物。但何以會是孔子而非其他人物?這與孔子是儒家的代表人物，本身的形象又好，有密切的關聯。戰國諸子好託古改制，世所習知。儒家是戰國顯學，孔子知名度極高，又是儒家聖人，言行舉止動見觀瞻，深爲後人景仰，當然成爲有意託古立言者的最好對象。現在文獻所見，儒、道、墨、法各家幾乎無一不利用孔子之名，來宣傳推銷自家的主張，《莊子》外、雜篇中出現的孔子，就是最好的例證。相對於《莊子》，法家對孔子的利用，更是變本加厲，不遑多讓，《韓非子》中，此類記載極多，如〈內儲說上〉:

> 魯人燒積澤，天北風，火南倚，恐燒國，哀公懼，自將眾趣救火，左右無人，盡逐獸而火不救。乃召問仲尼，仲尼曰:「夫逐獸者樂而無罰，救火者苦而無賞，此火之所以無救也。」哀公曰:「善。」仲尼曰:「事急，不及以賞，救火者盡賞之，則國不足以賞於人，請徒刑罰。」哀公曰:「善。」於是仲尼乃下令曰:「不救火者比降北之罪，逐獸者比入禁之罪。」令下未遍而火已救矣。[101]

此處孔子所云，明顯是法家人君權術的活用，《韓非子·二柄篇》云:「明主之所導制其臣者，二柄而已矣。二柄者，刑、德也。何謂刑德?曰:殺戮之謂刑，慶賞之謂德。爲人臣者畏誅罰

101《韓非子集釋》，卷9，頁545，〈內儲說上〉。

而利慶賞，故人主自用其刑德，則群臣畏其威而歸其利矣。」102引文中的「孔子」不僅建議哀公用賞、罰二柄來駕馭臣下，更建議哀公加重刑於輕罪，其結果是臣下從令如水之就下。這種刻意玩弄權術以駕馭臣下的行爲，和《論語》所載誠懇篤實以直待人的孔子完全不符，只可說是披著法家外衣的孔子，不是真正的孔子。《韓非子．內儲說上》又有另一段記載：

> 殷之法刑棄灰於街者，子貢以為重，問之仲尼，仲尼曰：「知治之道也。夫棄灰於街必掩人，掩人人必怒，怒則鬥，鬥必三族相殘也。此殘三族之道也，雖刑之可也。且夫重罰者，人之所惡也，而無棄灰，人之所易也。使人行之所易，而無離所惡，此治之道。」
>
> 一曰：殷之法，棄灰于公道者斷其手，子貢曰：「棄灰之罪輕，斷手之罰重，古人何太毅也？」曰：「無棄灰所易也，斷手所惡也，行所易不關所惡，古人以為易，故行之。」103

102《韓非子集釋》，卷2，頁111，〈二柄〉。

103《韓非子集釋》，卷9，頁541，〈內儲說上〉。

刑棄灰于道者，是商鞅之法；而重罰輕罪，也是所謂的商鞅之法。[104]李斯在〈論督責書〉中即曾說過：「商君之法，刑棄灰於道者。夫棄灰，薄罪也，而被刑，重罰也。彼唯明主唯能深督輕罪。夫罪輕且督深，而況有重罪乎？故民不敢犯也。」[105]可見《韓非子》上述言論雖出於孔子之口，而表達出來的卻是不折不扣的法家思想。藉孔子之名，行傳布法家思想之實，這裡的「孔子」，事實上是法家思想的代言人，不是仁且智的儒家聖人。[106]

由此可見，戰國的法家學者相當懂得利用訴諸權威的方式來進行宣傳工作，「孔子誅少正卯」只不過是一個較具體的實例。其實，「孔子誅少正卯」的思想內容和《韓非子》的〈內、外儲說〉各篇，並無本質上的差異，即使編入其中，也很難加以區別。但透過這種方式，不僅可以破壞孔子的傳統形象，動搖儒家的顯學地位，同時也達到了推銷法家思想的目的，一舉數得，這是極爲高明的策略。法家在戰國末期，能蓬勃發展，風行一時，的確是其來有自，並非

104《韓非子集釋》，卷9，頁543，〈內儲說上〉：「公孫鞅之法也重輕罪。重罪者人之所難犯也，而小過者人之所易去也，使人去其所易，無離其所難，此治之道。夫小過不生，大罪不至，是人無罪而亂不生也。一曰。公孫鞅曰：『行刑重其輕者，輕者不至，重者不來，是謂以刑去刑。』」

105《史記》，卷87，頁2555，〈李斯列傳〉。

106 有關法家學者利用孔子的形象，改造孔子成法家的代言人，並僞造「孔子誅少正卯」事件的種種作法，徐復觀的〈一個歷史故事的形成及其演進〉——論孔子誅少正卯〉一文有相當清楚的論述，該文收在徐著《中國思想史論集》（臺中：東海大學發行，民國57年），頁118-132，請參看。

偶然。

在此同時，我們也必須了解，孔子是中國歷史上重要的人物，不僅對儒家，甚至對整個中國學術史都有極大的影響。正因爲如此，孔子之名就常常被後人利用作爲推銷自我思想的工具，見諸古籍的，不但有儒家的孔子，道家的孔子，法家的孔子，還有陰陽家的孔子；不但有春秋的孔子，戰國的孔子，還有秦漢的孔子。如此一來，人人「子曰」，家家孔子，究竟誰才是真正的孔子？如果熟悉中國古代學術發展的特色，知道先秦學者有託古改制以成己說的習慣，我們就能做「辨章學術，考鏡源流」的工作，也才能清楚辨別事實與傳說的區別所在，不至於掉入陷阱，爲前人成說所惑。這應是「孔子誅少正卯」事件在學術史上的一個積極意義。

六、結語

「孔子誅少正卯」自從見諸《荀子·宥坐篇》之後，就成了一個問題。究竟有沒有這一回事？眾說紛紜，莫衷一是，它始終是一件懸案。就研究儒家思想來說，如果「誅少正卯」是歷史事實的話，孔子的歷史形象將有極大的改變，孔子本人的思想也會產生許多難以處理的矛盾，這和我們知道的孔子，有相當程度的差異。基於學術即在求真的理念，本文以可信的文獻爲基礎，透過合理的論證，嘗試解決這一重大的學術懸案。文獻的考訂，前賢如梁玉繩《史記志疑》、崔述《洙泗考信錄》及錢穆《先秦諸子繫年》已有極佳的成績，因此這一部份工作在本文中已儘可能從略。

孔子的思想以「仁」爲中心，孔子並不贊成以「政刑」治民，他主張用「德禮」來化民。「導之以政刑」，必然要用刑殺；「導之以德禮」，則不必然。由此可見，孔子基本上是採用溫和的教導方式，而非以嚴厲的高壓手段來臨民。溫和的教導方式殺人的可能性小，嚴厲的高壓手段殺人的可能性比較大，這是顯而易見的。其次，孔子從政時是不是絕對不會殺人？從孔子的言論來看，並沒有絕對排斥動用刑殺。然而，動用刑殺是不得已的手段，前提是必須經過教化，在長期的教化之後，仍然有嚴重的作姦犯科，而且是過而不改，這時才迫不得已用刑殺來懲罰犯罪者。在這種考量下，「不教而殺」是虐民的行爲，也不是主張「仁者愛人」的孔子所能做得出來的。根據《荀子．宥坐篇》等文獻的記載，孔子是一上任就以迅雷不及掩耳的速度殺了少正卯，而且很明顯的，誅殺前並沒有經過教化這個必要階段。就此而論，這種作法不合於孔子的一貫言論，也不符合孔子「教而後殺」的原則，應該不是孔子做得出來的行爲。

那麼，孔子有否可能在求治甚殷的情況下，以事急從權的心態，來誅殺少正卯？這種情況發生的唯一可能是孔子言行不一致，否則幾乎絕無可能。爲了處理這個疑慮，本文分從孔子的言論與孔子的行爲兩方面來加以討論，論證的結果是：孔子堅決主張言行必須相符，同時在行爲上也劍及屨及，徹底做到言行一致。孔子既是言行一致的人，又不贊成刑殺，自然不會有誅少正卯這種「不教而殺」的行爲發生。《荀子．宥坐篇》的記載應是後人的傳說，並非可信的歷史事實。

就學術史的角度來看，「孔子誅少正卯」事件雖只是傳說，但卻有其積極意義，它應是法家或具有法家色彩學者託古立說的一個具體證據，並且也是戰國末期荀學與法家合流的產物。就前者而言，託古改制訴諸權威是戰國諸子常用的手法，法家不用古代的堯、舜、禹、湯而用當代習知的孔子，不僅更具說服力，也充分顯示其法後王的本質；就後者而言，戰國法家與儒、道兩家的關係一直是近代學者關心的論題，司馬遷《史記》以老、莊與申、韓合傳，顯示出法家與道家的密切關係，但法家巨擘韓非、李斯同出荀子門下，史有明文，卻也是不爭的事實。法家究竟出自儒家或是道家，始終是聚訟紛紜，難以取得共識。「孔子誅少正卯」事件出現在《荀子》書內，爲討論儒、法關係提供了一個線索，它雖然不一定能證實法家出自儒家，但卻是戰國末期儒、法合流現象的一個具體的佐證，這和馬王堆漢墓所出《黃老帛書》能證明道、法合流現象確實存在，同樣值得後人的注意。

（原載《臺大中文學報》，第10期，頁55-80，1998年5月）

論漢代學術會議與漢代學術發展的關係——以石渠閣會議的召開為例[1]

一、前言

學術互動與學術發展有相當密切的關係，學術會議就是促進學術互動，進而引導學術發展的重要形式，不僅現代學術界如此，古代中國學術界亦復有此傳統。

兩千年前的西漢時代，中國即曾有過學術會議的正式記載。自漢宣帝召開石渠閣會議試圖評議公羊學與穀梁學孰優孰劣以來，用學術會議的形式以解決學術上的爭議，似乎已成了漢

1 本文為國立政治大學中國文學系主辦之「第三屆漢代文學與思想學術研討會」宣讀論文，經修改後收入論文集。本書所收為修訂稿。

代一種慣例。石渠會議以外，終兩漢之世，朝廷曾數度召開學術會議，名義上是爲了解決學術上的爭議，實質上而言，在解決爭端之外，政府似乎也有意藉此主導學術的發展與走向。本文之作，即嘗試由學術會議的角度切入，一方面了解漢代學術會議與兩漢學術發展的關係，一方面也藉此探討兩漢時代學術與政治之間的互動情形。

二、石渠閣學術會議召開的原因

《漢書・宣帝紀》載：

> 甘露三年（西元前51年），詔諸儒講《五經》同異，太子太傅蕭望之等平奏其議，上親稱制臨決焉。乃立梁丘《易》、大小夏侯《尚書》、穀梁《春秋》博士。2

這就是石渠閣學術會議的歷史記載，也是漢代歷史上最早的學術會議，具有相當的歷史意義。此前，不是沒有學術爭議，見諸正史記載最有名的事件就是秦始皇三十四年（西元前213年），博士僕射周青臣與博士淳于越在始皇面前爭議郡縣、封建的利弊問題，始皇「下其議」

2 漢・班固撰：《漢書》（臺北：世界書局，民國61年，影印北京中華書局本），卷8，頁272。

的結果，導致丞相李斯提出「焚書」的建議，造成中國文化的第一次大浩劫。3即使到了漢朝，武帝之前，也有好幾次學術爭議，如漢景帝時，齊《詩》大師轅固生與黃老家黃生在景帝面前爭論「湯武受命」之事，兩人各執己見，僵持不下，又涉及到劉邦得天下是否正當的敏感問題，最後是景帝出面制止，纔勉強化解了這場尷尬的爭端。4又如武帝時，《穀梁》經師瑕丘江公之孫與《公羊》大師董仲舒在武帝前辯論《穀梁》、《公羊》優劣，江公孫拙於口，議論不如董仲舒，加以承相公孫弘本習《公羊春秋》，終使武帝捨《穀梁》而接受《公羊》，造成此

3 漢．司馬遷：《史記》（臺北：世界書局，民國61年，影印北京中華書局本），卷6，頁254，〈秦始皇本紀〉。

4 《史記》，卷121，頁3122，〈儒林列傳〉載：「清河王太傅轅固生者，齊人也。以治《詩》，孝景時爲博士。與黃生爭論景帝前。黃生曰：『湯、武非受命，乃弒也。』轅固生曰：『不然。夫桀、紂虐亂，天下之心皆歸湯、武，湯、武與天下之心而誅桀、紂，桀、紂之民不爲之使而歸湯、武，湯、武不得已而立，非受命而何？』黃生曰：『冠雖敝，必加於首，履雖新，必關於足。何者？上下之分也。今桀、紂雖失道，然君上也；湯、武雖聖，臣下也。夫主有失行，臣下不能正言匡過以尊天子，反因過而誅之，代立踐南面，非弒而何也？』轅固生曰：『必若所云，是高帝代秦即天子之位，非邪？』於是景帝曰：『食肉不食馬肝，不爲不知味；言學者無言湯武受命，不爲愚。』遂罷。是後學者莫敢明受命放殺者。」《漢書．儒林傳》也有相同記載。這是非常有名的一個爭論，關鍵在於君臣名分是絕對的還是相對的，主絕對說者認爲「君臣之義無所逃於天地之間」，是不能更動的；主相對說者接受孟子的看法，認爲「君之視臣如土芥，則臣視君如寇讎」，認爲君臣的關係是可以調整的。類似的爭論在歷史上屢見不鮮，《史記．伯夷列傳》中的伯夷、叔齊即深陷其中，不克自拔，終至不食而死，所堅持的就是君臣之義不可變的理念。

後《公羊春秋》學大盛的局面。[5]這些學術辯論都在皇帝面前進行，甚至由皇帝主導，相較於先秦諸子時代，可見此時學術已不能完全獨立於政治之外，君主對學術相當關心，甚至於是直接過問。我們也可以這麼說：石渠閣會議的召開，其主要背景就是秦漢大一統以來，在天下「定於一」的觀念下，政治主動參與學術及主導學術的趨勢。石渠閣會議之前，昭帝時曾召開一個相當有名的鹽鐵會議，出席的是以丞相田（車）千秋、御史大夫桑弘羊爲首的政府官吏及反對政府鹽鐵專賣政策的賢良文學之士，雙方經過激烈的言辭辯論後，最後促成朝廷廢除鹽鐵榷酤。[6]鹽鐵會議時間早於石渠閣會議，基本上是有關國家財經政策的討論，不是純粹的學術會議。但其以會議形式處理問題的方式，對於宣帝召開石渠閣會議，藉以解決學術爭端，應有相當程度的影響。除了上述淵源以外，促使召開會議的主要原因是什麼？這也是值得關心的一個問題。

5《漢書》，卷 88，頁 3617，〈儒林傳〉。

6《漢書》，卷 7，頁 223，〈昭帝紀〉載：「始元六年（西元前 81 年）二月，詔有司問郡國所舉賢良文學民所疾苦。議罷鹽鐵榷酤。」顏師古〈注〉引應劭曰：「武帝時，以國用不足，縣官悉自賣鹽鐵、酤酒。昭帝務本抑末，不與天下爭利，故罷之。」此事的相關資料後由桓寬編輯整理爲《鹽鐵論》一書。有關此一問題的討論，可參看徐復觀：〈鹽鐵論中的政治社會文化問題〉（收在《兩漢思想史》卷 3，頁 117-216，臺灣學生書局，民國 68 年）。又，有關《鹽鐵論》最新的討論，可參看李怡嚴．賴建誠：〈《鹽鐵論》的臆造考釋——一個值得辯解的公案〉，《當代》151 期，頁 78-97，民國 89 年 3 月。

有關召開石渠閣會議最直接的記載見於《漢書・儒林傳》：

> 瑕丘江公受《穀梁春秋》及《詩》於魯申公，傳子至孫為博士。武帝時，江公與董仲舒並。仲舒通《五經》，能持論，善屬文。江公吶於口，上使與仲舒議，不如仲舒。而丞相公孫弘本為《公羊》學，比輯其議，卒用董生。於是上因尊《公羊》，召太子受《公羊春秋》，由是《公羊》大興。太子既通，復私問《穀梁》而善之。其後寖微，惟魯榮廣王孫、皓星公二人受焉。……沛蔡千秋少君、梁周慶幼君、丁姓子孫皆從廣受。千秋又事皓星公，為學最篤。宣帝即位，聞衛太子好《穀梁春秋》，以問丞相韋賢、長信少府夏侯勝及侍中樂陵侯史高，皆魯人也，言穀梁子本魯學，公羊氏乃齊學也，宜興《穀梁》。時千秋為郎，召見，與《公羊》家並說，上善《穀梁》說，擢千秋為諫大夫給事中，後有過，左遷平陵令。復求能為《穀梁》者，莫及千秋。上愍其學且絕，乃以千秋為郎中戶將，選郎十人從受。汝南尹更始翁君本自事千秋，能說矣，會千秋病死，徵江公孫為博士。劉向以故諫大夫通達待詔，受《穀梁》，欲令助之。江博士復死，乃徵周慶、丁姓待詔保宮，使卒授十人。自元康（案：西元前 65-62 年）中始講，至甘露元年（西元前 53 年），積十餘歲，皆明習。乃召五經名儒太子太傅蕭望之等大議殿中，平

> 《公羊》、《穀梁》同異，各以經處是非。[7]

這段文字雖冗長，卻是漢代《穀梁》學發展的完整記載。就這段資料來看，石渠閣會議的召開，絕非單純的學術界的事，其中所蘊含的內容錯綜複雜，頗值得仔細推敲：

第一、石渠閣會議召開的原因表面上是「召諸儒講《五經》同異」，會後也增立了梁丘《易》、大小夏侯《尚書》以及《穀梁春秋》博士，但是就內容而言，宣帝本人在裡面扮演了最重要的推動角色。宣帝是漢武帝的曾孫，其祖父衛太子及曾祖母衛皇后是巫蠱之禍的最大受害者。《漢書．外戚傳》說：「衛后立三十八年，遭巫蠱事起，江充爲姦，太子懼不能自明，遂與皇后共誅充，發兵，兵敗，太子亡走。……（太子、衛后）自殺。……衛氏悉滅。宣帝立，乃改葬衛后，追謚曰思后，置園邑三百家，長丞周衛奉守焉。」[8]而衛太子及其受害家人之追尊謚號、置園邑，也都是宣帝即位後的平反措施。[9]除此而外，西漢名相丙吉事發當時「以故廷尉監徵，詔治巫蠱郡邸獄」，護持保養出生纔數月的宣帝有功，其後雖「絕口不道前恩」，宣帝知悉此事後，「封吉爲博陽侯，邑千三百戶。」神爵三年（西元前 59 年），更以丙吉接替魏相爲

7《漢書》，卷 88，頁 3618，〈儒林傳〉。
8《漢書》，卷 97 上，頁 3950，〈外戚傳上〉。
9同上書，卷 63，頁 2748，〈武五子傳〉。

漢丞相。[10]凡此種種措施，都說明漢宣帝「亡德不報」，念念不忘其先人戾太子無罪冤死的悲慘遭遇，也一直有心為其祖父做一些事，丙吉封侯、拜相即是一個顯例。而藉著提升《穀梁》學地位的方式，來表彰紀念戾太子，應該也是其中之一。就上述《漢書‧儒林傳》的敘述來看：戾太子雖奉命受《公羊春秋》，但「私問《穀梁》而善之」，可見戾太子好《穀梁》尤過於《公羊》。從「宣帝聞衛太子好《穀梁春秋》」始，問韋賢、夏侯勝、史高，命蔡千秋「與《公羊》家並說，上善《穀梁》說」。其後為延續《穀梁》絕學，甚至安排蔡千秋為郎中戶將，「選郎十人從受」。不僅如此，蔡千秋病死後，又先後安排瑕丘江公孫、周慶、丁姓等人，教授這十個學生，前後達十餘年之久，可見其用心之深。固然宣帝本人曾「師受《詩》、《論語》、《孝經》」，[11]但他並非喜好儒學之人，這由他親口斥責元帝所說「漢家自有制度，本以霸、王道雜之，奈何純任德教，用周政乎！且俗儒不達時宜，好是古非今，使人眩於名實，不知所守，何足委任！」[12]以及《漢書》所載「初，宣帝不甚從儒術，任用法律，而中書宦官用事」[13]可以得知。以一個如此批評儒學的君主，卻又做出積極培養《穀梁》學者的舉措，

10《漢書》，卷74，頁3144，〈魏相丙吉傳〉。
11《漢書》，卷8，頁238，〈宣帝紀〉。
12同上書，卷9，頁277，〈元帝紀〉。
13《漢書》，卷78，頁3284，〈蕭望之傳〉。

豈不是相當奇怪的事情？但若了解宣帝與戾太子的關係之後，此一疑問自然迎刃而解。宣帝之所以召開石渠閣會議，進而設立《穀梁》學博士的最大動機，無非在完成其「毋念爾祖」，追修其德的心願。

對於「漢宣帝何以獨厚《穀梁春秋》，並且不惜大費周章透過召開石渠閣會議，將其立於學官」這個問題，當代學者也有其他的看法，比如金春峰的《漢代思想史》與湯志鈞、承載等的《西漢經學與政治》都從比較《公羊春秋》、《穀梁春秋》說經對現實政治影響的角度著手加以詮釋。金春峰認爲《公羊》學過於強調法治，凸顯「撥亂世，反諸正，大義滅親」，固然加強了「中央的專制極權和大一統」，同時也使宗法倫常削弱，造成武帝父子之間兵戎相見，骨肉情恩掃地以盡的局面。相較於此，《穀梁春秋》重視禮制的教育，可以「緩和統治集團內部矛盾的需要，也是穩定封建統治的長遠利益的需要。」所以「《穀梁春秋》受到重視，是形勢的變化造成的。」因此他的結論是：「宣帝重視《穀梁》，當不只是秉承祖父的遺愛，關鍵是《穀梁》有利於加強宗法禮儀的控制力量，糾正《公羊》學片面強調法治所已經導致和可能引起的弊病。」[14]湯志鈞、承載也有類似的觀點：「《公羊春秋》和《穀梁春秋》都講宗法，但前者主要重法治。武帝時期，這一思想起了突出的作用，它既加強了中央極權等級制度的權

14 金春峰：《漢代思想史》（北京：中國社會科學出版社，1987年4月），頁325-330。

威，也造成了不少弊端。……《穀梁春秋》則不同，它將宗法制度與禮儀制度結合起來，講倫常關係，用情誼感化，給森嚴的宗法制度裹上了厚厚的柔軟的外套。顯然，這對於解決武帝時期遺留下來的各種社會問題是有利的，對於重新樹立起令人信賴的統治形象也是有利的。」[15]這兩家的說法不能說完全沒道理，但卻過於相信經學對漢代現實政治的指導與影響力，並且忽略了漢宣帝本人的學術偏好與主觀意志，以致做了與事實並不相符的判斷。理由如下：（一），宣帝不好儒，從前引《漢書·元帝紀》已清楚看出，甚至欲用「明察好法」的淮陽王取代元帝的太子地位，後雖不果，已可見其對儒家的態度如何，[16]以故《漢書·宣帝紀·贊》說：「孝宣之治，信賞必罰，綜核名實」，[17]這是對法家而非儒家的讚辭。[18]（二），如

---

15 湯志鈞、承載等《西漢經學與政治》（上海：上海古籍出版社，1994年12月），頁217-237。

16《漢書》，卷9，頁277，〈元帝紀〉載：「（元帝）嘗侍燕從容言：『陛下持刑太深，宜用儒生。』宣帝作色曰：『漢家自有制度，本以霸、王道雜之，奈何純任德教，用周政乎！且俗儒不達時宜，……』乃嘆曰：『亂我家者，太子也！』繇是疏太子而愛淮陽王，曰：『淮陽王明察好法，宜爲吾子。』而王母張倢妤尤幸。上有意欲用淮陽王代太子，然以少依許氏，俱從微起，故終不背焉。」

17《漢書》，卷8，頁275，〈宣帝紀〉。

18《漢書·藝文志·諸子略》評儒家學術云：「游文於六經之中，留意於仁義之際，祖述堯舜，憲章文武，宗師仲尼，以重其言，於道爲最高。」評法家學術云：「信賞必罰，以輔禮制。《易》曰『先王以明罰飭法』，此其所長也。及刻者爲之，則無教化，去仁愛，專任刑法而欲以致治，至於殘害至親，傷恩薄厚。」兩者相較，「信賞必

果真如諸家所說，宣帝痛懲武帝過於重用《公羊》學之失，因此要利用《穀梁春秋》重視禮制的特色來改弦更張，解決前者帶來的種種弊端的話。宣帝不必等到即位將近十年以後，再來培養《穀梁》後學，他可以在即位後就這麼做的。(三)，諸家所謂漢宣帝要以《穀梁》取代《公羊》的理由，看似合理，卻缺乏文獻佐證的支持。試就上述所引《漢書・儒林傳》的記載來看：「宣帝即位，聞衛太子好《穀梁春秋》，以問丞相韋賢、長信少府夏侯勝及侍中樂陵侯史高，皆魯人也，言穀梁子本魯學，公羊氏乃齊學也，宜興《穀梁》。」在這段資料中，韋賢、夏侯勝及史高等人提出的問題重點在《穀梁春秋》是魯學，《公羊春秋》是齊學，他們在乎的是齊學、魯學的學派之爭中，魯學落居下風，所以要藉此機會復興《穀梁》。這裡並未提到金、湯等人所說的用《穀梁》來矯正《公羊》流弊這個問題。現存宣帝言論資料中，也看不到類似意見的痕跡。(四)，西漢朝廷開始重視禮制，並且大規模的討論廟制，是宣帝以後的事，元、成、哀、平時期歷時數十年的「廟議」，正具體反映出此一現象的存在，19這表示「柔

罰」，正是法家的特色。王叔岷先生在討論先秦道法思想時，也曾據《韓非子・定法篇》指出：「信賞必罰，此商鞅之刑名，屬於純法家者也。」見所著《先秦道法思想講稿》(臺北：中央研究院中國文哲研究所，民國 81 年 5 月)，頁 252。可見班固以「信賞必罰，綜核名實」來論斷漢宣帝，其重點正是就其作風接近法家而言。

19 有關西漢廟制的討論，可參看湯志鈞、錢杭《西漢經學與政治》，頁 239-287，第六章〈西漢禮制建設之一——「廟議」〉。

仁好儒」的元帝繼位後，纔真正開始重視禮制的更革。既然宣帝在位時期並未在這重要的禮制問題上多所著墨，自無必要將提升《穀梁春秋》與重視禮制兩件事混爲一談。（五），若是宣帝覺得《公羊春秋》太過重視法治，在提升《穀梁春秋》爲學官的同時，照理也應有貶抑《公羊》學的舉措。事實上並非如此，《公羊》學者照樣受到重用，如嚴彭祖在宣帝時爲博士；[20]疏廣在宣帝時爲太子太傅，兄子疏受爲太子少傅，叔侄并爲師傅，當時傳爲美談；[21]又如貢禹在宣帝時「以明經絜行著聞，徵爲博士」，後舉爲賢良，爲河南令，官至御史大夫。[22]類此之例尚多，不一一列舉。就這幾點看來，上述金春鋒、湯志鈞諸家主張宣帝召開石渠會議的動機，係考量《公羊》學與《穀梁》學在現實政治上的作用有所不同，因而有改弦更張的打算，意見新奇，也言之鑿鑿，但在缺乏具體的文獻資料支持下，只能當作參考，不能逕自認定宣帝召開會議的動機就是如此。

第二、就〈儒林傳〉而言，召開石渠會議的主要目的是要「平《公羊》、《穀梁》同異」，然而〈宣帝紀〉的記載，卻是「講《五經》同異」。兩段記載不同，究竟應以何者爲是？筆者

20《漢書》，卷 88，頁 3616，〈儒林傳〉。

21 同上書，卷 71，頁 3039，〈雋疏于薛平彭傳〉。

22 同上書，卷 72，頁 3069，〈王貢兩龔鮑傳〉。按：本傳不言貢禹治《公羊》，《漢書·儒林傳》云：「始貢禹事嬴公，成於眭孟，至御史大夫。」嬴公、眭孟師徒均爲《公羊》大師，可見貢禹也是《公羊》學者。

以為，兩者都對，並不矛盾。這怎麼說呢？因為〈宣帝紀〉記載的是朝廷的正式詔命，加上《漢書・藝文志》清楚詳列了各經的〈議奏〉，其中還包括了《五經雜議》十八篇，[23]可見討論的範圍的確遍及群經，並不以《公羊》、《穀梁》為限。我們知道的是，《漢書・儒林傳》的這段文字主要在討論《公羊》、《穀梁》彼此之間的學術恩怨，加上石渠會議的召開重點本來就是宣帝要振興《穀梁》學，將其立為博士，進而提升到官學的地位，這個因素十分明顯，所以《漢書・儒林傳》的說法也沒有錯：前者記其名，後者敘其實，兩種記載其實並不矛盾。

第三、《公羊》學與《穀梁》學之間何以會有這麼嚴重的競爭壓力呢？原因不只一端，遠的說來是繼續了戰國以來齊學與魯學之爭的傳統，近的來說則是漢代的博士制度所造成。就前者而言，齊學與魯學的學風頗有差異，簡單的說，齊學恢奇駁雜，魯學謹嚴保守，[24]兩者學風不同，又是競爭對手，衝突自然難免。這種衝突早已存在，入漢以後，透過《公羊》與《穀

23《漢書・藝文志》除《易》、《詩》外，其他各經都有《議奏》，計《書》家著錄有《議奏》42篇，班固自注云：「宣帝時石渠論。」《禮》家著錄《議奏》38篇，自注云：「石渠。」《春秋》家著錄《議奏》39篇，自注云：「石渠論。」《論語》家著錄《議奏》18篇，自注云：「石渠論。」《孝經》家著錄《五經雜議》18篇，自注云：「石渠論。」共計155篇。至於《易》、《詩》何以沒有《議奏》？原因則不得而知。

24有關齊學與魯學的不同，請參看錢穆：〈兩漢博士家法考〉，《兩漢經學今古文平議》（香港：新亞研究所，民國47年），頁198-200。

梁》的競爭，又清楚的顯現出來。前於宣帝，有上述武帝時代《公羊》大師董仲舒與《穀梁》博士江公孫的辯論，結果是董仲舒獲勝，代表齊學的《公羊》佔了上風，也因而成爲當時的顯學。《穀梁》學受挫之後衰微了許久，傳人也減少許多。當宣帝有意表彰《穀梁》時，丞相韋賢、長信少府夏侯勝及侍中樂陵侯史高這一群魯地學者，就把握住這一難得的時機，力言「穀梁子本魯學，公羊氏乃齊學也，宜興《穀梁》。」宣帝與這些《穀梁》學者動機雖不同，有意振興《穀梁》學的目標則頗爲一致，在共同認知下，遂有利用十餘年時間培養《穀梁》後學之舉。由此可見，齊學與魯學的學派競爭，可以說是召開石渠會議的一個遠因。

至於後者，西漢博士制度所帶來的學術競爭，應是召開石渠會議的主要原因。武帝之前，雖已有博士，如韓嬰在文帝時以《詩》爲博士，轅固生在景帝時亦以《詩》立爲博士；胡毋生、董仲舒以治公羊《春秋》，於景帝時爲博士；張生從伏生受《書》，後爲博士。25但《五經》同時立博士，實自武帝始。26相應於立《五經》博士的還有一個關係重大的措施，也在

---

25 參見《史記·儒林列傳》及《漢書·儒林傳》。詳細的討論，請參看湯志鈞：〈博士制度和秦漢政治〉，收在湯著：《經學史論集》（臺北：大安出版社，民國 84 年），頁 297-326。

26 《漢書·武帝紀》云：「建元五年（西元前 136 年）春，置《五經》博士。」在此之前，並沒有「《五經》博士」這一名稱，卻有一經博士，趙岐〈孟子題辭〉（見焦循《孟子正義》（北京：中華書局，1987 年），卷 1，頁 3-29）云：「漢興，除秦虐禁，開延道德，孝文皇帝欲廣遊學之路，《論語》、《孟子》、《爾雅》皆置博士。後罷傳記

武帝時開始出現，這就是博士弟子的設置。此前博士雖有弟子，如伏生、叔孫通等人都有不少學生，但都是私人傳授性質，官方並未介入或干預。[27]自武帝起，除了早已存在的私人授經之外，由於公孫弘的強力建議，官方開始採取積極的態度，主動培養儒家經生。《漢書．武帝紀》載：「元朔五年（西元前 124 年），夏六月，丞相（公孫）弘請爲博士置弟子員，學者益廣。」[28]《史記．儒林列傳》記載公孫弘的具體建議是：

> 為博士置弟子五十人，復其身。太常擇民年十八已上，儀狀端正者，補博士弟子。郡國縣道邑有好文學，敬長上，肅政教，順鄉里，出入不悖所聞者，令相長丞上屬所二千石，二千石謹察可者，當與計偕，詣太常，得受業如弟子。一歲皆輒試，能通一藝以上，補文學掌故缺；其高弟可以為郎中者，太常籍奏。即有秀才異等，輒以名聞。其不

博士，獨立《五經》而已。」范曄《後漢書》（臺北：明倫出版社，民國 61 年，影印北京中華書局本），卷 48，頁 1606，〈翟酺列傳〉載酺言云：「孝文皇帝始置一經博士，武帝大合天下之書，而孝宣論《六經》於石渠，學者滋盛，弟子萬數。」可見武帝之前已有一經博士，而立《五經》博士，實自漢武帝開始。

27 參見《史記．儒林列傳》及《漢書．儒林傳》。又《史記．劉敬叔孫通列傳》載，叔孫通的弟子多至百人，可見漢初學儒者極眾。

28 《漢書》卷 6，頁 171，〈武帝紀〉。

> 事學若下才及不能通一藝，輒罷之，而請諸不稱者罰。…29

就公孫弘的意見看來，身爲博士弟子就可以「復其身」，也就是免除其傜役，這只是基本優待。這個制度的最大特點是，建立博士弟子進入仕途的正式管道；博士弟子只要通過測試，起碼可以「補文學掌故」，高第者更可以爲郎中。文學掌故是太常屬官，秩百石，掌禮樂制度等典章故事，備諮詢。郎中是郎中令屬官，秩比三百石，給事禁中，宿衛宮禁，出充車騎。郎中的位階雖低，因常侍皇帝左右，故升遷機會特多，是漢朝仕進中最好的出身。30由此看來，公孫弘的此一建議，的確是對症下藥，充分掌握了人性的弱點，爲有意仕進的讀書人，開啓了最方便的大門，無怪乎《史記．儒林列傳》會有「自此以來，則公卿大夫士吏斌斌多文學之士

29《史記》卷 121，頁 3119，〈儒林列傳〉。

30 參看《漢書．百官公卿表》，安作璋、熊鐵基：《秦漢官制史稿》（山東：齊魯書社，1984 年 1 月），頁 107-129。大致說來，除郎在漢代是入仕的最佳出身，根據嚴耕望的統計，西漢郎官補吏，以「縣令長」「大夫」「卿屬令長丞監」「諸曹侍中」爲多，甚至有特擢至九卿者；東漢則以「縣令長」「博士議郎」「尚書郎」「謁者」，「卿屬令長丞監」亦應不在少數。嚴氏并說：「秦漢大臣絕大多數出身郎官。秦相李斯即由此進；漢宣帝圖中興名臣於麒麟閣，凡十一人（〈蘇武傳〉），亦絕大多數出身郎署；其他公卿守相顯名當世者，更無論矣。東漢郎官性質雖變，然爲中央地方行政長官所自出，仍與西漢不異也。」嚴說見〈秦漢郎吏制度考〉，《嚴耕望史學論文選集》（臺北：聯經出版事業公司，民國 80 年），頁 329-384，請參看。

矣」這樣的感慨。通經可以獲致這麼好的出路，一般讀書人趨之若鶩自然不在話下。不僅朝廷以利祿爲誘餌，甚至博學碩儒如《尚書》大家夏侯勝，也在有意無意之間鼓勵讀書人以經術獵取功名富貴，《漢書．夏侯勝傳》就說：「勝每講授，常謂諸生曰：『士病不明經術；經術苟明，其取青紫如俯拾地芥耳。學經不明，不如歸耕。』」[31]王先謙《漢書補注》云：「漢丞相、太尉皆金印紫綬，御史大夫銀印青綬，此三府官之極崇者。」[32]大儒尚且如此，其他升斗小民更不必說。可見學術與利祿結合之後，固然對學術發展有正面的推動效果，但換一個角度觀察，經術必然走向庸俗化，成爲有意爭取功名富貴者的終南捷徑。所以班固在《漢書．儒林傳贊》也不得不承認：「自武帝立《五經》博士，開弟子員，設科射策，勸以官祿，訖於元始，百有餘年，傳業者寖盛，支葉蕃滋，一經說至百餘萬言，大師眾至千餘人，蓋祿利之路然也。」[33]當說經成了利祿之途後，治經學的人自然越來越多，原本不同路數的經師爲了經說的不同已有歧見，再摻雜進爭名奪利的因素之後，彼此之間競爭日趨激烈，更是勢如水火，難以並存。這種意見多元、眾聲喧譁，彼此爭議的現象本是學術界的常態，但在主張大一統的漢

31《漢書》卷 75，頁 3159，〈夏侯勝傳〉。

32 見王先謙：《漢書補注》（臺北：藝文印書館，未署出版年月，影印光緒庚子長沙王氏虛受堂刊本），卷 75，總頁 1397。

33《漢書》卷 88，頁 3620，〈儒林傳贊〉。

代君主眼裡，卻成了難以忍受，必須處理的問題，朝廷出面召開學術會議，也就成了勢所必然。

綜上所述，我們可以看出，漢宣帝出面召開石渠閣會議的原因非一，既有宣帝本人主觀的意願，也有客觀的因素。在主觀因素方面，漢宣帝爲了要追念他的祖父戾太子，刻意長期培養《穀梁春秋》學者，試圖重新建立《穀梁春秋》學的勢力，用來與《公羊春秋》抗衡，并在漢代官學上取得一席之地。石渠閣會議的召開，用意即在透過會議的程序，正式建立《穀梁春秋》博士，以完成宣帝表彰戾太子的心願。至於客觀的因素，則與漢代的博士制度有直接的關連。武帝以來爲博士設立弟子員額，通經成爲利祿之途。通經可致富貴，固然達到鼓勵士人學習經術的目的，但各家經說蜂起，互不相讓的局面，卻又形成人各私其學，家各異其方的爭議。這種情形，不是習於大一統思想的君主所樂於見到的。在這種思考下，透過學術會議的形式，使學術在君主的主導下也「定於一」，不失爲解決問題的一個途徑。在主觀因素與客觀因素配合下，終於由宣帝出面，召開了漢代歷史上首次的經學學術會議。

三、石渠會議的大致內容及其對學術的影響

在進一步討論之前，有一個文獻上的問題必須先行處理，這個問題就是《漢書·宣帝紀》

與《漢書・儒林傳》在石渠會議的舉行時間上記載有所差異，前者是甘露三年（西元前 51 年），而後者是甘露元年（西元前 53 年），這兩者究竟是否是同一回事？金春峰主張不是同一回事，他說：

> 石渠閣會議前兩年（甘露元年），宣帝召「《五經》名儒太子太傅蕭望之，大議殿中，平《公羊》、《穀梁》同異，各以經處是非。」參加討論的每邊五人，蕭望之等多從《穀梁》，由是《穀梁》之學大盛。這可以說是石渠閣會議的前奏。接著就是甘露三年召開的會議。[34]

金春峰依據《漢書・儒林傳》的記載，認為甘露元年的集會不是石渠閣會議，只是「石渠閣會議的前奏」。這個說法是否能成立呢？我們不妨就文獻的相關記載略做討論。太子太傅蕭望之是當時名儒，號稱「儒宗」[35]，《漢書・儒林傳》說「乃召五經名儒太子太傅蕭望之等大議殿中」，《漢書・宣帝紀》說「詔諸儒講五經同異，太子太傅蕭望之等平奏其議」，這兩者應是同一回事，而蕭望之是石渠會議的主要參與者應該不是問題。劉向是漢宗室，本名更生，

---

34 金春峰：《漢代思想史》，頁 327。

35 見《漢書》卷 78，頁 3292，〈蕭望之傳・贊〉。

據《漢書・儒林傳》，他以待詔身分參與了「大議殿中，平《公羊》、《穀梁》同異」之事，但《漢書・楚元王傳》所附〈劉向傳〉卻說他「講論《五經》於石渠」。36這顯示《漢書・宣帝紀》與《漢書・儒林傳》所記載的應是同一件事。再則，據《漢書・宣帝紀》，《穀梁春秋》立博士，是甘露三年石渠會議後的事，然而《漢書・儒林傳》卻在「大議殿中」的這段記載的最後，出現下列文字：「由是《穀梁》之學大盛。慶、姓皆爲博士。」慶是周慶，姓是丁姓，兩人都是《穀梁》專家榮廣的弟子，同在瑕丘江公孫死後，奉命以待詔的身分，繼續教授選郎十人，培植《穀梁》學的人才。周慶、丁姓所任的博士，應該是《穀梁春秋》博士，時間大概是宣帝立《穀梁春秋》博士或稍後之事，不應早在甘露元年，也就是石渠會議前兩年即已立。就此而論，《漢書・宣帝紀》與《漢書・儒林傳》所載應是同一件事，《漢書・儒林傳》的「甘露元年」，極可能是「甘露三年」之誤。37

石渠閣會議與此前各種學術討論最大的不同在於所謂「上親稱制臨決」。如前所述，漢朝自從開國以來，黃老與儒家、儒家與法家，甚或儒者彼此之間，有大大小小各種不同的爭議，除了轅固生與黃生的爭執涉及漢高祖是否合法取得政權，政治上太過於敏感，因而導致漢景帝

36《漢書》卷36，頁1929，〈楚元王傳〉附〈劉向傳〉。

37 錢穆：〈劉向歆父子年譜〉即說「石渠議據〈宣帝紀〉在甘露三年，此（今案：指《漢書・儒林傳》）云甘露元年，誤也。」見所著《兩漢經學今古文平議》，頁14-15。

出面發言制止以外，其餘都是學術界本身的事，朝廷並未干涉經書內容的討論。但是石渠閣會議卻開了先例，皇帝不僅親自參與學術會議討論，甚至成爲經書說解的最高裁決者。就原本獨立於政治之外的學術而言，這是相當不幸的一件事。石渠會議後雖然留下了一百五十五篇〈議奏〉，可惜的是《漢書·藝文志》著錄的這些〈議奏〉，絕大部份都已亡失，存留至今的只有少數斷簡殘編。以下略舉比較完整的例子，嘗試觀察會議的大致內容：

例1　曰：「《經》云：『宗子孤為殤』，言孤何也？」聞人通漢曰：「孤者，師傅曰：『因殤而見孤也。』男二十冠而不為殤，亦不為孤，故因殤而見之。」戴聖曰：「凡為宗子者，無父乃得為宗子。然為人後者，父雖在，得為宗子，故稱孤。」聖又問通漢曰：「因殤而見孤，冠則不為孤者，〈曲禮〉曰：『孤子當冠室，衣不純采。』此孤而言冠，何也？」對曰：「孝子未曾忘親，有父母無父母，衣服輒異，《記》曰『父母存，冠衣不純素；父母歿，冠衣不純采。』故言孤。言孤者，別衣冠也。」聖又曰：「然則子無父母，年且百歲，猶稱孤不斷，何也？」通漢曰：「二十而冠不為孤。父母之喪，年雖老，猶稱孤。」38

38 杜佑：《通典》（臺北：新興書局，民國52年，影印清刻本），卷73，總頁399，〈繼宗子議〉。

這是相當精彩的一段問答。從提問，聞人通漢、戴聖各自發表意見，到戴聖問聞人通漢，聞人通漢回答；戴聖再問，聞人通漢再答。整個問答過程緊湊而嚴謹，充分顯現學者質疑問難的認真精神，類此鏡頭在會議過程中必然一再呈現，會議的氣氛也一定相當緊張。這裡沒有皇帝「稱制臨決」的嚴肅場景，只有學者在問與答過程中不時迸發出的智慧火花，這種形式是學術會議進行的正常現象，也與現代學術會議的程序接近。

例2　宣帝甘露三年三月，黃門侍郎（梁丘）臨奏：「《經》曰：『鄉射合樂，大射不樂。』何也？」戴聖曰：「鄉射至而合樂者，質也。大射，人君之禮儀多，故不合樂也。」聞人通漢曰：「鄉射合樂者，人禮也，所以合和百姓也。大射不合樂者，諸侯之禮也。」韋元（玄）成曰：「鄉射禮所以合樂者，鄉人本無樂，故合樂歲時，所以合和百姓以同其意也。至諸侯當有樂，《傳》曰：『諸侯不釋懸，明用無時也』，君臣朝廷固當有之矣，不必須合樂而後合，故不云合樂也。」公卿以元成議是。」39

這個問題的討論相當完整，先由黃門侍郎梁丘臨（梁丘賀之子）提出問題，然後學者戴聖、聞人通漢及韋玄成分別提出自己的意見，試圖解答這個問題，最後由出席學者公決，認爲韋玄成

39《通典》，卷77，總頁418，〈天子諸侯大射鄉射〉。

的答案是正確的。這種進行方式與當今學術會議的程序頗爲類似。

例3　問：「父卒母嫁，為之何服？」蕭太傅云：「當服周，為父後則不服。」韋元成以為：「父歿則母無出義，王者不為無義制禮，若服周，則是子貶母也，故不制服也。」宣帝詔曰：「婦人不養舅姑，不奉祭祀，下不慈子，是自絕也。故聖人不為制服，明子無出母之義。元成議是也。」40

在提問者提出問題後，蕭望之、韋玄成分別提出自己的看法，宣帝以韋玄成的意見爲是，並且說明了自己的理由所在。這是相當值得注意的一點，透過陳述理由的方式，宣帝做了判決，感覺上與學者論學方式接近，比較沒有「稱制臨決」的強大壓力。

例4　「大宗無後，族無庶子，己有一嫡子，當絕父祀以後大宗不？」戴聖云：「大宗不可絕，言嫡子不為後者，不得先庶耳。族無庶子，則當絕父，以後大宗。」聞人通漢云：「大宗有絕子，不絕其父」。」宣帝制曰：「聖議是也。」41

40《通典》，卷 89，總頁 488，〈父卒爲嫁母服〉。

41《通典》，卷 96，總頁 515，〈總論爲人後議〉。

這段資料有問題而無提問者，回答的學者是戴聖、聞人通漢二人，不見與會學者的評論，反而是宣帝不做任何解釋，直接做了裁決，以戴聖的意見爲是。這種形式可能就是所謂的「帝親稱制臨決」。在《通典》所保存的《石渠議》中，這種形式不在少數。

以上只舉了四個例子，大致可以看出石渠會議進行的概況：其一是先由提問人提出經書中的疑難問題，分由不同學者就這個問題發表自己的意見，與會學者彼此交換心得，也順便提出質疑，最後做出大家都接受的結論（例1）；其二是提問人提出問題後，與會學者各自陳述意見，最後由大家決定哪一個人的見解最合適（例2）；其三是提問人提出問題後，學者各自說明一己之見，最後由皇帝提出個人的看法，決定何人的見解最可接受，何人的見解最妥當（例3）；其四，也是最後一種是，問題提出之後，學者分別提出個人的見解，最後由皇帝裁決（例4）。就殘存於《通典》的《石渠禮論》佚文來看，石渠會議的進行情況大致如此。這四種類型中，第一、第二種是比較理想的學術會議模式，會議中學者可以儘量交換各自的學習心得，也有相互質疑問難的機會，可以說依照這兩種模式進行的會議，真正能達到切磋琢磨、以文會友的目的，良好的學術交流自然在無形中進行。至於第三種，以皇帝的身分，願意開誠布公的說明裁決的理由，讓學者了解皇帝的想法，也不失爲可行之法。最值得注意的是第四種，在這種形式中，皇帝不說明任何理由即逕行裁決，這種獨斷的做法，使得學術的獨立自主，完全受到壓制。試想，在學者的專業意見提出之後，跟著就出現：「宣帝制曰：『聖議是也』」、

「宣帝詔曰：『元成議是也』」、「宣帝制曰：『為父母周是也』」、「宣帝制曰：『以在，故言長子』」、「制曰：『從庶人服是也』」、「宣帝制曰：『會葬，服喪衣是也』」[42]等類似皇帝發號施令的詞語，其中毫無商量斟酌的餘地，在這種權威判決的壓力下，哪裡還有學者爭辯是非自由討論的空間？這是典型的政治干預，最不可取，卻在石渠閣會議中開了先例。漢自開國以來，學術固然無法完全獨立於政治之外，但政治頂多只大致約束學術的外在形式，並未直接涉入學術內容，也未見皇帝嘗試裁決學術意見的是非。這種尊重學術專業的傳統在石渠閣會議中被宣帝徹底推翻，成為爾後政治直接指導學術內容的開端，也嚴重影響到其後漢代學術的發展。

石渠會議有什麼成果？具體的成果見於《漢書．宣帝紀》，也就是「乃立《梁丘易》、《大、小夏侯尚書》、《穀梁春秋》博士。」這個說法與《漢書．儒林傳贊》的所載：「初，《書》唯有歐陽，《禮》后，《易》楊，《春秋》公羊而已。至孝宣世，復立《大、小夏侯尚書》、《大、小戴禮》，《施》、《孟》、《梁丘易》，《穀梁春秋》」[43]有所出入，究竟應以何說為是？對於這個問題，王國維有頗為深入的探討，他說：

---

42 以上詞語均出自《石渠禮論》，馬國翰《玉函山房輯佚書》（臺北：文海出版社，民國 56 年，影印同治 10 年辛未濟南皇華館書局補刻本），總頁 1060-1063。

43 《漢書》卷 88，頁 3620，〈儒林傳．贊〉。

案：宣帝增置博士事，〈紀〉、〈表〉、〈志〉、〈傳〉所紀互異，〈紀〉繫於甘露三年（前51年），〈表〉繫於黃龍元年（前49年），一不同也；〈紀〉與〈劉歆傳〉均言立《梁邱易》、《大小夏侯尚書》、《穀梁春秋》，而〈儒林傳贊〉復數《大小戴禮》，〈藝文志〉復數《慶氏禮》，二不同也；又博士員數，〈表〉與〈傳〉亦不同。據〈劉歆傳〉則合新舊僅得八人，如〈儒林傳贊〉則合新舊得十二人，似與〈表〉合矣。然二傳皆不數《詩》博士。案申公、韓嬰均於孝文時為博士，轅固於孝景時為博士，則文景之世魯、齊、韓三家詩已立博士，特孝宣時於《詩》無所增置，故劉歆略之。〈儒林傳贊〉綜計宣帝以前立博士之經，而獨遺《詩》魯、齊、韓三家，則疏漏甚矣。又宣帝於《禮》博士亦無所增置，〈儒林傳贊〉乃謂宣帝立《大、小戴禮》不知戴聖雖於宣帝時為博士，實為《后氏禮》博士，尚未自名其家，與大戴分立也。〈藝文志〉謂慶氏亦立學官者，誤與此同。今參伍考之，則宣帝末所有博士，《易》則施、孟、梁邱，《書》則歐陽、大小夏侯，《詩》則齊、魯、韓，《禮》則后氏，《春秋》公羊、穀梁，適得十二人。〈儒林傳贊〉遺《詩》三家，因劉歆之言而誤。〈贊〉又數《大、小戴禮》，〈藝文志〉並數《慶氏禮》，則又因後漢所立而誤也。又宣帝增置博士之年，〈紀〉、〈表〉雖不同，然皆以為在論石渠之後。然〈儒林傳〉言歐陽高孫地餘為博士，論石渠；又林尊事歐陽高，為博士，論石渠；張山拊事小夏侯建，為博士，論石渠。則論石渠時，似歐陽有二博士，小

> 夏侯亦已有博士，與〈紀〉、〈傳〉均不合。蓋所紀歷官時代有錯誤也。又《易》施、孟二博士亦宣帝所立（自注：但在甘露、黃龍前），則〈儒林傳贊〉所言是也。[44]

此處所謂〈表〉，指的是《漢書・百官公卿表》。《漢書・百官公卿表・序》奉常條下明文記載「武帝建元五年（西元前 136 年）初置五經博士，宣帝黃龍元年（西元前 49 年）稍增員十二人。」[45]與〈宣帝紀〉的記載有所出入。兩者之間，王氏認爲應以《漢書・百官公卿表》的文字爲準，也就是宣帝黃龍元年時，博士的員額已經增加到十二人。在這個基礎上，王國維分別論述了上述各種記載的問題所在。王國維指出宣帝黃龍元年的十二個博士中，包含宣帝前已立的齊、魯、韓《詩》博士、歐陽氏《書》博士、后氏《禮》博士、《公羊春秋》博士，石渠會議前已立的施、孟《易》博士，再加上石渠會議後新增設的梁邱《易》、大小夏侯《尚書》、《穀梁春秋》博士，恰好十二人。王國維的說法細膩而嚴謹，應可採信。

我們若就石渠會議前後所立的經學博士做一個考察，可以看出一個頗不尋常的跡象，那就

---

44 王國維：〈漢魏博士考〉，《觀堂集林》，《海寧王靜安先生遺書》（臺北：臺灣商務印書館，民國 68 年），冊 1，卷 4，總頁 171-173。

45 《漢書》卷 19 上，頁 726，〈百官公卿表上〉。

是家法與章句之學的出現。46《漢書·儒林傳》在論述各經傳授時，經常出現「由是……有……之學」這種特殊的字句，相當耐人尋味，以下依經分類，引錄於下：

《易》：由是《易》有施、孟、梁丘之學；(宣)之學；由是有翟(牧)、孟由是施家有張(禹)、彭(喜)、白(光)之學；由是梁丘有士孫(張)、鄧(彭祖)衡(咸)之學。

施讎、孟喜、梁丘賀三家同受學於田王孫，田王孫之學出於丁寬，丁寬是田何的弟子。施讎曾出席石渠會議，梁丘賀之子梁丘臨在石渠會議擔任發問的角色。施、孟、梁丘各自成家是宣帝石渠會議之後的事，在此以前施讎、孟喜雖已立博士，但只是田氏(易)的博士，尚無所謂各家之學。

《尚書》：由是《尚書》世有歐陽氏學；由是歐陽有平(當)、陳(翁生)之學；由是《尚書》有大、小夏侯之學；由是大夏侯有孔(霸)、許(商)之學；由是小夏侯有鄭(寬中)、張(無故)、秦(恭)、假(倉)、李(尋)氏之學。

---

46 以下的討論，大致依照錢穆〈兩漢博士家法考〉，頁 190-196，《兩漢經學今古文平議》(香港：新亞研究所，民國47年8月)。

歐陽、大小夏侯氏學皆出於倪寬，歐陽高的孫子歐陽地餘以博士身分出席石渠會議。平當、陳翁生受學於歐陽高的弟子林尊，林尊以博士身分出席石渠會議。許商之師周堪與孔霸俱事大夏侯勝，周堪曾論於石渠，「經爲最高」。李尋、鄭寬中、張無故、秦恭、假倉都是張山拊的學生，張山拊之學出於小夏侯建，曾以博士身分出席石渠會議。歐陽地餘、林尊及張山拊應是以歐陽《尙書》博士身分出席石渠閣會議，大、小夏侯各自成學都是石渠會議後的事，他們的學生各自成家，時間要在更晚。

> 《詩》：由是《魯詩》有韋（玄成）氏學；由是《魯詩》有張（長安）、唐（長賓）、褚（少孫）氏之學；由是張家有許（晏）氏學；由是《齊詩》有翼（奉）、匡（衡）、師（丹）、伏（理）之學；由是《韓詩》有王（吉）、食（子公）、長孫（順）之學。

韋玄成以淮陽中尉論石渠，其父韋賢治《魯詩》，事瑕丘江公及許生，這兩人分別爲申公的弟子與再傳弟子。張長安、唐長賓、褚少孫均受學於以《詩》三百篇諫昌邑王賀的王式，王式之師即瑕丘江公的高弟魯許生與免中徐公。師丹、伏理之學出於匡衡，翼奉、匡衡爲后倉的學生，后倉則受學於轅固之高弟夏侯始昌。可見《齊詩》分家的時間都在宣帝之後。王吉、食子公在宣帝時爲博士，長孫順爲王吉弟子，則《韓詩》分家也頗晚。

> 《禮》：由是《禮》有大戴（德）、小戴（聖）、慶（普）氏之學；由是大戴有徐（良）氏，小戴有橋（仁）、楊（榮）氏之學。

戴德、戴聖、慶普都是后倉弟子，戴聖雖曾以博士參與石渠會議，但只是《后氏禮》博士，此時尚未自立一家。[47]至於徐良、橋仁、楊榮則是三人的學生輩，時間更晚，可見《禮》學分家，時間也在宣帝之時。

> 《春秋》：由是《公羊春秋》有顏（安樂）、嚴（彭祖）之學；由是顏家有泠（豐）、任（公）之學；顏氏復有筦（路）、冥（都）之學；由是《穀梁春秋》有尹（更始）、胡（常）、申章（昌）、房（鳳）氏之學。

顏安樂、嚴彭祖都是眭孟弟子，嚴彭祖在宣帝時爲博士。泠豐、任公、筦路、冥都等都是顏安樂弟子輩，時代較晚。可知《公羊春秋》分家，應在宣帝時，而《穀梁春秋》在石渠會議後纔立爲博士，分家當更晚。

就以上摘錄的資料來看，所謂某經有某家之學，時間幾乎都晚在宣帝之時，可見宣帝以

47 王國維：《觀堂集林》卷 4，總頁 172，〈漢魏博士考〉云：「戴聖雖於宣帝時爲博士，實爲后氏《禮》博士，尚未自名其家，與大戴分立也。」

前，雖早已有以經學爲博士者，但似乎還沒有一經分數家建立「家學」之事，48唯一可能有問題的是《詩經》。《詩經》有齊、魯、韓三家，人所習知，《漢書．儒林傳》更明言《魯詩》、《齊詩》、《韓詩》，似乎早已有三家家法。《史記．儒林列傳》曾說：「及今上（武帝）即位，趙綰、王臧之屬明儒學，而上亦鄉之，於是招方正賢良文學之士。自是之後，言《詩》於魯則申培公，於齊則轅固生，於燕則韓太傅。……」於申公則說：「申公獨以《詩經》爲訓以教，無傳，疑者則闕不傳。」於轅固則說：「自是之後，齊言《詩》皆本轅固生也。」於韓嬰則說：「自是之後，而燕趙閒言《詩》者由韓生。」49都沒有提到《魯詩》、《齊詩》、《韓詩》。韓嬰於文帝時爲博士，轅固以治《詩》，景帝時爲博士，都不曾涉及《韓詩》、《齊詩》之名，因此錢穆懷疑三家之名有可能是後起，甚至晚到宣帝時也說不定。50綜合上述種種現象來看，

48 王夢鷗〈小戴禮記考源〉云：「『爲博士』與『立家學』，其事不同。家學是一經之『宗主』，而博士乃此宗主之支庶，而支庶乃以其所承的家法教授於學官。」《政大學報》第3期（民國50年），頁139。

49 以上引文皆見《史記》，卷121，頁3118-3124，〈儒林列傳〉。

50 參看錢穆：〈兩漢博士家法考〉，《兩漢經學今古文平議》，頁194。錢穆說：「竊疑《詩》分齊、魯、韓三家，其說亦後起，故司馬遷爲《史記》，尚無《齊詩》、《魯詩》、《韓詩》之名。惟曰：『自是之後，齊言《詩》，皆本轅固生，諸齊人以《詩》顯貴，皆固之弟子。』又曰：『韓生……其言頗與齊魯間殊，然其歸一也。而燕趙間言《詩》者由韓生。』至班氏《漢書》則確謂之《魯詩》《齊詩》《韓詩》焉。是三家《詩》之派分，亦屬後起。……石渠《議奏》不及《詩》，是《詩》分三家，疑且在石渠後矣。」

所謂「家法」的出現，應該是石渠會議之後才有的事，此前即使立於學官，也沒有這種強調某家之學的現象。

另外還有一個現象也不妨一提，《漢書．藝文志》著錄的各經中，《易經》有《章句》施、孟、梁丘氏各二篇；《尙書》有《歐陽章句》三十一卷、《大、小夏侯章句》各二十九卷；《春秋》有《公羊章句》三十八篇、《穀梁章句》三十三篇。這些章句共有八家，而且共同的特色是都立爲博士。這種現象値得注意，也頗値得探究，究竟這兩者之間有什麼樣的關連呢？我們知道的是，就《史記》、《漢書》所載，早期立於博士的諸經，並沒有「章句」這種註解形式，最早提及這種註解形式的是《漢書．夏侯勝傳》：

> （夏侯）勝從父子建字長卿，自師事勝及歐陽高，左右采獲，又從《五經》諸儒問與《尚書》相出入者，牽引以次章句，具文飾說。勝非之曰：「建所謂章句小儒，破碎大道」建亦非勝為學疏略，難以應敵；建卒自顓門名經，為議郎博士，至太子少傅。51

夏侯勝和夏侯建都是宣帝時代的名儒，夏侯建是夏侯勝的侄兒，又曾師事夏侯勝。《漢書．藝文志》的著錄中，除了上舉的《大、小夏侯章句》各二十九卷外，又有《大、小夏侯解故》二

51《漢書》，卷 75，頁 3159，〈睢兩夏侯京翼李傳〉。

十九篇，應該就是兩夏侯師承關係的痕跡。據戴君仁先生的看法：漢儒解經「著作可歸納爲故、傳、說、記、章句五種；大別之，則是解故和章句兩種（原註：故和傳當是一類，說和記當與章句同類。）解故與章句是不相同的，如《尚書》既有《大、小夏侯解故》，又有《大、小夏侯章句》，可知定有分別。」[52]章句之學的解經形式是「左右采獲，又從《五經》諸儒問與《尚書》相出入者，牽引以次章句，具文飾說。」簡而言之，「章句不是——或不僅是——零星的詞和字的解釋，而是整段逐句的文義解釋。」[53]這種解經方式與此前的解故以「單詞隻字的解釋」或「微言大義的申發」爲主，[54]有明顯的差異。解故是舊的解經形式，而章句是後起的解經方式。章句的出現與學術的競爭有明顯的關係，這由「建亦非勝爲學疏略，難以應敵」，可以清楚的看得出來。顏師古在註解「建卒自顓門名經」時說：「顓與專同。專門者，自別爲一家之學。」可見夏侯建以章句解經方式，自立門戶，成一家之學。《漢書・儒林傳》曾提到參與石渠閣會議的《穀梁》議郎尹更始其後「爲諫大夫、長樂戶將，又受《左氏

---

52 戴君仁：〈經疏的衍成〉，《梅園論學續集》（臺北：藝文印書館，民國63年），頁97。

53 同上。此外，有關章句之學的內涵與相關問題，林慶彰的〈兩漢章句之學重探〉一文，有相當深入的討論，請參看。該文原載《漢代文學與思想學術研討會論文集》（臺北：文史哲出版社，1991年），頁255-278；後收在《中國經學史論文選集》（臺北：文史哲出版社，民國81年），頁277-297。

54 〈經疏的衍成〉，頁98。

傳》，取其變理合者以爲章句」，[55]時間要更晚。前已說過，大、小夏侯都是宣帝時人，可見章句之學起於宣帝之時，與所謂「家法」息息相關，說章句即家法亦無不可。[56]與立博士與否更是關係密切。由此可見，石渠閣會議對漢代經學本身的直接影響是章句之學的興起與博士家法的成立，《漢書·儒林傳》不厭其煩的一再強調「由是某經有某氏之學」，的確是其來有自。

石渠會議的論學方式，也爲後來的學術會議建立了一個常例，受影響最深的就是東漢時的白虎觀會議。《後漢書·章帝紀》載：

> 建初四年（西元79年）十一月壬戌，詔曰：⋯於是下太常，將、大夫、博士、議郎、郎官及諸生。諸儒會白虎觀，講議《五經》同異，使五官中郎將魏應承制問，侍中淳于恭

55《漢書》，卷88，頁3618，〈儒林傳〉。

56 劉宋·范曄：《後漢書》（臺北：明倫出版社，民國61年，影印北京中華書局點校本），卷79上，頁2545，〈儒林列傳序〉云：「立《五經》博士，各以家法教授，《易》有施、孟、梁丘、京氏，《尚書》歐陽、大小夏侯，《詩》齊、魯、韓，《禮》大、小戴，《春秋》嚴、顏，凡十四博士，太常差次總領焉。」這雖是後漢光武時事，而博士與家法並舉，已可看出兩者的關係。所以戴君仁先生認爲「家法當即是博士們的《五經》章句」，強調：「家法師法章句，當是一物之異稱。」

奏，帝親稱制臨決，如孝宣石渠故事，作《白虎議奏》。[57]

這段資料最值得注意之處，就是開會的理由「講議《五經》同異」，與石渠閣會議召開的理由相同。而開會的形式方面，由一人「承制問」，另一人奏，最後由皇帝「親稱制臨決」，兩次會議幾乎完全相同。這和當初建議召開會議的發起人校書郎楊終所說的「宜如石渠故事，永爲後世則」[58]，也若合符契；足見石渠閣會議的進行方式，已經成爲漢代朝廷的「故事」。這種以政治權威決定學術是非的方式，以今視之雖然不妥，但卻成爲此後漢代學術會議進行的主要模式。就其正面意義而言，是學術深受官方的關注，頗受倚重，成爲名副其實的「官學」，也取得較好的發展機會。若換一個角度來看，原本獨立發展不受他力干擾的經學，在立爲博士，成爲官方承認的官學之後，反而帶來政治過於干預的可能，甚而有過度傾向現實政治的危險，因之喪失了原有獨立自主的空間。對於漢代學術發展而言，這反而是一個負面的因素。東漢以下，立於學官的雖然仍是今文經學，所謂十四博士也全是今文經，但盛行於民間的反而是後出的古文經學。古文經沒有立爲博士，除《左傳》以外，[59]大都未受朝廷的重視，卻爲一般學

57《後漢書》，卷3，頁137-138。

58《後漢書》，卷48，頁1599，〈楊終列傳〉。

59《後漢書》，卷36，頁1230-1233，〈陳元列傳〉載，由於《左氏》學者陳元的大力爭取，光武帝建武初年曾立

者所喜好，這種現象固然是古文經說平實合理的性質有以致之；而古文經學並非官學，不必受官方限制，因之說經自由，學風比較開闊包容，也未嘗不是可能的原因之一。

四、結語

漢武帝時代，是漢朝由黃老當道轉向尊崇儒術的關鍵時期。建元元年（前 140 年）「冬十月，詔舉賢良方正直言極諫之士。丞相（衛）綰奏：『所舉賢良，或治申、商、韓非、蘇秦、

《左氏傳》博士，以李封爲博士。封卒，《左氏傳》博士即廢除，不再置。章帝時，《左氏傳》受到重視，與賈逵大有關係，《後漢書》卷 36，〈賈逵列傳〉載：漢章帝「特好《古文尚書》、《左氏傳》」使賈逵「發出《左氏傳》大義長於二傳者」，賈逵於是具條奏之，謂「《左氏》義深於君父，《公羊》多任於權變。」並且強調「《五經》家皆無以證圖讖明劉氏爲堯後者，而《左氏》獨有明文。《五經》家皆言顓頊代黃帝，而堯不得爲火德。《左氏》以爲少昊代黃帝，即圖讖所謂帝宣也。如令堯不得爲火，則漢不得爲赤。其所發明，補益實多。」賈逵這種以經附讖，投皇帝之所好的說法，果然讓章帝大悅。不僅賞賜有加，並且「令逵自選《公羊》嚴、顏諸生高才者二十人，教以《左氏》。」建初八年（西元 83 年），章帝更詔令「諸儒選高才生，受學《左氏》、《穀梁春秋》、《古文尚書》、《毛詩》，以扶微學，廣異義焉。」（《後漢書》卷 3，〈肅宗孝章帝紀〉）。可見《左傳》雖未立博士，卻頗受章帝的重視。

張儀之言，亂國政，請皆罷。』奏可。」60董仲舒在對策時又建議：「諸不在六藝之科，孔子之術者，皆絕其道，勿使並進。」61這個意見也為武帝所採納。自此以後，儒家一枝獨秀，成為漢朝廷唯一承認的正統學派。建元五年（西元前 136 年）置《五經》博士以來，62經學也就成為漢朝提倡的官學。從此，儒學幾乎成了中國學術的同義詞，而儒學的主要內容——經學自然成為人所共習的學問。公孫弘向漢武帝建議為博士設置弟子員後，由於優厚的條件與待遇，使得通經成了最好的進身之階。通經可致利祿，固然使得說經的人越來越多，同時也使得經說日趨充實。在此情形下，同一經文出現多種不同解說的情形也在所難免。本來「師異道，人異論，百家殊方，指意不同」63是學術界常見的現象，也是促使學術多面發展的原動力。但在戰國以來追求「大一統」的傳統觀念下，這種經說分歧的現象反而成了一個問題，朝野上下都有「上亡以持一統；法制數變，下不知所守」64的疑慮，執政者也不能不加以處

60《漢書》，卷 6，頁 155，〈武帝紀〉。

61《漢書》，卷 56，頁 2523，〈董仲舒傳〉。有關董仲舒對策的時間，眾說紛紜，《漢書・武帝紀》載於元光元年（前 134 年）；此從《資治通鑑》說，繫於建元元年（前 140 年）。

62《漢書》，卷 6，頁 159，〈武帝紀〉。

63《漢書》，卷 56，頁 2523，〈董仲舒傳〉。

64《漢書》，卷 56，頁 2523，〈董仲舒傳〉。

理。

宣帝以前，朝廷的態度比較消極，學術上若有所爭執，僵持不下時，皇帝出面制止，問題就此解決。基本上皇帝出面是被動的，比較沒有主動涉入學術爭議的意圖。在這種情形下，學術是學術，政治是政治，政治比較少干預學術，學術還是能維持起碼的獨立自主。以漢武帝這麼大有爲的君主，除了在政策上決定以儒學取代黃老之外，對學術的活動似乎沒有干涉的興趣。甚至有時還有意借重學者的長才，協助更定制度。65這種雖非放任而學術研究仍有自由的情形到宣帝就改變了。宣帝本不好儒，卻因其祖父衛太子喜《穀梁春秋》而刻意培養《穀梁春秋》學者。經十餘年的教習，時機成熟，遂召開石渠閣會議，平《公羊》《穀梁》同異。在皇帝親臨裁決的強大壓力下，形式上是學術會議，實質卻是以政治干預學術討論，透過會議程序，設立《穀梁春秋》及他家博士，完成提升《穀梁春秋》的目的。宣帝因個人私心培植學者，召開學術會議，以達致他對衛太子的孝思，其心情可以理解，表現的方式卻不妥當，因爲他干預了學術，也使得學術的獨立受到傷害。

---

65 如武帝初即位，從趙綰、王臧言，以安車蒲輪迎申公，請其協助立明堂，並問以治亂之事，即是顯例。事見《漢書》，卷 88，頁 3608，〈儒林傳〉。不僅武帝如此，其後執政者議有類此之例，如昭帝崩，霍光迎立昌邑王賀，居喪仍好田獵，夏侯勝以《洪範傳》諫之，謂臣下將有謀上者。霍光大驚，「以此益重經術士」。事見《漢書》卷 75，頁 3155，〈睢兩夏侯京翼李傳〉。

石渠閣會議的影響是巨大的，在《五經》之下分立各家博士的作法，固然可以滿足學者擴大參與官學的要求，同時也種下各經之下不同經師爭相立學的契機，因而導致經學領域內的生存競爭。在通經可以致富貴的強大誘因下，學者紛紛惟利是圖，追求如何在講經上克敵致勝。章句是新興之學，也是最可能彰顯自家學說的途徑，於是西漢開國以來的訓故之學逐漸爲章句之學所取代，各家家法與章句之學因之興起，形成了新的說經形式。章句之學的興起與茁壯，也產生了另一影響：這就是經學往煩瑣說經的路子上發展，導致了治經目標的轉向，使得原本講究用世的經師，在有意無意間走上爲爲利祿而說經的途徑。這種發展不僅改變了先秦以來以通經致用爲目標的儒學方向，同時也模糊了儒學的本來面目。

石渠閣會議的召開對漢代學術的發展產生極大影響，就經學本身而言由訓故解經轉爲章句說經，經學的註解方式因而改變，學風也由致用轉爲煩瑣說經。就經學與政治的互動關係而言，原本徘徊在經學領域之外的政治，透過學術會議中皇帝「稱制臨決」的方式，進一步將政治的權力伸入經學解釋的領域，「大一統」的觀念在學術中具體落實、深化。影響所及，皇帝參與學術會議，並且扮演主導及裁決的角色，成爲漢代的慣例；而東漢的白虎觀會議更在石渠閣會議各種《議奏》的基礎上，編成具有類似「法典」性質的《白虎通義》，形式上完成「經學一統」的工作。窮源溯本，由宣帝主導召開的石渠閣會議實開其端。就此而言，學術會議在漢代學術發展上，的確具有舉足輕重的影響力，不能以等閒視之。

（原載《第三屆漢代文學與思想學術研討會論文集》，頁87-108，國立政治大學中國文學系編印，2000年12月）

王官學與百家言對峙——試論錢穆先生對漢代學術發展的一個看法[1]

一、前言

民國十九年（西元 1930 年）六月，[2]錢穆先生在《燕京學報》第七期，發表了著名的

---

1 本文爲 2000 年 10 月，國立臺灣大學主辦之「紀念錢穆先生逝世十週年國際學術研討會」宣讀論文，經修改後收入論文集。本書所收爲修訂稿。

2 〈劉向歆父子年譜〉的發表時間，《兩漢經學今古文平議》目次下標注爲民國 18 年，余英時〈《周禮》考證和《周禮》的現代啓示〉（收在《猶記風吹水上鱗》（臺北：三民書局，民國 80 年），頁 137-168），也說：「錢先生民國 18 年在《燕京學報》上發表了〈劉向歆父子年譜〉，根據《漢書》中的史實，系統地駁斥了康有爲的《新學僞經

〈劉向歆父子年譜〉，這篇文章是錢氏針對晚清以來風行學界的經今古文問題所發表的第一篇論文，不僅引起當時學界的熱烈討論，也正式奠定了他在學術界屹立不搖的地位。此後數十年，錢穆又陸續發表〈《周官》制作時代考〉、〈兩漢博士家法考〉及〈孔子與《春秋》〉等三篇論文，進一步討論與漢代經學密切相關的《周官》、《春秋》及博士學官制度，並於民國四十七年匯集這四篇論文成書，定名爲《兩漢經學今古文平議》。這本書架構起錢穆本人對漢代學術發展的完整看法，是錢穆對漢代學術研究的重要貢獻，早爲學界肯定。

本文打算在上述諸文及錢穆其他相關著作的基礎上，嘗試探討錢穆對漢代學術的看法，並試著對這個看法做一些討論。由於時間倉促，加以賤體違和，時作時輟，勉強成文。其中見解不成熟及思慮不周之處，想必所在多有，尚祈大雅君子有以教之。

二、一個誤解的澄清

早在〈劉向歆父子年譜〉剛刊布時，學界就有一種聲音，認爲這篇文章是站在古文家立場批駁康有爲的今文主張，這些意見中，最具代表性的是筆名青松的學者，他說：

考》。」《古史辨》第 5 冊上編則標注「十九，六，《燕京學報》第七期；今重加修改。」兩說不同。今翻檢《燕京學報》，第七期的出版時間爲民國 19 年 6 月。

錢穆氏所著〈劉向歆父子年譜〉，載《燕京學報》第七期，以批評南海康有為《新學偽經考》為主，仿王靜安先生〈太史公行年考〉之法，縷舉向、歆父子事蹟，及新莽朝政，條別年代，證明劉歆並未篡改群經，《周官》、《左氏傳》二書皆先秦舊籍，而今、古學之分在東漢以前尤未彰著。列舉康氏之說不可通者二十八端，皆甚允當。……錢氏此文似未能離開古文家之立足點而批評康氏，故其言曰：……篇中議論類如此，惜夫！其見解未能超越也。3

青松的觀點非常清楚，錢穆這篇文章儘管在批駁康有爲《新學僞經考》書的各個論點上具體而確實，「皆甚允當」，但基本上未能脫離門戶之見，仍然有古文家的學派立場，所做出來的成績仍有「黨同伐異」的嫌疑，不是客觀的就事論事。青松的意見反映了當時許多人的想法，基本上他們認爲錢穆撰著〈劉向歆父子年譜〉的動機，就是站在古文學派的立場，攻擊晚清以來披靡一時以康有爲爲代表的今文學派，以康著《新學僞經考》爲批評對象，正是擒賊先擒王的作法。連錢穆本人晚年回憶這段往事時，也不禁說出：「余撰〈劉向歆父子年譜〉，及去燕大，知故都各大學本都開設經學史及經學通論諸課，都主康南海今文家言。余文出，各校經學課遂多

3 青松：〈評劉向歆父子年譜〉，《大公報・文學副刊》，137 期，民國 19 年 8 月 25 日。後收入《古史辨》（臺北：明倫出版社據北平樸社初版重印本，民國 59 年）第 5 冊上編，頁 249-251。

在秋後停開。但都疑余主古文家言。」[4]可見當時學界是以何等眼光看待這部石破天驚的巨著。上述這種觀點不脫狹隘的學派觀念，但卻代表了某些傾向今文經學者的態度。這可說是當時學者對錢穆以考據方式提出新觀點，用以處理漢代經學問題的極大誤解。

那麼錢穆是不是古文學者呢？我們還是以錢穆自己的話來回答這個問題。就在〈劉向歆父子年譜〉發表的同一時期，對錢穆有知遇之恩的顧頡剛發表了他的皇皇巨著《五德終始說下的政治和歷史》，[5]並且力邀議論明顯與他不同的錢穆撰寫書評。由於卻不過顧頡剛的盛意，錢穆在次年寫出〈評顧頡剛《五德終始說下的政治和歷史》〉一文，就在這篇文章中，錢穆清楚表明了他對經今古文學的看法，順便也對誤解他學術立場的學界做出回應。錢穆相當坦率的說：

> 這一篇簡率的批評，並不想為劉歆王莽做辯護，更不想為東漢古文學燃死灰，也只想比西漢的今文家更進一步，本著戰國之學來打破西漢之學（自注：其實還是晚清今文家的西漢之學），也只想為顧先生助攻那西漢今文學家（自注：其實還是晚清今文家的防

4 錢穆：《八十憶雙親師友雜憶合刊》（臺北：東大圖書公司，民國72年），頁139-140。

5 顧頡剛的《五德終始說下的政治和歷史》一文，民國19年6月發表在《清華學報》第6卷第1期。其後重加修改，收入《古史辨》第5冊上編，頁404-617。

線)，好讓《古史辨》的勝利再展進一程。6

錢穆的意見相當直接，他不僅不打算爲所謂古文經學做辯護，並且還主動呼應顧頡剛的意見，願意做類似顧氏「拿戰國之學來打破西漢之學，還拿了戰國以前的材料來打破戰國之學」7這樣的疑古工作。就此看來，錢穆不僅不支持古文學者的觀點，相反的，似乎還跟激烈的今文學者站在同一陣線。這種態度很可能遭致不知錢氏治學真實情況者的誤解，以爲他態度模糊，前後言論不一致。

其實，錢穆並沒有刻意討好顧頡剛或其他疑古學者之意，他批評康有爲的《新學僞經考》，支持顧頡剛的疑古，表面上看起來似乎矛盾，其實基本的態度是一致的。這個基本態度就是超乎學派門戶之見，在客觀的史料基礎上，重建可信的中國歷史。關於這一點，余英時在〈一生爲故國招魂——敬悼錢賓四師〉一文中即清楚的指出：

> 錢先生對於知識的態度，與中外一切現代史學家比，都毫不遜色。「五四」時人所最看重的一些精神，如懷疑、批判、分析之類，他無不一一具備。他自己便說到，他的疑古

---

6 錢穆：〈評顧頡剛五德終始說下的政治和歷史〉，原載民國 20 年 4 月 13 日《大公報・文學副刊》第 170 期，後收入《古史辨》第五冊下編，頁 617-630。

7 顧頡剛：〈《古史辨》第二冊自序〉，收在該書卷首頁 1-7。

> 有時甚至還過於顧頡剛。但是他不承認懷疑本身即是最高的價值。他強調：「疑」是不得已，是起於兩信不能決。一味懷疑則必然流於能破而不能立，而他的目的則是重建可信的歷史。8

這個分析是關於錢穆治學態度最清楚的說明。錢穆在北京任教燕京、北大的時代，正是清末民初學界今文經學與古文經學壁壘分明對峙的局面，錢穆處於其中是既不左袒也不右袒，唯求史實之真。他撰寫〈劉向歆父子年譜〉，目的在摧毀康有爲架構起來的虛僞不實的神話，但攻擊今文學者的代表康有爲，並不表示錢穆必然就站在古文經學的旗下。這因爲他認爲所謂漢人今文經學與古文經學，都不是漢代學術史的事實，今、古文學派的對立，只是晚清以來儒者各分宗派互相激盪而成的門戶。9錢穆治學深受清代中期學者章學誠的影響，10章氏主張「學者

---

8 余英時：〈一生爲故國招魂——敬悼錢賓四師〉，收在余著《猶記風吹水上鱗》（臺北：三民書局，民國 80 年），頁 17-29。

9 錢穆：《兩漢經學今古文平議》（香港：新亞研究所，民國 47 年初版；又臺北：東大圖書股份有限公司，民國 78 年臺三版）〈自序〉云：「蓋今文、古文之分，本出晚清今文學者門戶之偏見，彼輩主張今文，遂爲今文諸經建立門戶，而排斥古文諸經於此門戶之外。而主張古文諸經者，亦即以今文學家之門戶爲門戶，而不過入主出奴之意見之相異而已。」見是書〈自序〉頁 3。

10 關於錢穆治學深受清儒章學誠影響這一點，相關資料極多。收在《兩漢經學今古文平議》一書中的〈兩漢博士

不可無宗主，而必不可無門戶。」[11]這個觀點不僅表現在他的學術史研究上，同時也成爲錢氏一生治學的基本宗旨。[12]他在《兩漢經學今古文平議・自序》中說：

> 蓋清儒治學，始終未脫一門戶之見。其先則爭朱、王，其後則爭漢、宋。其於漢人，先則爭鄭玄、王肅，次復爭西漢、東漢，而今、古文之分疆，乃由此而起。[13]

本於這一立場，自〈劉向歆父子年譜〉起，收在《兩漢經學今古文平議》一書中的四篇文字，全都是超越門戶之見，不受前人成見左右，純粹就事論事的著作。這四篇文字，中心宗旨在探討漢代的經學發展，而主要的觀點有二：其一是破除晚清以來今、古文之爭的門戶之見。他說：

> 本書宗旨，則端在撤藩籬而破壁壘，凡諸門戶，通為一家。經學上之問題，同時即為史學上之問題，自春秋以下，歷戰國，經秦迄漢，全據歷史記載，就於史學立場，而為經

家法考〉及〈孔子與春秋〉，即曾多次提及章學誠的意見，煩請參閱。

11 清・章學誠：〈浙東學術〉，《文史通義》（北京：文物出版社《章學誠遺書》本，1985年8月），總頁15上欄。

12 有關錢穆治學力主超越門戶這一點，本文主要參考余英時〈錢穆與新儒家〉一文的意見，該文收在余著《猶記風吹水上鱗》，頁31-98。

13 余英時：〈一生爲故國招魂——敬悼錢賓四師〉，《猶記風吹水上鱗》，頁1。

學顯真是。14

其二，則是還古代學術史之真面目。他說：

本書之所用心，則不在乎排擊清儒說經之非，而重在乎發見古人學術之真相。亦惟真相顯，而後偽說可以息，浮辨可以止。誠使此書能於學術界有貢獻，則實不盡於為經學上之今古文問題持評論，做調人。而更要在其於古人之學術思想有其探原抉微鉤沈闡晦之一德。15

就這兩點來看，這本書中的四篇文章有破有立，〈劉向歆父子年譜〉與〈周官著作時代考〉二文，重點在破除晚清今文家所建立的劉歆遍僞古文諸經（尤其是《左傳》、《周禮》二書）的錯誤看法，這由錢穆在《兩漢經學今古文平議》的〈自序〉所說的：

（康有為）遂謂前漢古文諸經，盡出劉歆偽造，此則斷斷必無之事也。本書第一篇〈劉

14 余英時：〈一生爲故國招魂——敬悼錢賓四師〉，《猶記風吹水上鱗》，頁4。

15 錢穆：《兩漢經學今古文平議》，見是書〈自序〉，頁4。

> 向歆父子年譜〉，即對此而發。16
>
> 清儒主張今文經學者，群斥古文諸經為偽書，尤要者則為《周官》與《左傳》。《左傳》遠有淵源，其書大部分應屬春秋時代之真實史料，此無可疑者。惟《周官》之為晚出偽書，則遠自漢宋，已多疑辨。然其書果起何代，果與所謂古文經學者具何關係，此終不可以不論。本書第四篇〈周官制作時代考〉，即為此而發。17

可以清楚得知。而〈兩漢博士家法考〉與〈孔子與春秋〉二文，重點則不僅在破除廖平《今古學考》所謂「前漢今文經學十四博士，家法相傳，道一風同，其與古文對立，則一一追溯之於戰國先秦，遂若漢代經學之今古文分野，已遠起於先秦戰國間」，這一不符歷史事實的說法。同時也試圖對於「古今經學流變之大體，以及經學與儒家言之離合異同」，18有一提綱挈領、窮竟原委的清晰理念。綜合這四篇文字，纔能明確理解錢穆研治今古文經學此一問題的真精神之所在，這也是他以史學治經學方法的具體呈現。

基於此一理念，錢穆認為晚清以來學者爭辯不休的所謂經今古文問題，並非漢代學術的本

16 錢穆：《兩漢經學今古文平議》，〈自序〉，頁1。

17 錢穆：《兩漢經學今古文平議》，〈自序〉，頁3。

18 以上引文，具見《兩漢經學今古文平議》，〈自序〉，頁2。

來面目，「清儒晚出於兩千載之後，其所處時代，已與漢大異，清儒雖自號其學爲漢學，此亦一門戶之號召而已，其於漢學精神，實少發現。……讀者必於此有悟，乃可以見清學之所建立，乃所以獨自成其爲清學，而未必即有當於漢儒之真相也。」[19]因此，他提出「王官學與百家言對峙」這一個看法，用以解釋漢代學術的發展，試圖還原漢代學術的真面目。以下我們即針對這一個看法進行討論。

三、王官學與百家言對峙——錢穆對漢代學術發展的一個看法

爲了求學術史之真，錢穆早在民國十五年（西元 1926 年）他還在蘇州當地中學服務時，即已藉撰寫《國學概論》的機會，正式提出「王官學與百家言對峙」這一概念，用來嘗試解釋整個中國學術的發展。他說：

> 古者治教謂分，官師合一，學術本諸王官，民間未有著述，此在周時猶然。自周之東，而天子失官，大人不悅學。於是官學日衰，私學日興，遂有諸子。後人言諸子學者，皆本劉歆《七略》，有九流之目。近人胡適力辨其非。今考諸子師授淵源，以及諸家所稱

---

19 錢穆：《兩漢經學今古文平議》，見是書〈自序〉，頁 4。

> 引，則其間多有出入，可以相通，固不能拘泥於九流六家之別。遑論所謂某家者流，出於某官之說哉？故謂王官之學衰而諸子興可也，謂諸子之學一一出於王官則不可也。[20]

不同於當時力持「諸子不出於王官」之說的胡適，[21]錢穆贊同劉歆《七略》及班固《漢書・藝文志》將諸子學與王官學二分的傳統說法。他認為諸子之學與古代王官之學有密切的關係，但他並不接受《漢書・藝文志》所謂「某家者流出於某官」之說，這是他對舊說的修正。他強調「王官之學衰而諸子興」，並且認為這是中國學術發展的重點所在。

什麼是王官學？什麼是諸子學（百家言）？二者的區別究竟何在？錢穆認為，區分王官學與諸子學主要的依據就在劉歆《七略》及班固《漢書・藝文志》的分類上，[22]這是見諸文字

---

20 錢穆：《國學概論》（臺北：臺灣商務印書館，民國79年，影印上海商務印書館民國20年初版本），頁29-34。

21 胡適有〈諸子不出於王官論〉一文，大力反對劉歆《七略》、班固《漢書・藝文志》所主張的九流出於王官之說。其主要重點凡四：(1)、劉歆以前論周末諸子學派者，無九流出王官之說；(2)、九流無出王官之理；(3)、九流乃漢儒陋說，未得諸家派別之實；(4)、駁章太炎說。（以上據錢穆《國學概論》撮要）胡適原文今收入所著《胡適文存》（臺北：遠東圖書公司，民國57年），第一集，卷2，頁254-261。

22 劉歆《七略》早已亡佚，是書分為〈輯略〉、〈六藝略〉、〈諸子略〉、〈詩賦略〉、〈兵書略〉、〈術數略〉及〈方技略〉等七類。班固《漢書・藝文志》乃「刪其要」而成，大致還保存了《七略》的大概面目。

的最早資料。他說：

若據《漢書·藝文志》，當時所認為學術大分野者，乃屬六藝與諸子之兩大類。入〈六藝略〉者為王官學，入〈諸子略〉者為百家言。23

又說：

大抵先秦學官有二，一曰史官，一曰博士官。史官自商周以來即有之，此乃貴族封建宗法時代王官之舊傳，博士官則自戰國始有，蓋相應於平民社會自由學術之興起。諸子百家既盛，乃始有博士官之創建。博士官與史官分立，即古者「王官學」與後世「百家言」對峙一象徵也。《漢書·藝文志》以六藝與諸子分類，六藝即古學，其先掌於史官（原注：此義章學誠《文史》、《校讎》兩《通義》已言之），諸子則今學，所謂「家人言」是也。戰國博士立官源本儒術，然《漢志》儒家固儼然為九流百家之冠冕，列〈諸子〉不列〈六藝〉，則明屬家言（即新興之平民學），非官學（即傳統之王官學）矣。

23 錢穆：〈孔子與春秋〉，收在《兩漢經學今古文平議》，頁240。

又說：[24]

古代學術分野，莫大於王官與家言之別。鮑白令之有言：「五帝官天下，三王家天下，」官言其公，家言其私。百家言者，不屬於王官而屬於私家，易辭言之，即春秋以下平民社會新興之自由學術也。王官學掌於史，百家言主於諸子，諸子百家之勢盛而上浮，乃與王官之史割席而分尊焉，於是有所謂博士。故博士者，乃以家言上抗官學而漸自躋於官學之尊之職也。《詩》《書》六藝初掌於王官，而家學之興實本焉。儒墨著書皆原本《詩》《書》，故《詩》《書》者，乃王官故籍下流民間而漸自泯於家言之間者。故《詩》《書》既與官史有別，（如孔子《春秋》不同於魯《春秋》，儒門《詩》《書》既經孔子修訂，亦必與官史舊本有出入也。）亦復與新興百家言不同。（《詩》《書》乃舊典，百家言乃新著，且百家亦不盡據《詩》《書》。）《詩》《書》之下流，正可與博士之上浮，交錯相映，而說明春秋戰國間王官之學與百家私言之盛衰交替過接之姿態焉。

24 錢穆：〈兩漢博士家法考〉，收在《兩漢經學今古文平議》，頁168。

[25]以上不憚辭費引述大量資料，主要在藉此說明錢穆是如何建立這一個當時相當新穎的學術觀念。簡而言之，錢穆透過史料的引用與分析，概括論述了先秦學術史的流變，從而架構起「王官學與百家言對峙」的這種見解。他將先秦掌管學術的官員分爲兩類，其一是商周以來即存在的史官，其二即戰國纔出現的博士官，兩者的存在，有時間上的差異，史官在前，博士官在後。由史官發展出王官學；而博士官的出現，則代表百家言之興盛。不論是史官或博士官的產生，都與《詩》、《書》傳統六藝有密切的關連。王官學代表傳統學術，源遠流長，是史官傳統衍生出來的學術，所以叫做「王官學」；諸子則是春秋戰國以下，平民勃興以後，由貴族之學流衍民間，新發展出來的平民學術，所以稱爲「百家言」。《漢書．藝文志》做學術分類時，由於王官之學基本上來自《詩》、《書》六藝，故將其歸爲〈六藝略〉；百家言雖原本於儒術，但已發展出新的風貌，亦不爲《詩》、《書》傳統所限，故將其與六藝分列，另立〈諸子略〉，藉著兩者的分立，彰顯出新、舊學術不同的風貌。就兩者發展先後而言，前者是舊有的，可以稱爲「古學」；後者產生在後，是新興的學術，相對於前者，自然是「今學」了。值得注意的是，錢穆使用「古學」、「今學」一詞的內涵不是固定不變專指某一學術的。先秦時代「古學」

25《兩漢經學今古文平議》，頁171-172。

〈王官學〉即是《詩》、《書》六藝，「今學」即是戰國以來的諸子百家言，固然沒錯，這也是劉歆《七略》、班固《漢書・藝文志》區隔〈六藝略〉、〈諸子略〉的本意所在。但是使用在秦代以下時，其內涵就因時代而異了，例如秦統一天下之後，也有意自創一王之法，於是在史官之外另設博士官。秦博士官所代表的學術，主要是六國相傳的家學，七十個博士之中，許多是諸子百家的學者，博士「掌通古今」，26這是秦代的新制度。博士之學是秦的新王官學，其內容是戰國新興的諸子百家言，這和《詩》、《書》六藝的舊王官學，兩者是名同而實異。秦以下的王官學（古學）、百家言（今學），都應做這樣的理解。27

透過種種文獻資料的歸納與詮釋，錢穆確定先秦學術的確存在著王官學與百家言對峙這種現象，並因而形成今學與古學之爭的局面後，進一步將這種認知應用到漢代以及漢代以後學術的解釋上，建立起相當獨特的中國歷代學術發展理念。他說：

> 當春秋之季，孔子慨於「是可忍孰不可忍」，而夢見周公，自負後起，遂開諸子之先河，為學術之濫觴，是孔子之以「古」爭今也。逮夫「儒」「墨」攘臂，同言堯舜，而

---

26 漢・班固：《漢書》（臺北：世界書局，民國 61 年，影印北京中華書局本），卷 19 上，總頁 726，〈百官公卿表上〉。

27 以上參看錢穆〈孔子與春秋〉，《兩漢經學今古文平議》，頁 249-250。

> 莊周、韓非目擊世變，痛論排詆，其極至於秦人，統學歸政，焚《詩》《書》，坑儒士，則又以「今」爭「古」也。及乎漢興，黃老申商，厥勢未衰，而公孫董氏，重提「古文」，漢武從之，崇「古」黜「今」，而「今文」博士，曲學阿世，自為一閥，別有古學，崛起相抗，是同為以「古」爭「今」也。東漢末葉，古學既盛，經籍之焰，勢可薰天，會稽王充，獨標異幟，譏切時俗，不蹈陳見，是又以「今」爭「古」也。28

依此類推，六朝時佛學與玄學之爭是以「古」爭「今」；唐朝禪宗直指本心，撥去萬千佛典，是以「今」爭「古」；兩宋濂洛關閩理學重返六經，是以「古」爭「今」；王守仁高揭良知，與程朱異幟，又是以「今」爭「古」；清初顧炎武強調「經學即理學」，力矯王學末流之失，是以「古」爭「今」；常州學派倡「今文」以斥乾嘉樸學，康、梁因之言變法，又回到以「今」爭「古」的局面。因此錢氏強調：「學術之道，或反而求之於己，或推而尋之於人，「今」「古」之爭，遂若循環而無端。彼漢儒懇懇，固亦無逃於此矣。」29

漢代以下的學術發展，不在本文討論範圍內，姑置不論。僅就漢代而言，依錢穆的看法，西漢時代公孫弘、董仲舒力倡《公羊春秋》之學，漢武帝從而獨尊儒術，是以「古」爭

28 錢穆：《國學概論》，頁123。
29 《國學概論》，頁123-124。

「今」。此下「今文」博士獨盛，劉歆提議建立《毛詩》、《古文尚書》、《逸禮》、《左氏春秋》博士，與今文諸博士發生爭議，也是以「古」爭「今」。東漢王充當古學大盛之時，獨標異幟，不蹈陳見，則是以「今」爭「古」。

在這種以「古」爭「今」、以「今」爭「古」的學術發展過程中，有一種學術扮演著關鍵性的角色，這就是影響西漢學術至深的《春秋》之學。因之錢穆特地撰述〈孔子與《春秋》〉一文30，重點即在探討《春秋》之學在漢代的特殊地位與其影響。他認為，這裡所謂的《春秋》指的並非先秦的魯國舊史，而是經過孔子之手的《春秋》經。其實重視《春秋》並非始自兩漢，早在戰國中期，孟子就已推尊《春秋》這部書了，他說：

> 世衰道微，邪說暴行有作，臣弒其君者有之，子弒其父者有之。孔子懼，作《春秋》。《春秋》，天子之事也。是故孔子曰：「知我者其惟《春秋》乎！罪我者其惟《春秋》乎！」31

又說：

---

30 本文收在《兩漢經學今古文平議》，頁235-283。以下的論述，主要依據錢氏此文，請參看。

31 宋・朱熹：《四書章句集注・孟子集注》（臺北：大安出版社，民國75年，影印北京中華書局本），卷6，〈滕文公章句下〉，頁272。

> 王者之跡熄而《詩》亡，《詩》亡然後《春秋》作。晉之《乘》，楚之《檮杌》，魯之《春秋》，一也。其事則齊桓、晉文，其文則史。孔子曰：「其義則丘竊取之矣。」[32]

這些言論中透露出許多訊息，其一是孟子說孔子作《春秋》，《春秋》本是天子之事，孟子說孔子撰作，又將此事與堯、舜、禹、湯、文、武相比，無形中已將孔子地位提升到與聖王相等的地位。其次是說「《詩》亡然後《春秋》作」，肯定《春秋》的地位上接《詩》、《書》。王官六藝之學中，《詩》、《書》本爲首要，若說《春秋》繼之而作，無異又是肯定了孔子在先秦學術史上有著與王官之學相等的地位。由於孔子只是一個私人，不具史官的身分，因之孔子作《春秋》這件事，同時具有雙重意義，一方面繼承了王官學的舊傳統，一方面也開創了百家言的新風氣。

由於體認到孔子的這種特殊身分，漢代學者極爲重視《春秋》這一部書，《春秋》之學在漢代也特別興盛。從陸賈起，就對《春秋》特爲褒揚，他說：

> 《春秋》上不及五帝，下不至三王，述齊桓、晉文之小善，魯之十二公，至今之為政，

32《孟子集注》，卷8，頁295，〈離婁章句下〉。

足以知成敗之效。33

董仲舒是西漢《公羊》學大師，司馬遷在《史記・太史公自序》轉述他的話說：

余聞董生曰：「周道衰廢，孔子為魯司寇，諸侯害之，大夫壅之。孔子知言之不用，道之不行也，是非二百四十二年之中，以為天下儀表。貶天子，退諸侯，討大夫，以達王事而已矣。」子曰：「我欲載之空言，不如見之行事之深切著明也。」34

這些言論不僅代表了董仲舒的意見，司馬遷本人基本上也接受這樣的觀點，這由《史記》書中

---

33 漢・陸賈：《新語》（臺北：新興書局，民國 59 年，影印明程榮《漢魏叢書》本），卷上，〈術事篇〉，總頁 707-708。案：《新語》一書，是否出自陸賈之手，頗多爭論。《四庫全書總目》（臺北：藝文印書館，民國 58 年，影印同治七年廣州刊本），〈新語提要〉舉出數證，疑其非陸賈原書，又云：「今但據其書論之，則大旨皆崇王道，黜霸術，歸本於修身用人。…皆以孔氏爲宗，所援據多《春秋》《論語》之文，漢儒自董仲舒外，未有如是之醇正也。流傳既久，其真其贗，存而不論可矣。」（卷 91，總頁 1806-1807）余嘉錫《四庫全書提要辨證》則舉證歷歷，逐一批駁《四庫提要》所提各點。（見是書卷 10，頁 518-532。藝文印書館影印同治七年廣州刊本《四庫全書總目》附刊。）胡適〈陸賈《新語》考〉亦針對《四庫提要》所謂疑點，一一予以駁斥，並說：「頗信此書是楚漢之間之書，非後人所能依託。」（見所著《胡適文存》第三集，卷 7，頁 589-591）余、胡二說頗可從，此書即使不出陸賈之手，亦當爲楚漢之間作品。

34 漢・司馬遷：《史記》（臺北：世界書局，民國 61 年，影印北京中華書局本），卷 130，頁 3297。

相關的記載，可以清楚的觀察出來。兩漢《公羊》之學極盛，大師人才輩出，西漢胡毋生、董仲舒、公孫弘以下，貢禹、疏廣、眭孟、呂步舒、吾丘壽王、嚴彭祖、嚴安樂，無一不是當時學界重要人物，及至東漢，也還有丁恭、周澤、孫堪、樓望、張玄、李育、羊弼及何休等重要《公羊》學者，[35]他們都談孔子《春秋》的微言大義，重視通經致用，也取得朝廷的重視。

漢代的《公羊》學者，不僅談《春秋》的微言大義，他們還進一步提出孔子爲素王，爲漢制法這樣的意見。「素王」一詞出於《莊子．天道篇》，所謂：「以此處下，玄聖、素王之道也。」郭象注云：「有其道爲天下所歸而無其爵者，所謂素王自貴也。」[36]西漢《公羊》學者中，董仲舒首先借用這個詞語，描述孔子的德行。在著名的〈天人三策〉中，他說：

孔子作《春秋》，先正王而繫萬事，見素王之文焉。[37]

所謂「素」，即是空的意思。董仲舒心目中的孔子，雖無帝王之位，卻有帝王之德，因此稱之爲「素王」。而《春秋》這部書，正是孔子「上明三王之道，下辨人事之紀，別嫌疑，明是

35 有關兩漢的《公羊》學者，本處僅就兩《漢書》之〈儒林傳〉所載，略舉其要，欲知其詳，請直接參閱兩《漢書》及相關經學史著作。

36 周．莊周撰、清．郭慶藩集釋：《莊子集釋》（北京：中華書局，1989年），卷5中，頁457。

37 班固：《漢書．董仲舒傳》卷56，頁2509。

非，定猶豫，善善惡惡，賢賢賤不肖，存亡國，繼絕世，補敝起廢，王道之大者也」[38]的代表著作。董氏這個意見，可以說是《公羊》學者的共同看法。事實上，不僅《公羊》家有這樣的觀點，漢代其他學者也都這麼認為，如壺遂即說：

> 孔子之時，上無明君，下不得任用，故作《春秋》，垂空文以斷禮義，當一王之法。[39]

東漢的學者賈逵說：

> 孔子覽史記，就是非之說，立素王之法。[40]

鄭玄也說：

> 孔子既西狩獲麟，自號「素王」，為後世受命之君，制明王之法。[41]

---

38 司馬遷：《史記》，卷 130，頁 3297。

39 司馬遷：《史記．太史公自序》，卷 130，頁 3299。

40 周．左丘明傳、唐．孔穎達疏：《春秋左傳正義．序》（臺北：藝文印書館，民國 54 年，影印嘉慶二十年江西南昌府學重刊《十三經注疏》本），總頁 16，《正義》引賈逵《春秋序》。

漢末趙岐也有類似的言論：

> 孔子懼正道遂滅，故作《春秋》，因魯史記，設素王之法，謂天子之事也。[42]

這些學者都不是《公羊》家，但他們的論調與《公羊》學者如出一轍，可見「孔子爲素王」之說，已是兩漢學者的共識。

至於「孔子爲漢制法」之說，雖始見於緯書，[43]但漢代學者似乎都接受這個看法，如東漢東平王蒼說：

> 孔子曰：「行夏之時，乘殷之輅，服周之冕。」為漢制法。[44]

何休《公羊解詁》說：

---

41 唐．孔穎達：《春秋左傳正義．序》，頁16，《正義》引鄭玄《六藝論》。

42 周．孟軻撰、漢．趙岐注、清．焦循正義：《孟子正義》（北京：中華書局，1987年），卷13，頁452，〈滕文公下〉，「《春秋》，天子之事也」趙岐注。

43 孔子爲漢制法，首見於緯書，《春秋緯演孔圖》云：「孔子仰推天命，俯察時變，卻觀未來，豫解無窮。知漢當繼大亂之後，故作撥亂之法以授之。」《春秋緯漢含孳》亦云：「孔子曰：邱覽史記，援引古圖，推集天變，爲漢帝制法，陳敘圖錄。」（《春秋公羊傳》隱公元年徐彥〈疏〉引《春秋說》，《古緯書》收入此篇。）

44 《東觀漢記》（臺北：臺灣中華書局，民國59年，《四部備要》本），卷5，頁6a。

> 末不亦樂，後有盛漢受命而王，德如堯舜之知，孔子為制作。[45]

王充也說：

> 董仲舒表《春秋》之義，稽合於律，無乖異者。然則《春秋》，漢之經，孔子制作，垂遺於漢。[46]

就此而言，孔子爲漢制法之說，在當時極爲流行，已是漢人共同的認知。

錢穆認爲，漢人既以孔子爲素王，又肯定孔子作《春秋》爲漢制法，「因此漢武帝聽受了董仲舒的建議，興太學，立博士，盡罷諸子百家，而專主《五經》。《五經》成爲漢代之王官學，而漢代的《五經》，又必以孔子《春秋》爲之主。」[47]

基於上述觀點，觀察西漢以來學術上的主要爭議，就會發現幾乎都與《春秋》有關。以下依照時間先後逐一敘述：

---

45 漢·公羊壽撰、唐·孔穎達：《春秋公羊傳注疏》（臺北：藝文印書館，民國 54 年，影印嘉慶二十年江西南昌府學重刊《十三經注疏》本），卷 28，總頁 359，「哀公十三年」何休《解詁》。）

46 漢·王充撰，黃暉校釋：《論衡》（北京：中華書局，1990 年），卷 12，頁 542，〈程材篇〉。

47 錢穆：〈孔子與春秋〉，《兩漢經學今古文平議》，頁 247。

(一)漢宣帝時的《公羊》、《穀梁》之爭

《漢書·儒林傳》載:

> 瑕丘江公受《穀梁春秋》及《詩》於魯申公,傳子至孫為博士。武帝時,江公與董仲舒並。仲舒通《五經》,能持論,善屬文。江公吶於口,上使與仲舒議,不如仲舒。而丞相公孫弘本為《公羊》學,比輯其議,卒用董生。於是上因尊《公羊》,召太子受《公羊春秋》,由是《公羊》大興。

這是《公羊》、《穀梁》的第一次爭執,由於江公孫口才不如董仲舒,加以丞相公孫弘本習《公羊》,有所偏袒,比對之後採用了《公羊》,《公羊》學因而大興。

> 太子既通,復私問《穀梁》而善之。其後寖微,惟魯榮廣王孫、皓星公二人受焉。……沛蔡千秋少君、梁周慶幼君、丁姓子孫皆從廣受。千秋又事皓星公,為學最篤。宣帝即位,聞衛太子好《穀梁春秋》,以問丞相韋賢、長信少府夏侯勝及侍中樂陵侯史高,皆魯人也,言穀梁子本魯學,公羊氏乃齊學也,宜興《穀梁》。時千秋為郎,召見,與《公羊》家並說,上善《穀梁》說,擢千秋為諫大夫給事中,後有過,左遷平陵令。復求能為《穀梁》者,莫及千秋。上愍其學且絕,乃以千秋為郎中戶將,選郎十人從受。

> 汝南尹更始翁君本自事千秋，能說矣，會千秋病死，徵江公孫為博士。劉向以故諫大夫通達待詔，受《穀梁》，欲令助之。

這是《公羊》、《穀梁》的第二次爭執。由於宣帝聞其祖父衛太子好《穀梁》學，丞相韋賢等人因同鄉之故偏祖魯學，開始培養《穀梁》學者，準備振興《穀梁》學。

> 江博士復死，乃徵周慶、丁姓（案：二人皆為《穀梁》學者。）待詔保宮，使卒授十人。自元康（案：西元前65-62年）中始講，至甘露元年（西元前53年），積十餘歲，皆明習。乃召五經名儒太子太傅蕭望之等大議殿中，平《公羊》、《穀梁》同異，各以經處是非。時《公羊》博士嚴彭祖，侍郎申輓、伊推、宋顯，《穀梁》議郎尹更始，待詔劉向、周慶、丁姓並論。《公羊》家多不見從，願請內侍郎許廣，使者亦並內《穀梁》家中郎王亥。各五人，議三十餘事。望之等十一人各以經誼對，多從《穀梁》。由是《穀梁》之學大盛，慶、姓皆為博士。48

這是《公羊》、《穀梁》的第三次爭執，也是最正式的學術爭議，在朝廷的刻意祖護下，《穀梁》終於取得勝利，達成宣帝振興《穀梁》學的心願。

48 以上引文，皆見班固：《漢書・儒林傳》，卷88，頁3618。

（二）哀帝時，劉歆爭立《毛詩》、《古文尚書》、《逸禮》、《左氏春秋》之事

《漢書·楚元王傳附劉歆傳》載：

> 歆及向始皆治《易》，宣帝時，詔向受《穀梁春秋》，十餘年，大明習。及歆校祕書，見古文《春秋左氏傳》，歆大好之。……歆以為左丘明好惡與聖人同，親見夫子，而公羊、穀梁在七十子後，傳聞之與親見之，其詳略不同。歆數以難向，向不能非間也，然猶自持其《穀梁》義。及歆親近，欲建立《左氏春秋》及《毛詩》、《逸禮》、《古文尚書》皆立於學官。哀帝令歆與《五經》博士講論其義，諸博士或不肯置對，歆因移書太常博士，責讓之。……其言甚切，諸儒皆怨恨。是時名儒光祿大夫龔勝以歆移書上書深自罪責，願乞骸骨罷。及儒者師丹為大司空，亦大怒，奏歆改亂舊章，非毀先帝所立。上曰：「歆欲廣道術，亦何以為非毀哉？」歆由是忤執政大臣，為諸儒所訕，懼誅，求出補吏，為河內太守。[49]

這是清儒所謂「今古文」之爭的開端，但在當時並沒有「今、古文」相爭之名。

---

49 班固：《漢書》，卷36，頁1967-1972。

（三）東漢光武帝時，范升與陳元爭立《費氏易》及《左氏春秋》

《後漢書・范升列傳》載：

時尚書令韓歆上疏，欲為《費氏易》、《左氏春秋》立博士，詔下其議。（建武）四年（西元28年）正月，朝公卿、大夫、博士，見於雲臺。帝曰：「范博士可前平說。」升起對曰：「《左氏》不祖孔子，而出於丘明，……」遂與韓歆及太中大夫許淑等互相辯難，日中乃罷。升退而奏曰：「……陛下愍學微缺，勞心經藝，情存博聞，故異端競進。近有司請置《京氏易》博士，群下執事，莫能據正。《京氏易》既立，《費氏》怨望，《左氏春秋》復以比類，亦希置立。《京》、《費》已行，次復《高氏》，《春秋》之家，又有《騶》、《夾》。如令《費氏》、《左氏》得置博士，《高氏》、《騶》、《夾》，《五經》奇異，並復求立，各有所執，乖戾分爭。從之則失道，不從則失人，將恐陛下必有厭倦之聽。……今《費》、《左》二學，無有本師，而多反異，先帝前世，有疑於此，故《京氏》雖立，輒復見廢。疑道不可由，疑事不可行。……願陛下疑先帝之所疑，信先帝之所信，以示反本，明不專己。……《五經》之本自孔子始，謹奏《左氏》之失凡十四事。」50

50 劉宋・范曄：《後漢書》（臺北：明倫出版社，民國61年，影印北京中華書局本），卷36，頁1228-1229。

同書〈陳元列傳〉亦載：

> 時議欲立《左氏傳》博士，范升奏以為《左氏》淺末，不宜立。元聞之，乃詣闕上疏曰：「……往者，孝武皇帝好《公羊》，衛太子好《穀梁》，有詔詔太子受《公羊》，不得受《穀梁》。孝宣皇帝在人閒時，聞衛太子好《穀梁》，於是獨學之。及即位，為石渠論而《穀梁》興，至今與《公羊》並存。此先帝後帝各有所立，不必其相因也。……」書奏，下其議。范升復與元相辯難，凡十餘上。帝卒立《左氏》學。……於是諸儒以《左氏》之立，論議讙譁，自公卿以下，數廷爭之。會（李）封病卒，《左氏》復廢。[51]

這是《左氏》自劉歆以後，再次爭立，其中雖夾著《費氏易》，重點仍在《左氏》。

（四）漢章帝時，賈逵、李育爭執《公羊》與《左氏》優劣

《後漢書・儒林列傳》載：

> （李育）少習《公羊春秋》。……頗涉獵古學。嘗讀《左氏傳》，雖樂文采，然謂不得聖人深意，以為前世陳元、范升之徒更相非折，而多引圖讖，不據理體，於是作〈難左氏

51 范曄：《後漢書》，卷 36，頁 1230-1233。

義〉四十一事。……建初四年（西元 76 年），詔與諸儒論《五經》於白虎觀，育以《公羊》義難賈逵，往返皆有理證，最為通儒。[52]

這次爭議的焦點是《公羊》與《左氏》的優劣。

（五）桓、靈二帝時，何休與鄭玄爭《公羊》及《穀梁》、《左氏》優劣

《後漢書・儒林列傳》載：

（何休）以《春秋》駁漢事六百餘條，妙得《公羊》本意。休善歷筭，與其師博士羊弼，追述李育意以難二傳，作《公羊墨守》、《左氏膏肓》、《穀梁廢疾》。[53]

同書〈鄭玄列傳〉則云：

時任城何休好《公羊》學，遂著《公羊墨守》、《左氏膏肓》、《穀梁廢疾》；玄乃發《墨守》，鍼《膏肓》，起《廢疾》。休見而嘆曰：「康成入吾室，操吾戈，以伐我乎！」初，

---

52 范曄：《後漢書》，卷 79 下，頁 2582。

53 范曄：《後漢書》，卷 79 下，頁 2582-2583。

> 中興之後，范升、陳元、李育、賈逵之徒爭論古今學，後馬融答北地太守劉瓌及玄答何休，義據通深，由是古學遂明。54

與其他各次爭執不同的是，這次爭議純粹是學術討論，而非朝廷上的爭立博士。「何休墨守《公羊》兼治《左》、《穀》，鄭玄於《左》、《穀》亦一體辯護，實均以立官不立官爲爭點也。」55

上述這些爭議，有一些值得注意的重點，第一，這些爭議全都是經學內部的爭議；第二，除了何休、鄭玄之爭外，其餘的爭議，討論的雖同樣是經義，但目的無非在爭取立博士的機會，藉以取得利祿；第三，爭議的對象雖偶有其他經書，但不論是西漢時代的《公羊》與《穀梁》爭，東漢時代的《左氏》與《公羊》爭，爭來爭去，很明顯的，焦點全集中在《春秋》一經上。何以會有這種現象？這因爲漢儒重視王官學，比較輕視百家言。56爭立博士，事實上就是爭取成爲王官學的機會。《春秋》正是漢廷的新王官學，這也就是錢穆所說的「漢廷《五經》博士，一面是革秦之舊，排除了百家；一面是復古之統，專尊了六藝，專尊了古王官學，

---

54 范曄：《後漢書》，卷 35，頁 1207-1208。

55 錢穆：《國學概論》，〈兩漢經生經今古文之爭〉，頁 110。

56 錢穆：〈孔子與《春秋》〉，《兩漢經學今古文平議》，頁 245。

而同時又是漢代新王之創法，與古王官學性質又不同。但實際則只有孔子《春秋》是新創者，其書纔始不是舊官學，而是爲漢立制的新官學」。57

相對於王官學的興盛，百家言在漢代的發展相當不順暢。漢武帝尊崇孔子，立《五經》博士之前，黃老當道，猶是承襲秦用諸子學的遺風，漢廷所立的博士，方面極廣，不限於經書，這也就是劉歆〈移讓太常博士書〉說的：「天下眾書，往往頗出，皆諸子傳說，猶廣立學官，爲置博士。」58趙岐〈孟子題辭〉也說：「漢興，除秦虐禁，開延道德，孝文皇帝欲廣遊學之路，《論語》、《孝經》、《孟子》、《爾雅》皆置博士。」59可見此時學風之一斑。即使如此，在野的儒家學者，已經開始對黃老道德提出了挑戰，其中最著名的就是治《詩》的轅固與道家學者黃生之間的辯論，《史記・儒林列傳》載：

> 清河王太傅轅固生者，齊人也。以治《詩》，孝景時為博士。與黃生爭論景帝前。黃生曰：「湯、武非受命，乃弒也。」轅固生曰：「不然。夫桀、紂虐亂，天下之心皆歸湯、武，湯、武與天下之心而誅桀、紂，桀、紂之民不為之使而歸湯、武，湯、武不得已而

57 錢穆：〈孔子與《春秋》〉，《兩漢經學今古文平議》，頁251。

58 班固：《漢書・楚元王傳附劉歆傳》，卷36，頁1969。

59 焦循：《孟子正義》，卷1，頁17。

立，非受命而何？」黃生曰：「冠雖敝，必加於首，履雖新，必關於足。何者？上下之分也。今桀、紂雖失道，然君上也；湯、武雖聖，臣下也。夫主有失行，臣下不能正言匡過以尊天子，反因過而誅之，代立踐南面，非弒而何也？」轅固生曰：「必若所云，是高帝代秦即天子之位，非邪？」於是景帝曰：「食肉不食馬肝，不為不知味；言學者無言湯、武受命，不為愚。」遂罷。是後學者莫敢明受命放殺者。60

黃生所持冠履之語，根據《漢書．儒林傳》的顏師古〈注〉，見於《太公．六韜》，是道家著作。轅固所持的則是孟子的「暴君放伐論」，爲典型的儒家議論。兩者各執己見，互不相讓，這是王官學與百家言之間的嚴重爭議。最後由於涉及漢家天下是否合理取得的問題，促使景帝不能不出面阻止，以政治權威擱置此一學術的爭執，以免造成對漢朝統治正當性的質疑。同書另有一段記載，更具體呈現王官學與百家言之間的激烈分歧：

竇太后好《老子》書，召轅固生問《老子》書。固曰：「此是家人言耳。」太后怒曰：「安得司空城旦書乎？」乃使固入圈刺豕。景帝知太后怒而固直言無罪，乃假固利兵，

---

60 司馬遷：《史記》，卷 121，頁 3122-3123。

下圈刺豕，正中其心，一刺，豕應手而倒。太后默然，無以復罪，罷之。61

轅固所謂的「家人言」，事實上指的就是百家之言。諸子之學出自民間，與轅固所治的《詩》本爲王官之書自然不同。轅固鄙視《老子》，所以直稱之爲「家人言」。這由竇太后盛怒之下所說的「安得司空城旦書乎?」可以清楚比較出來。所謂「司空城旦」之事，見於秦始皇的〈焚書令〉中:「令下三十日不燒，黥爲城旦。」62所禁的即是《詩》、《書》。此處竇太后以「司空城旦書」描述《詩》、《書》，可見他對轅固這種傳統王官學者蔑視《老子》百家語之痛恨。假如用「勢如水火」來描述兩者之間的緊張關係，應該並不爲過。

西漢還有一位百家語的大師，那就是景、武之間的淮南王劉安。當漢武帝正逐步推動獨尊儒術的工作時，劉安卻獨行其是，「亦欲以行陰德拊循百姓，流名譽。招致賓客方術之士數千人，作爲《內書》二十一篇，《外書》甚眾，又有《中篇》八卷，延神仙黃白之術，亦二十餘萬言。」63他的著作眾多，今存《淮南子》一書。高誘《淮南子・敘目》說:「天下方術之士多往歸焉。於是遂與蘇飛、李尙、左吳、田由、雷被、毛被、伍被、晉昌等八人，及諸儒大

61 司馬遷:《史記》，卷121，頁3123。

62 司馬遷:《史記》，卷121，卷6，頁254，〈秦始皇本紀〉。

63 班固:《漢書》，卷44，頁2145，〈淮南衡山濟北王傳〉。

山、小山之徒，共講論道德，總統仁義，而著此書。其旨近《老子》，淡泊無爲，蹈虛守靜，出入經道。……故夫學者不論《淮南》，則不知大道之深也。是以先賢通儒述作之士，莫不援采以驗經傳。」[64]可見其學術宗旨即是道家。由於刻意與朝廷立異，最終以謀反被誅，盡捕其賓客。西漢百家之學，到此時也衰微殆盡。此下盡是經學天下。

東漢王充，當古學大盛之際，獨標異幟，成爲唯一公然向朝廷官學提出挑戰的學者。錢穆說：「自漢武置《五經》博士，利祿之徒，人所競趨。至於東漢，而經學遂臻全盛，然物極則反，事窮則變，於是有抱革新之思想，出其獨見，以與習俗時風相抗衡，而開思潮之新向者，則會稽王充其人也。」[65]王充批評世風學弊的主要作品有三，即：《譏俗節義》、《政務》及《論衡》。[66]其中最重要的是《論衡》這一部書。他說：「《論衡》者，所以詮輕重之言，立真僞之平，非苟調文飾辭，爲奇偉之觀也。其本皆起人間有非，故盡思極心，以譏世俗。」[67]又說：「《詩》三百，一言以蔽之，曰：『思無邪。』《論衡》篇以十數，亦一言也，曰：

---

64 漢・劉安撰・劉文典集解：《淮南鴻烈集解》（北京：中華書局，1989年），〈敘目〉頁3。

65 錢穆：《國學概論》，〈晚漢之新思潮〉，頁125。

66 漢・王充撰・黃暉校釋：《論衡校釋》（北京：中華書局，1990年），卷30，頁1192-1194，〈自紀篇〉。

67 王充撰・黃暉校釋：《論衡校釋》，卷29，頁1179，〈對作篇〉。

『疾虛妄。』」[68]大致而言，《論衡》對傳統的攻擊主要有下列幾種現象：其一，是天人相應陰陽災變之說；其二，是聖人先知與神同類之說；其三，尊古卑今之論；其四，是專經章句之學。[69]簡單說來，王充所批評的，就是西漢宣帝以後充斥整個學術界氾濫成災的章句之學，以及陰陽災異讖緯之學。這些都是經學成爲官學之後，激烈競爭之下，逐漸產生的流弊。在「疾虛妄」的態度下，王充批評權威，否定傳統，甚至於連孔、孟也未能倖免，《論衡》特立〈問孔〉、〈刺孟〉各篇，又多處引用黃老之義，頗有「退孔孟而進黃老」的氣概。這種學風，開漢人之先，對其後學影響甚大。漢末王符《潛夫論》，仲長統《昌言》，崔寔《政論》，劉劭《人物志》以及應劭的《風俗通義》，這些針貶時事的專著，多少都有王充的身影在內。[70]無怪乎錢穆要說王充具有「以今爭古」的學術地位了。

四、論漢代所謂「今古文」之爭

對於所謂「今古文」的定義，錢穆有他特別的詮釋，他說：

---

68 王充撰．黃暉校釋：《論衡校釋》，卷 20，頁 870，〈佚文篇〉。

69 錢穆：《國學概論》，〈晚漢之新思潮〉，頁 130-134。

70 錢穆：《國學概論》，〈晚漢之新思潮〉，頁 136-138。

第溯其源，考其實，則孔子之時，既未嘗有經，漢儒之經學，非即孔子之學也。若「今、古文」之別，則戰國以前，舊籍相傳，皆「古文」也。戰國以下，百家新興，皆「今文」也。秦一文字，焚《詩》、《書》，「古文」之傳幾絕。漢武之立《五經》博士，可以謂之「古文」書之復興，非真儒學之復興也．逮博士既立，經學得志，利祿之途，大起爭端。推言其本，則五經皆「古文」，由轉寫而為「今文」，其未經轉寫者，仍為「古文」。當時博士經生之爭「今、古文」者，其實則爭利祿，爭立官與置博士弟子，非真學術之爭也。故漢武以上，「古文」書派之復興也。漢武以下，「古文」書派之分裂也。而其機捩皆在於政治之權勢，在上者之意旨，不脫秦人政學合一之遺毒，非學術思想本身之進化。71

錢穆認為戰國以前的舊籍，就是「古文」，這即是他所說的王官之學；至於「今文」，指的就是戰國以來的百家語。秦焚《詩》、《書》，統一文字，創設博士官，博士官所代表的學術，即是當時六國相傳的家學。因此秦朝廷羅致了社會上諸子百家新興的學者，博士員額多達七十人，百家語也取代《詩》、《書》成為新的王官之學。原本「古代舊王官學之總匯在太史，而秦代新王官學之總匯在博士。《詩》、《書》六藝，是古代的舊王官學，而戰國新興諸子百家言，則成

71錢穆：《國學概論》，〈兩漢經生經今古文之爭〉，頁 80-81。

爲秦代的新王官學了。起先在秦代新王官學博士所掌中，也還有《詩》、《書》。但到焚書案起，便把新王官學中之《詩》、《書》一部份代表前王舊官學的博士們，都徹底澄清了。於是如伏生之類，也只有挾書逃隱之一途。」[72]此時「古文」之傳，可說有如遊絲。漢武帝所立的《五經》博士，代表的是《詩》、《書》六藝傳統，並非戰國時代諸子中的儒家，所以只能說是「古文」書之復興，不是戰國儒家的復興，這是錢穆所要釐清的。此時博士所掌雖爲《五經》，但文字已轉寫爲當代「今文」，不是原有的「古文」。就此而言，漢武帝設立《五經》博士，是漢代學術發展的一大關鍵時刻，此前是「古文」書派的復興，以下則是「古文」書派的分裂。

至於劉歆以下，由於百家之學事實上已經衰微，除了王充《論衡》一書還能站在百家言的立場對朝廷所立博士官學提出質疑以外，別無其他學術能與王官經學抗衡。所以從劉歆移書責讓太常博士開始，一直到桓、靈之間的爭議，晚清學者認爲是「今、古文」之爭，錢穆則認爲這只是「古文」書派內部的爭執，提出異議的學者其用意只是要求立官置博士，反對者基本上也只是在維護既得的利益，這種爲立官置博士的爭執，不能說是「今、古文」之爭。這因爲爭執的雙方所爭的，只在於文字之異本、篇章之多寡以及立官置博士這些事情上，就他們所謂的

72 錢穆：〈孔子與《春秋》〉，《兩漢經學今古文平議》，頁249-250。

「今、古文」而言，其實都是「今文」，並非「古文」。

基於上述理由，所以錢穆強調：前漢有「古文」之實，而未嘗有「今文」之名，後漢則有「古文」之名，而沒有「古文」之實。73因此他在〈兩漢博士家法考〉中，曾分別就《史記》所謂的「古文」，劉歆爭立古文經事件中的「古文」，以及東漢經學中所謂的「古文」，分別做了深入的討論：

（一）《史記》所謂的「古文」

《史記》書中提及「古文」之處，康有爲認爲都是劉歆所竄入。74王國維的〈《史記》所謂古文說〉一文，75則認爲《史記》所謂「古文」，基本上指的是先秦寫本舊書；漢武帝、昭帝以後，「古文」一名，逐漸成爲壁中書的專稱。對於這個問題，錢穆認爲：「《漢志》六藝與諸子分部，官學與家言對列，此乃古代學術大分野，其義已如上述，繼此而《史記》之所謂「古文」者，其際限亦可得而定。蓋《史記》之所謂「古文」，正指六藝，凡所以示異於

73 參看錢穆：《國學概論》，頁 101-114

74 康有爲：《新學僞經考》（北京：中華書局，1988 年），卷 2，頁 32-33，〈《史記》經說足證僞經考〉。

75 王國維：《觀堂集林》，《海寧王靜安先生遺書》（臺北：臺灣商務印書館，民國 68 年），冊 1，卷 7，總頁 295-300。

後起之家言也。」在檢討過〈五帝本紀贊〉、〈吳太伯世家〉、〈三代世表序〉、〈十二諸侯年表序〉、〈仲尼弟子列傳〉及〈儒林列傳〉等處出現的「古文」一詞之後，除了〈儒林列傳〉「孔氏有古文《尚書》，而安國以今文讀之，因以起其家」的「古文」專指古文字之外，其餘所謂「古文」，不是指《詩》、《書》六藝，即指出於孔子之書。76

(二) 劉歆爭立古文經事件中的「古文」

在檢討過劉歆〈讓太常博士書〉中三次提及的「古文」之後，錢穆指出：「歆力言三者之爲『古文』舊書，蓋明其與朝廷所立博士諸經同類，此歆爭立諸經之最大理由也。是知當時尚以《詩》、《書》六藝爲『古文』，取與百家後出書相異。其在諸經中，雖各分家法，師說分歧，章句錯出，然決無統目朝廷博士諸經爲『今文』者。若當時漢廷博士諸經，全如後世云云，目之爲『今文』，而劉歆爭立三書，顧曰其爲『古文』舊書皆有徵驗，豈不南轅而北轍哉?」基於這個理由，錢穆斷定「蓋當時博士經學本無今文、古文之爭，歆之爭立諸經，亦猶如石渠議奏時之爭立《穀梁春秋》，故成帝（樸案：當作哀帝。）曰：『歆亦欲廣道術也。』」

76 錢穆：〈兩漢博士家法考〉，《兩漢經學今古文平議》，頁 182-184。

[77]

（三）東漢經學中的所謂「古文」

對於東漢所謂的「古文」問題，錢穆首先依據《後漢書．范升列傳》所載范升上疏意見，[78]認為「據范升說，則當東漢初葉，諸經間亦僅有立官與不立官之分，仍未有所謂今文與古文之界劃也。」[79]又據《後漢書．賈逵列傳》賈逵條奏所云，[80]認為「賈逵亦明謂《公羊》之異《左》、《穀》，一如《歐陽尚書》之與大、小《夏侯》，施、孟《易》之與《梁丘》，立官有先後，經說有異同，當時並不指十四博士自成一系，謂之『今文』，其他諸經則為『古文』，如後世所云云也。」[81]其次，錢穆認為東漢學者許慎從學於賈逵，學尚兼通，所著《五經異義》，調和今、古而加以斟酌；所撰《說文解字》明引《歐陽尚書》、《韓詩》，不拘

---

77 錢穆：〈兩漢博士家法考〉，《兩漢經學今古文平議》，頁 207-209。

78 《後漢書．范升列傳》卷 36，頁 1228。范升上疏意見，已見前文所引。

79 錢穆：〈兩漢博士家法考〉，《兩漢經學今古文平議》，頁 210。

80 《後漢書．賈逵列傳》卷 36，頁 1237。賈逵云：「三代異物，損益隨時，故先帝博觀異家，各有所採。《易》有施、孟，復立梁丘，《尚書》歐陽，復有大、小夏侯，今三傳之異亦猶是也。」

81 錢穆：〈兩漢博士家法考〉，《兩漢經學今古文平議》，頁 182-184。

今、古。而《說文解字・敘》中提及「古文」之處者，有十次之多，皆指「文字」而言，無一涉及學派者。[82] 因之他說：「經學之分今、古，皆不指經籍與文字言。」[83]

錢穆雖認為東漢經學並無今文、古文之分，當時卻有今學、古學之辨，他強調，這纔是東漢經學的重點所在。在錢穆的想法中，東漢的今學、古學之辨，是西漢章句之學所導致的進一步發展。自西漢宣帝召開石渠閣經學會議之後，經說開始分家，出現章句之學，同時也興起師法、家法之名。[84]東漢今學的重大特徵即在於說經有章句。有章句即有師法、家法，當時所謂尊師法、修家法，其實即指遵守某家的章句。家法章句與利祿脫離不了關係，與博士之學更有密切的關連，試弟子必以家法。學者若不遵守家法，有所踰越，即使身為博士，也遭受排

82 錢穆：〈兩漢博士家法考〉，《兩漢經學今古文平議》，頁 230。錢穆在此也附帶駁斥了王國維〈《說文》所謂古文考〉（案：見《觀堂集林》卷 7，頁 302-305）中所說的《說文》「〈敘〉末云：『其稱《易孟氏》、《書孔氏》、《詩毛氏》、《禮周官》、《春秋左氏》、《論語》、《孝經》，皆古文也。此古文二字，乃以學派言之，而不以文字言之』」的說法。

83 錢穆：〈兩漢博士家法考〉，《兩漢經學今古文平議》，頁 229。

84 有關章句之學的出現，與家法之興起，請參看錢穆：〈兩漢博士家法考〉，《兩漢經學今古文平議》，頁 185-207。又林慶彰〈兩漢章句之學重探〉，也有相當清楚的討論，該文收在《中國經學史論文選集》（臺北：文史哲出版社，民國 81 年），頁 277-279，請一併參看。

斥，[85]可見當時今學學者對此是相當堅持的。相對於今學之嚴守章句家法，古學者則不守章句家法而尚兼通，如桓譚「博學多通，遍習《五經》，皆詁訓大義，不爲章句。能文章，尤好古學，數從劉歆、楊雄辯析疑異。」[86]即是一例。但所謂「古學」者，不是不治博士諸經，假若博士專守一經家法，如專治《京氏易》或《公羊春秋》，就是不折不扣的「今學」；如果兼通諸經，不專守一家之章句，所治的雖是博士諸經，其實已是「古學」。由此可知，「在當時，實並不以某經爲今文學，某經爲古文學也。特以專守一家章句，則爲『今學』；博通數經大義，則爲『古學』耳。」[87]所以錢穆說：「東京所謂古學者，其實乃西漢初期經師之遺風，其視宣帝以後，乃若有古、今之分，此僅在其治經之爲章句與訓詁，不謂其所治經文之有古、今也。」[88]

除此以外，今學與古學還有一個不同，那就是信讖不信讖之別。今學較務實，能隨時調整

85《後漢書》卷 79 下，頁 2581，〈儒林列傳．張玄傳〉載：「玄少習《顏氏春秋》，兼通數家法。…有難者，輒爲張數家之說，令擇從所安。諸儒皆伏其多通，著錄千餘人。…會《顏氏》博士缺，玄試策第一，拜爲博士。居數月，諸生上言：玄兼說《嚴氏》《冥氏》，不宜專爲《顏氏》博士。光武且令還署，未及遷而卒。」

86《後漢書》，卷 28 上，頁 955，〈桓譚列傳〉。

87 錢穆：〈兩漢博士家法考〉，《兩漢經學今古文平議》，頁 220。

88 錢穆：〈兩漢博士家法考〉，《兩漢經學今古文平議》，頁 213。

治學的方向，以因應政治環境的改變；古學比較堅守理想，不願隨波逐流，輕易更改學術的理想。光武帝劉秀以《赤伏符》即位稱帝，89故東漢諸帝，無不崇尚圖讖，今學經師也就無不言讖。古學諸學者則堅持信念，拒絕討論有關讖緯之事。見於《後漢書》中因反讖而得罪當朝皇帝的經學家，如桓譚、鄭興、張衡、尹敏及荀爽等人，全都是古學者，可見信讖不信讖就成爲今學與古學的又一區別了。90

經過上述的深入討論之後，錢穆肯定漢代並無所謂「經今古文學」問題，他說：「司馬遷言古文，統指《詩》、《書》六藝，此乃古代王官之學，所以別於戰國晚期之家言者。此至劉歆時猶然，此可謂之指學派言。至東漢則家言已微，六藝特盛，故東漢之所謂『古文』，則僅指文字，不僅無關學派，亦非指經本。經本之所特以『古文』稱者獨《尙書》耳。」所以他相當明確的做出他的結論：「漢人僅言『古學』，不言古文字。僅言『古文』，不言有『今文』。更無

---

89 范曄：《後漢書》，卷 1 上，頁 21-22，〈光武帝紀〉：「行至鄗，光武先在長安時同舍生彊華自關中奉〈赤伏符〉，曰『劉秀發兵捕不道，四夷雲集龍鬥野，四七之際火爲主。』群臣因復奏曰：『受命之符，人應爲大，萬里合信，不議同情，周之白魚，曷足比焉？今上無天子，海內淆亂，符瑞之應，昭然著聞，宜答天神，以塞群望。』光武於是命有私設壇場於鄗南千秋亭五成陌。六月己未，即皇帝位。」。

90 參看拙著《兩漢儒學研究》（臺北：國立臺灣大學文學院，《文史叢刊》之 48，民國 67 年），頁 41-43。

論有所謂『今文學』。後世強造新名，謂古人如此，寧有是理。」91

五、對錢穆說法的討論

錢穆有關漢代學術發展的主要看法，大致如此。以下，擬就個人研讀所得，做一個簡要粗略的說明。

第一、錢穆探討漢代儒學及經學問題的基本觀點是從史學出發，撇除學派及門戶之見，透過文獻的解讀，將討論對象的相關文獻逐一詮釋，試圖架構起漢代學術發展的真實面目。這個方式此前似乎還沒有人嘗試過，就學術研究而言，這是值得肯定的一個做法。

第二、在實際進行探討時，錢穆提出「王官學與百家言對峙」這一見解，在學術上是一個創見，也是一個突破。他以劉歆《七略》班固《漢書·藝文志》的分類爲基礎，區隔出〈六藝略〉、〈諸子略〉的差異，進而發展出「王官學」與「百家言」對立的兩種學風，這是相當令人佩服的卓見。這一見解的創立，前人的先導扮演了極爲重要的基礎，劉歆、班固而外，章學

91 錢穆：〈兩漢博士家法考〉，《兩漢經學今古文平議》，頁 229-230。

誠、龔自珍、康有爲、章炳麟及胡適等人，92都有相當的關係。其中影響最大的就是清代中期的章學誠。章氏撰著的《文史通義》與《校讎通義》，給予錢穆極大的啓示，他說：「章學誠《文史通義》所謂『六經皆史』之『史』字，並不指歷史言，而實指的官學言。古代政府掌管各衙門文件檔案者皆稱史，此所謂史者，實略當於後世之所謂吏。古代之六藝，即六經，皆掌於古代王室所特設之吏，故稱六藝爲王官學。而古代王官學中最主要者則應仍爲近如後代歷史之一類。故古代宗廟史官實爲職掌官學之總樞，而其他一切所謂史者，則似由史官之史而引申。」93又說：「章學誠，他的《文史通義》根據劉向、歆《七略》闡明了古代學術王官學

---

92 清・龔自珍的〈乙丙之際著議第六〉一文，論述王官學，輕視諸子百家，主張以吏爲師。錢穆認爲他的意見「抄襲依傍於章學誠」（《兩漢經學今古文平議》，頁 272-273）。龔氏原文收在《龔自珍全集》（上海：上海古籍出版社，1999 年），第 1 輯，頁 4。康有爲的《桂學答問》（北京：中華書局，1988 年）說：「孔子所以爲聖人，以其改制。……《春秋》所以宜獨尊，爲孔子改制之蹟在。……能通《春秋》之制，則六經之說莫不同條共貫，而孔子之大道可明矣。」（頁 30）。錢穆對他的評論是：「在康氏意想中，似乎六經全無歷史價值，都是孔子一人嚮壁所虛造。就古代學術分野言，康氏似乎只承認了戰國以下之所謂百家言，卻不再承認有百家言興起以前之傳統的王官學。就後代學術觀點言，康氏似乎是只看重了經學之大義而忽略了史學之實跡。」（《兩漢經學今古文平議》，頁 275。）至於胡適，他在民國 6 年所寫的〈諸子不出於王官論〉一文，首先力闢「九流出於王官」之說，對錢穆應有相當啓發。這由錢氏的《國學概論》在論述先秦諸子時，引用胡適此文（頁 31），即可得知。

93 錢穆：〈孔子與《春秋》〉，《兩漢經學今古文平議》，頁 247-248。

與百家言之大分野，這可算是清儒在考古上一大發現。」９４又說：「章氏的『六經皆史』論，好像說中了古代學術的大分野，其實章氏僅知有王官學而不知有百家言。若就後代學術觀念言，章氏僅懂得史學實事而不懂得經學之大義。」９５就這些言論而言，錢穆對章學誠的意見有褒有貶，但大致說來是肯定居多。由此可見，錢穆的「王官學與百家言」這一見解，明顯是受到章學誠啟發而發展出來的觀點。章氏以外，清末民初的章炳麟也是頗值得注意的一個學者，他不僅明白主張諸子出於王官，同時也可能是近代最早提出將王官與諸子對舉的學者，他曾說：「九流皆出王官。及其發舒，王官所不能與官人守要，而九流究宣其義，是以滋長。」９６又說：「老聃、仲尼而上，學皆在官；老聃、仲尼而下，學皆在家人。」９７他的意見曾影響錢穆，９８錢氏所倡「王官學與百家言對峙」之說的直接來源可能就是這位特立獨行的學

---

９４ 同上，頁 267。

９５ 錢穆：〈孔子與《春秋》〉，《兩漢經學今古文平議》，頁 271。

９６ 章炳麟：《國故論衡・原學》（臺北：廣文書局，民國 84 年），卷下，頁 147。

９７ 同上，卷中，頁 83，〈原經〉。

９８ 錢穆的較早期的著作《國學概論》一書，曾數次引述章炳麟著作，如論孔子與六經時，即曾引章氏《國故論衡・原經》、《檢論・春秋故言》（頁 10-11）；論先秦諸子時，曾引《檢論・訂孔》（頁 29-30）。在論最近期之學術思想時，更說：「章氏《國故論衡》下卷皆論諸子，而〈原名〉〈明見〉諸篇，尤精闢有創見。《檢論》卷二、卷三、卷四各篇，備論古今學術，皆有系統。《葑漢微言》上卷以唯識學《易》，《論語》《孟》《莊》，亦多深思。」

者。在他的基礎上，錢穆做了更進一步的闡發，建立起個人獨有的漢代學術發展觀點。

第三、以「王官學與百家言對峙」這種觀念詮釋漢代以前的學術發展，問題應該不大。錢穆更進一步應用這種發展觀來解釋漢代學術，甚而整個中國學術的發展，這種處理方式是否可行呢？這是讀者面對錢氏這些著作時，必然發生的疑問，恐怕也不容迴避。整個中國學術如何發展，這個問題不在本文討論的範圍內，姑且不論。這裡只談用這種觀點處理兩漢學術的發展，在文獻資料的解讀上是否圓融這個問題。大致而言，錢氏對文獻的詮釋與解讀都能確切掌握資料的原意，唯一值得討論的問題就是「古文」這個詞語，究竟應該怎麼解釋？「古文」一詞，在漢代涵義極爲豐富，大概來說，包含三個意義：(1)上古的文字，如甲骨文、金文、籀文，以及王國維所說的通行於六國的文字；(2)秦以前的文獻典籍，《詩》、《書》六藝當然包括在內；(3)「古文經」或「古文學」的簡稱。民初的王國維曾針對漢代的「古文」問題，撰寫了九篇論文，包括〈戰國時秦用籀文六國用古文說〉、〈《史記》所謂古文說〉、〈《漢書》所謂古文說〉、〈《說文》所謂古文說〉、〈《說文》所謂今敘篆文何以古籀說〉、〈漢時古文本諸經傳考〉、〈漢時古文諸經有轉寫本說〉、〈兩漢古文學家多小學家說〉以及〈蝌蚪文字說〉，原本題

可見錢穆對章氏著作甚下工夫，受其影響亦極自然。

爲《漢代古文考》，收在《學術叢編》中。其後收入《觀堂集林》時99，去掉總名。這九篇文章討論的對象，正好就是漢代「古文」的涵義問題。其中固然有與錢穆意見大致相同的，如認爲《史記》所謂「古文」指的就是先秦寫本舊書。但絕大部份都與錢穆意見不同，如王氏認爲《漢書・藝文志》所謂的「古文」乃指學派而言，用意在與今學相別，從而肯定漢代確有今文、古文學派對立之事實。錢穆在撰述〈兩漢博士家法考〉一文，以破除晚清學者所謂「今、古文學之爭」時，雖有部份涉及，100卻未能逐一予以因應破解，以釋後學之疑，的確相當

99今收在王國維：《觀堂集林》，冊 1，卷 7，總頁 293-327。今案：王國維的這九篇論文，主題集中在漢代「古文」問題上，以撰作時間而論，明顯是有所爲而言，其針對的對象應即是康有爲的《新學僞經考》。其後刻意刪去總題《漢代古文考》，遂使原意晦而不彰。

100錢穆〈兩漢博士家法考〉一文，卷首頁 1 即說：「海寧王氏《觀堂集林》卷七諸篇，分析今文、古文甚精密矣，然於漢代師說家法之淵源流變，尙未有透宗之見。其爲〈漢魏博士考〉， 摭甚詳，而發明殊鮮。」足見此篇之作，頗有針對王氏之意，但翻閱所及，文中雖有一、二評王國維說法不妥處，如王氏〈《漢書》所謂古文說〉謂《漢書・地理志》之「古文」爲學派之名，錢氏駁之（《兩漢經學今古文平議》頁 223-224）；又王國維〈《說文》所謂古文考〉謂「〈說文敘〉言古文者凡十處，其中九處皆指漢時所存先秦文字，惟〈敘〉末『其稱《易孟氏》、《書孔氏》、《詩毛氏》、《禮周官》、《春秋左氏》、《論語》、《孝經》皆古文也』，此『古文』二字乃以學派言之，而不以文字言之。」錢氏亦駁之（《兩漢經學今古文平議》，頁 230-231）。其他則未見批駁。

可惜。[101]

六、結語

討論漢代學術或是漢代經學時，不可避免的，都會涉及到「兩漢今古文之爭」這個問題。長期以來，大家都認爲這是漢代學術的事實，已經是常識，不必懷疑，也沒有必要去懷疑。但事實是否真的如此？沒有人懷疑，是否就一定是事實？這其實是相當值得思考的事。

錢穆早在民國十五年撰述《國學概論》一書的時候，就已懷疑兩漢是否確有壁壘分明的今文、古文學派相爭的事實。經過三十多年的思考與討論，先後撰著了四篇相當有份量的論文，民國四十七年結集出版時，在《兩漢經學今古文平議》這部書的〈自序〉中，他清楚的說明：兩漢經學史上，並沒有今古文之爭這個問題。百餘年來學術界普遍討論的這個學術問題，其實

101 近人黃彰健所撰《經今古文學問題新論》（臺北：中央研究院歷史語言研究所，民國 71 年）一書中，就有數處對錢穆的「古文」說法提出質疑，如該書頁 75，〈論漢哀帝時劉歆之建議立古文經學〉條，即謂《史記》與劉歆〈讓太常博士書〉中之「古文」，是指「用古代文字寫的書籍」，反對錢穆釋「古文」爲《詩》、《書》六藝之說。又如該書頁 210，〈班固與古文經學〉條，論《漢書．地理志》中之「古文」，亦從王國維〈《漢書》所謂古文說〉之說法，以「古文」爲學派，不同意錢穆釋爲《尚書》之說法。欲知其詳，請參閱該書。

是晚清以來今文經學者因門戶之見所造成的錯誤印象。在討論這個問題的同時，基於「史以求實」的態度，錢穆同時提出了對漢代學術發展的一個解釋，這就是「王官學與百家言對峙」這個觀點。他認為學術本身是持續發展的，透過文獻的解讀，可以確定在漢代學者劉歆、班固等人的分類中，先秦學術的確有代表傳統的王官之學與出自戰國以來社會新興階層的百家言之間的學術競爭現象存在。肯定此一狀態是事實之後，錢穆將這種學術競爭觀念應用在中國學術發展的解釋上，對漢代學術發展的處理，就是其中最明顯的一個例子。

依照錢穆的討論，漢代沒有「經今、古文學之爭」這種現象。他在處理這個問題上用了極大工夫，一方面破除劉歆不可能遍僞群經，《左傳》《周禮》都是先秦已有的舊籍；另一方面，他逐一檢討了漢代學術發展的過程，用以證明漢代的確不存在所謂今文、古文學之爭。這個討論過程相當嚴謹，應該予以肯定。

就在論述今、古文問題的這些論文中，錢氏同時也討論了「王官學」與「百家言」之間的爭執問題。從而我們可以得知：漢武帝設立《五經》博士之前，「王官學與百家言對峙」這一現象是存在的。《五經》博士制度建立之後，學術界已經沒有強大的在野百家言可以與之抗衡，學術的發展幾乎完全由經學所主導。在爭取設立學官與利祿競逐的強大誘因下，經學界本身分裂為二，其一是朝廷立為學官的博士，另一則是爭取立為博士的經師。自漢武帝時起，學術界的爭議接連不斷，幾乎都是經學內部的紛爭，有《公羊》、《穀梁》之爭，有《公羊》、《左氏》之爭，爭執的重點集中在《春秋》這部書上。何以如此？錢穆認為原因在於漢代《春秋》學的主流是《公羊》家，西漢《公羊》家的精神貫穿整個漢代，無論是不是《公羊》學者，都接受孔子為素王並為漢制法這一觀點，《春秋》自然成為關注的對象。他說：「所謂西漢《公羊學》精神，應該包括兩要點，一是戰國新興百家言精神，二是古代相傳王官學精神。而把此兩要點連結起，尊奉一家言，把來懸為王官學，這樣便成了孔子《春秋》謂新王創制立法的《公羊》學。而孔子刪《詩》、《書》，訂禮樂，贊《周易》這許多話，也不過想把一切古經籍都歸併到孔子一家言的系統下，來益發增高其地位。」102這些話雖屬概括，不可否認有其可靠性。

通讀錢穆相關著作後，可以看出，錢氏從寫作《國學概論》時代起，即已建立「王官學與百家言對峙」這一個學術發展的看法。可惜由於大部分心力集中在破除「經今古文學之爭」這一個焦點問題上，未能在證成並開展「王官學與百家言對峙」這個更具創見的論題上多所著力，並進而完成這個解釋理論，留下許多待解的疑點。就錢穆本人的學術史研究而言，這的確是相當可惜的一件憾事。

102 錢穆：〈孔子與《春秋》〉，《兩漢經學今古文平議》，頁259。

（原載《紀念錢穆先生逝世十週年國際學術研討會論文集》，頁 45-80，國立臺灣大學中國文學系編印，2001 年 1 月）

變與不變——王守仁與湛若水的交往與論學[1]

一、前言

王守仁（陽明，1472-1528）與湛若水（甘泉，1466-1560）同爲明代中期的大儒，彼此交往甚歡，學術走向也大致相同，雖皆以倡明周敦頤（濂溪）、程顥（明道）的學術爲己任，但在爲學修養上，仍不免存在若干差異。因而從雙方認識開始，彼此切磋琢磨時，經常有程度不同的辯論，透過長期的論辯，雙方對彼此學術觀點的異同，都有相當程度的理解，有時也適度修正自己的論點。雖說兩人都有學以求同的傾向，但並不因此而放棄自己的基本觀點。各有堅持的結果，使得明代中期學術呈現王、湛之學雙峰並峙的局面，也使得心學逐步取代流傳已久

1 本文爲 2012 年 10 月，由中國社會科學院歷史研究所、餘姚國際陽明學研究中心合辦之「第二屆陽明學國際研討會」宣讀論文，經修改後正式發表。本書所收爲修訂稿。

的程朱理學，開創出明代學術的新氣象。

本文之作，用意不在全面比較王、湛二人學術的異同，重點放在觀察二人多年的交往中，本於學以求是的認知，彼此如何砥礪互勉，敦促雙方論點的深入與思想的圓融，進而使得二人各自成就一家之學。在長期的論學過程中，王、湛兩人異常珍惜得來不易的友誼，不使學術的爭論影響到彼此之間的持續交往，因而維持了二十多年不變的交情，成爲學術史上難得的諍友。

二、王守仁與湛若水的交往

王守仁與湛若水的交往開始於明孝宗弘治十八年（1505）乙丑，這一年守仁三十四歲，若水四十歲，二人同在京師。[2]當時守仁任兵部武選清吏司主事，湛若水爲翰林院庶吉士。《王

---

2 王守仁、湛若水訂交的時間有二說：黃綰〈陽明先生行狀〉、錢德洪編《王陽明先生年譜》作明孝宗弘治十八年（1505）乙丑，而湛若水〈贈別應元忠吉士敘〉、〈奠王陽明先生文〉、〈陽明先生墓誌銘〉、〈潮州宗山精舍陽明王先生中離薛子配祠堂記〉則作「歲在丙寅」，即明武宗正德元年丙寅（1506）。黎業明《湛若水年譜》（上海：上海世紀出版股份有限公司/上海古籍出版社，2009 年）以湛若水爲當事人，多次言及訂交之事均云在「正德丙寅」，故採用湛說。但王、湛訂交之事，黃綰與王守仁既爲師弟又兼姻親，關係極爲密切，所記亦當可信；而湛若水正

陽明先生年譜》載：「是年先生門人始進。學者溺於詞章記誦，不復知有身心之學。先生首倡言之，使人先立必為聖人之志。聞者漸覺興起，有願執贄及門者，至是專志授徒講學。然師友之道久廢，咸目以為立異好名，惟甘泉湛先生若水時為翰林庶吉士，一見定交，共以倡明聖學為事。」[3]湛若水〈奠王陽明先生文〉亦云：「嗟惟往昔，歲在丙寅。與兄邂逅，會意交神。同驅大道，期以終身。渾然一體，程稱識仁。我則是崇，兄亦謂然。」[4]兩人能一見如故，[5]共同以倡明聖學為事的主要原因，可能是所學路數相近，加以雙方志趣相合，重視立志，熱心

德十六年（1521）撰〈答陽明王都憲論格物〉云：「僕獲交於於兄十有七年矣」，所云正與弘治十八年（1505）乙丑時間相符；再則湛若水於弘治十八年春天中進士，其後選為翰林院庶吉士，而王守仁於次年（正德元年丙寅，1506）二月即因上封事觸怒宦官劉瑾，下詔獄，貶謫貴州龍場驛丞。王、湛若遲至正德元年丙寅始相識，幾乎沒有足夠時間相交往，進而發展出深厚友誼。相較之下，黃綰〈陽明先生行狀〉說似較合情理，今從之。

3 吳光等：《王陽明全集》（上海：上海古籍出版社，1992年），卷33，〈年譜一〉，頁1226。

4 明．湛若水：《湛甘泉先生文集》（臺南：莊嚴文化事業公司，1997年，《四庫全書存目叢書》影印山西大學圖書館藏清康熙二十年黃楷刻本），卷30，頁219-220。又：《王陽明全集新編本》（杭州：浙江出版聯合集團/浙江古籍出版社，2010年），頁2028。

5 明羅洪先：〈湛甘泉先生墓表〉云：「會陽明先生於金台，論學者須先識仁，仁者渾然與天地萬物為一體。陽明先生嘆曰：『予求友於天下，三十年來未見此人。』」，《湛甘泉先生文集》，卷32，頁242-245。

講學，都以發揚道學爲己任，也都有學爲聖人、優入聖域的遠大抱負。6從初識訂交開始，一直到世宗嘉靖七年戊子（1528），王守仁在江西南安因病逝世，這段友情維持了二十三年之久，雖然各自標舉宗旨有所出入，但雙方切磋琢磨，信函往來，不因學術上的歧異而彼此誤解，始終維持互信互諒的情誼。

明武宗正德元年丙寅（1506），二月，守仁上封事救戴銑、薄彥徽等，觸怒劉瑾，下詔獄，尋謫龍場驛丞。7次年閏正月，守仁離開京師之前，湛若水特地寫了九首詩爲其送別，在〈九章贈別並序〉中，他說：

> 九章，贈陽明山人王伯安也。山人為王道之學，不偶於時，以言見譴，故首之以「窈窕」；窈窕比也，然而譴矣，終不忘乎愛君，故次之以「遲遲」；譴而去也，其友惜之，故次之以「黃鳥」；惜之非但已也，爰有心期，故次之以「北風」；道路所經，不無弔古

---

6 明．王守仁的〈教條示龍場諸生〉即以「立志、勤學、改過、責善」四事爲治學目標，其〈寄張世文〉亦說：「區區於友朋中，每以立志爲說。亦知往往有厭其煩者，然卒不能舍是而別有所先。誠以學不立志，如植木無根，生意將無從發端矣。自古及今，有志而無成者有之，未有無志而能有成者也。」（《王陽明全集》，卷 27，〈續編二〉，頁 1002）而湛若水在翰林院時，也先後作〈學說〉、〈責志論〉及〈學顏子之所學論〉等文，足見兩人治學方向相同，均不同於當時追求功名利祿的習氣。

7《王陽明全集》，卷 33，頁 1227，〈年譜一〉。

之懷，故次之以「行行」；行必有贈與處，故次之以「我有」；贈非空言也，必本乎道義，故次之以「皇天」；皇天明無為也，無為則虛明自生，無朋從之思而道義出矣，故次之以「窮索」；窮索非窮索也，無思而無不思也。無為立矣，虛明生矣，道義出矣，然後能與天地為一體，宇宙為一家。感而通之，將無間乎離合，雖哀而不傷也，故次之以「天地」終焉。於呼！山人將索我於形骸之外者，言語焉乎哉？丁亥閏正月朔日。

其中的七、八、九三首，充分表明了以道相許的殷殷心境：

皇天常無私，日月常盈虧。聖人常無為，萬物常往來。何名為無為，自然無安排。勿忘與勿助，此中有天機。（其七）

窮索不窮索，窮索終役役。若惟不窮索，是物為我隔。大明無遺照，虛室亦生白。至哉虛明體，君子成諸默。（其八）

天地我一體，宇宙本同家。與君心已通，離別何怨嗟。浮雲去不停，遊子路轉賒。願言崇明德，浩浩同無涯。（其九）8

對於好友的贈詩九章，王守仁則報之以答詩八首，除了感激湛若水「期我濂洛間」的期許之

8 湛若水：《湛甘泉先生文集》，卷 30，頁 163-164，〈九章贈別並序〉。

外，也對若水「勿忘與無助，此中有天機」的見解，表達了自己的看法，他說：

> 器道不可離，二之即非性。孔聖欲無言，下學從泛應。君子勤小物，蘊蓄乃成行。我誦〈窮索〉篇，於子既聞命；如何圜中士，空谷以為靜？（其五）
>
> 靜虛非虛寂，中有未發中。中有亦何有？無之即成空。無欲見真體，忘助皆非功。至哉玄化機，非子孰與窮！（其六）
>
> 憶與美人別，贈我青琅函。受之不敢發，焚香始開緘；諷誦意彌遠，期我濂洛間。道遠恐莫致，庶幾終不懈。（其七）[9]

可見此時王守仁對湛若水這位學術上的諍友，始終抱持堅定不渝的支持態度，更特別的是再三囑咐徐愛、蔡宗兗、朱節等三位同舉鄉貢的學生，在進京應試時，務必要去拜訪這位同道好友：「增城湛原明宦於京師，吾之同道友也，三子往見焉，猶吾見也矣。」[10]可見他對這位朋友的是何等的推崇與欽佩了。

除了答詩〈八詠〉之外，王守仁正德丁卯年赴謫貴陽龍場驛所作的〈赴謫詩五十五首〉

---

9 王守仁：《王陽明全集》卷 19，《外集一》，頁 677-679，〈陽明子之南也其友湛元明歌九章以贈崔子鍾和之以五詩於是陽明子作八詠以答之〉。

10 王守仁：《王陽明全集》卷 7，頁 1227-28，〈文錄四．別三子序〉。

中，另有〈南遊三首〉、〈夢與抑之昆季語湛崔皆在焉覺而有感因記以詩三首〉、〈夜泊江思湖憶元明〉11，也都是思念湛若水之作。

武宗正德五年（1510）庚午，王守仁結束了三年的貶謫生涯，陞爲江西廬陵縣知縣。三月至廬陵，在縣七個月，冬十一月即奉命返京入覲。12

這次入京，王守仁不僅認識了黃綰，並介紹黃綰與湛甘泉認識，三人意氣相投，更訂下了終身共學的約定。13同年十二月，守仁陞任南京刑部四川清吏司主事，爲了有更多相聚論學的機會，湛若水與黃綰請求時任冢宰的楊一清設法調整他的職務，讓守仁有機會留在京師聚

---

11 均見《王陽明全集》卷19，《外集一》。

12 《王陽明全集》卷33，頁1231，〈年譜一〉。

13 《湛若水年譜》：「正德五年十一月，陽明先生入京，與先生比鄰而居。時黃久庵先生（綰）亦在京，三人遂相與訂終身共學之盟。」（頁41）黃綰：〈陽明先生行狀〉云：「是歲冬，以朝覲入京，調南京刑部主事，館於大興隆寺。予時爲後軍主事，少嘗有志聖學，求之紫陽、濂、洛、象山之書，日事靜坐；雖與公有通家之舊，實未嘗深知其學。執友柴墟儲（巏）與予書曰：『近日士大夫如王君伯安，趨向正，造詣深，不專文字之學，足下肯出與之游，麗澤之益，未必不多。』予因而慕公，即夕趨見。適湛公共坐室中，公出與語，喜曰：『此學久絕，子何所聞而遽至此也？』予曰：『雖粗有志，實未用功。』公曰：『人惟患無志，不患無功。』即問：『曾識湛原明否？來日請會，以訂我三人終身共學之盟。』明日，公令人邀予至公館中，會湛公，共拜而盟。」《王陽明全集》，卷38，頁1409，〈世德紀〉。

會。次年正月，守仁改調吏部驗封清吏司主事，三人又能共聚一堂，時相討論。正德六年（1511）九月，朝廷任命湛若水往封安南國王，迄至七年二月七日，湛氏正式啓程離京赴安南爲止，雖然中間有所周折，但王、湛二人終能「比鄰而居」，退朝之後，飲食與共，相論心性之學，切磋討論，[14]前後達一年又三月之久，這是二人相知相識二十三年中，共處最久的一段時光。這段相處經歷，不僅使二人交情更爲深厚，雙方也對彼此學術上的論點，有了更深入的了解。就在湛若水接獲朝廷出使安南的消息之後不久，王守仁感觸至深，「先生懼聖學難明而易惑，人生別易而會難也，乃爲文以贈」，因而寫出〈別湛甘泉序〉一文，文中明言：

> 某幼不問學，陷溺於邪僻者二十年，而始究心於老、釋。賴天之靈，因有所覺，始乃沿周、程之說求之，而若有得焉，顧一二同志之外，莫予翼也，岌岌乎仆而後興。晚得友於甘泉湛子，而後吾之志益堅，毅然若不可遏，則予之資於甘泉多矣。甘泉之學，務求自得者也。世未之能知其知者，且疑其為禪。誠禪也，吾猶未得而見，而況其所志卓爾

---

14 湛若水：《湛甘泉先生文集》，卷30，頁219-220，〈奠王陽明先生文〉：「聚首長安，辛壬之春。兄復吏曹，於我卜鄰。自公退食，坐膳相以。存養心神，剖析疑義。我云聖學，體認天理。天理問何？曰廓然爾。兄時心領，不曰非是。言聖枝葉，老聃釋氏。予曰同枝，必一根柢，同根得枝，伊尹夷惠。佛於我孔，根株咸二。又《王陽明全集新編》，卷51，頁2028-2029，〈附錄一〉。

若此。則如甘泉者，非聖人之徒歟！多言又烏足病也！夫多言不足以病甘泉，與甘泉之不為多言病也，吾信之。吾與甘泉友，意之所在，不言而會；論之所及，不約而同；期於斯道，斃而後已者。今日之別，吾容無言。夫惟聖人之學難明而易惑，習俗之降愈下而益不可回，任重道遠，雖已無俟於言，顧復於吾心，若有不容已也。則甘泉亦豈以予言為綴乎?[15]

他坦承通過與湛守仁的交往，自己終於堅定了歸向周、程聖人之學的決心，若水的「自得之學」不僅不是世俗懷疑的異端「禪學」，而若水本人更是典型的聖人之徒。他更強調自己與若水是相知摯友，兩人「意之所在，不言而會；論之所及，不約而同」，共同願意爲聖人之學獻身，至死方已。這段文字言簡意賅，是守仁對好友的真心告白，也具體表明了二人對儒家聖人之學的一心嚮往與追求，在明代學術的發展上，有著不容忽視的意義。

京師分別之後，王、湛二人雖有正德九年（1514）的滁陽之會，正德十年（1515）的南京

15 王守仁：《王陽明全集》卷 7，〈文錄四〉，頁 230，〈別湛甘泉序〉。按：標題下原注「壬申」，即武宗正德七年（1512），然《陽明年譜》繫於正德六年辛未（1511）十月，黎業明《湛若水年譜》（頁 44）據《增城沙堤湛氏族譜》卷 27 所錄此序，文末標注「正德辛〔未〕九月晦日拜手書」，定爲辛未，即正德六年作，今從之。次年（正德七年，1512）二月，湛若水離開北京赴安南時，王守仁又寫了〈別湛甘泉二首〉以贈別，詩中充滿離情別愁，文繁不錄，請參《王陽明全集》，卷 20，〈外集二〉，頁 724，〈京師詩二十四首〉。

龍江關之會16與嘉靖元年壬午（1522）的西樵之會，由於三次見面或者時間短暫（滁陽之會），或者弔喪（後二者），所談亦都爲學術異同問題，再也沒有昔日「比鄰而居」朝夕與共、把臂言歡的機會。雖然如此，兩人依然維持著魚雁往返，互通音信、相互關心，彼此時刻提醒的良好關係。目前可得而見的資料中，這一段時間裡，王守仁致湛若水的書信有：〈答甘泉己

---

16 日本學者志賀一朗謂湛若水赴安南三年，正德十年（1515）五十歲那年，因母喪返回廣東增城，歸途與王守仁會於江西龍江，因而有二人之間的「格物」討論，當時守仁弟子陳九川在場聽聞。見志賀所著《湛甘泉之研究》（東京都：風間書房，昭和 55 年，1980）（〈研究編〉頁 241）及《湛甘泉與王陽明之關係》（東京都：風間書房，昭和 60 年，1985）（頁 72）。謹按：據黎業明《湛若水年譜》（頁 48）所引湛若水〈交南賦序〉云：「予奉命往封安南國王（目周）。正德七年（1512）二月七日出京，明年（八年，1513）正月十七日始達其國，睹民物風俗，黠陋無足異者，怪往時相傳過實，託三神參訂，而卒歸之於常，作〈交南賦〉。」（《甘泉先生文集》，嘉靖本，內編，卷 24，頁 22-31）又〈龍州修復觀音堂記〉云：「正德癸酉（八年，1513）二月，適予奉使安南還，過龍州，其守相以牧民之意，來請予記之。」（《甘泉先生文集》，嘉靖本，內編，卷 13，頁 8-9）則若水當以正德七年二月離京出使，八年一月十七日抵安南，二月即啓程返國，便道並奉母入京，使安南並無三年之久。再則正德十年乙亥（1515），正月三十日湛母在京病卒，二月若水即丁憂扶柩南還，此時守仁爲南京鴻臚寺卿，人在南京（據〈陽明年譜〉，守仁九年四月陞南京鴻臚寺卿，迄十一年九月陞都察院左僉都御史前，皆在南京任職，見是書頁 1236-1238），逆弔於南京龍江關，因而有辯論「格物」之事。而湛若水〈奠王陽明先生文〉云：「分手南北，我還京圻。遭母大故，扶柩南歸。迓弔金陵，我戚兄悲。」（《湛甘泉先生文集》，卷 30，頁 219-220）（新編本《王陽明全集》，卷 51，〈附錄一〉，頁 2028-2029）明謂「金陵」，則此龍江應爲南京龍江關而非江西龍江。志賀說疑誤。

卯〉、〈答甘泉庚辰〉、〈答甘泉辛巳〉、〈答甘泉丙戌〉[17]、〈與湛甘泉書一〉、〈與湛甘泉書二〉[18]，另有〈贈翰林院編修湛公墓表〉、〈湛賢母陳太孺人墓碑〉[19]及〈題甘泉居〉、〈書泉翁壁〉二詩[20]。而湛若水致王守仁的則有：〈與陽明鴻臚〉[21]、〈與王陽明先生鴻臚〉[22]、〈寄陽明王先生〉[23]、〈寄陽明〉[24]、〈答王陽明書〉[25]、〈寄陽明都憲〉[26]、〈寄王陽明都憲〉（若水頓首啓）[27]、〈寄王陽明都憲〉（十月初及郭總戎行）[28]、〈答陽明都憲〉[29]、

---

17 以上見《王陽明全集》〈文錄〉。

18 以上見（新編本）《王陽明全集》（杭州：浙江出版聯合集團/浙江古籍出版社，2011），卷 45，〈補錄七〉，頁 1833-34。

19 〈贈翰林院編修湛公墓表（壬申）〉見（《王陽明全集》，卷 25，〈外集七〉，頁 939-940；〈湛賢母陳太孺人墓碑（甲戌）〉見同書卷 25，〈外集七〉，頁 942。

20 《王陽明全集》卷 20，〈外集二〉，頁 799。

21 《湛甘泉先生文集》，卷 7，頁 560。

22 《甘泉先生文集》，嘉靖本，外編，卷 7，頁 2。轉引自《湛若水年譜》，頁 52。

23 《甘泉先生文集》，嘉靖本，外編，卷 7，頁 3。轉引自《湛若水年譜》，頁 52。

24 《湛甘泉先生文集》，卷 7，頁 561。

25 《甘泉先生文集》，嘉靖本，外編，卷 7，頁 7-8。轉引自《湛若水年譜》，頁 57。

26 《甘泉先生文集》，嘉靖本，外編，卷 7，頁 8。轉引自《湛若水年譜》，頁 61。

27 《甘泉先生文集》，嘉靖本，外編，卷 7，頁 9-10。轉引自《湛若水年譜》，頁 61。

《答王陽明》[30]、〈答陽明〉[31]、〈答陽明王都憲論格物〉[32]，另有王守仁〈平寇錄序〉[33]。這些殘存的資料中，湛若水致王守仁的書信遠多於王守仁致湛若水，原因何在?難以確知。除了可能是錢德洪、王畿、羅洪先等人在整理守仁著作時過於謹慎，刪除了過多守仁與人來往的書信之外，另一可能的原因是，王守仁始終珍惜這段友誼，覺得通過文字進行學術討論，「書不盡言」，很難表達得清楚完整，稍一不慎，極有可能造成雙方不必要的誤解，在〈答方叔賢〉（己卯）信中，他曾明言：

> 古人之學，切實為己，不徒事於講說。書札往來，終不若面語之能盡，且易使人溺情於文辭，崇浮氣而長勝心。求其說之無病，而不知其心病之已多矣。此近世之通患，賢知

28《甘泉先生文集》，嘉靖本，外編，卷7，頁11。轉引自《湛若水年譜》，頁62。

29《湛甘泉先生文集》，卷7，頁565。

30《湛甘泉先生文集》，卷7，頁568-569，題作〈答陽明〉。《甘泉先生文集》，嘉靖本，內編，卷17，頁4-5，則作〈答陽明〉。《湛若水年譜》，頁67-68。

31《湛甘泉先生文集》，卷7，頁567。

32《湛甘泉先生文集》，卷7，頁571。

33《湛甘泉先生文集》，卷17，頁726。（新編本）《王陽明全集》，卷53，〈附錄三〉，頁2226。

> 者不免焉，不可以不察也。[34]

陽明的學生錢德洪亦曾說：

> 先師在越，甘泉官留都，移書辨正良知天理同異。先師不答，曰：「此須合併數月，無意中因事指發，必有沛然融釋處耳。若恃筆札，徒起爭端。」[35]

守仁致湛若水的論學書信不多，原因可能在此。上述這些書信雖以論學爲主，但在嚴肅的討論文字中，彼此仍不時流露出對摯友的關心與期盼，可知兩人的交情並不因時空的隔閡而漸趨淡泊，反而因學術意見的交換而顯現出「善與人同」的真心關切，歷久而彌新，恆久而不變。這由世宗嘉靖七年（1528）守仁五十七歲以抱病之身奉命經略兩廣，道經廣東增城，祀增城先廟，過若水舊廬，所留下的最後二首詩，就清楚的表現出來：〈題甘泉居〉

> 我聞甘泉居，近連菊坡麓。十年勞夢思，今來快心目。徘徊欲移家，山南尚堪屋。渴飲甘泉泉，饑餐菊坡菊。行看羅浮雲，此心聊復足。

34《王陽明全集》，卷4，頁174，〈文錄一〉。

35 明．錢德洪：〈會語〉，見清．黃宗羲等：《明儒學案．浙江王門學案一》，《黃宗羲全集》（杭州：浙江古籍出版社，1992）冊7，卷11，頁259-260。

〈書泉翁壁〉

我祖死國事，肇禋在增城。荒祠幸新復，適來奉初蒸。亦有兄弟好，念言思一尋。蒼蒼蒹葭色，宛隔環瀛深。入門散圖史，想見抱膝吟。賢郎敬父執，童僕意相親。病軀不遑宿，留詩慰殷勤。落落千百載，人生幾知音。道通著形跡，期無負初心。36

相同於守仁，事隔多年之後，湛若水提起這段珍貴的友誼時，也情不自禁地說：

吾與陽明，斯文共起，有如兄弟，異姓同氣。天理良知，良知天理，相用則同，二之則異。37

可見學術宗旨儘管有所出入，彼此也各自堅持個人的觀點。雖門下弟子之間互分浙宗、廣宗，紛紛擾嚷無已，38但二人的深厚情誼卻始終如一，不因外界影響而有任何變化，陽明所謂「落落千百載，人生幾知音。道通著形跡，期無負初心。」應即是最好的寫照。

---

36 二詩並見《王陽明全集》卷 20，〈外集二〉，頁 798。

37 湛若水：《湛甘泉先生文集》，卷 30，頁 222-223，〈奠歐陽南野文〉，嘉靖三十三年八月。

38 《增城沙堤湛氏族譜》，卷 26，頁 12-19，〈文簡公傳〉：「時號陽明之派曰浙宗，甘泉之派曰廣宗，學者遂分王、湛之學。」轉引自《湛若水年譜》。

三、王、湛二人的論學

在認識湛若水以前，王守仁本人的思想曾有數次變化，「初溺於任俠之習；再溺於騎射之習；三溺於辭章之習；四溺於佛氏之習。正德丙寅，始歸正于聖賢之學。」「一宗程氏『仁者渾然與物同體』之旨」。39此時二人同以周敦頤、程顥的聖人之學爲歸宿，思想上尚未有明顯的差異，這由湛若水〈奠王陽明先生文〉所說的「聚首長安，辛壬之春。兄復吏曹，於我卜鄰。自公退食，坐膳相以。存養心神，剖析疑義。我云聖學，體認天理。天理問何？曰廓然爾。兄時心領，不曰非是。」40可以得到印證。由於此時湛若水已揭櫫「隨處體認天理」爲學術宗旨，41「勿忘勿助」正是他大力標榜的修養工夫。王守仁此時則尚未建立明確的爲學

---

39 湛若水：〈陽明先生墓誌銘〉，見《王陽明全集》，卷 38，〈世德紀〉，頁 1401-06。

40 湛若水：《湛甘泉先生文集》，卷 30，頁 219-220，〈奠王陽明先生文〉。

41 《湛若水年譜》「弘治十年丁巳，冬十月一日條（頁 15）引湛若水〈上白沙先生書啓〉云：「門生湛雨頓首百拜尊師白沙老先生函杖執事：自初拜門下，親領尊訓，而發之已無在無不在之要。歸而求之，以是持循，久未有落著處。一旦忽然若有聞悟，感程子之言：『吾學雖有所受，天理二字卻是自家體認出來』，李延平云：『默坐澄心，體認天理』。愚謂『天理』二字，千聖千賢大頭腦處，堯舜以來至於孔孟，說『中』、說『極』、說『仁義理智』，千言萬語，都已該括在內。若能隨處體認，真見得，則日用間參前倚衡，無非此體，在人涵養以有之於己耳，云云。…」（《甘泉先生文集》，嘉靖本，內編，卷 17，頁 28-29）足見早在此時，湛若水即已建立「隨處體認天理」

宗旨，因此也並未反對他的看法。

明武宗正德三年（1508）的龍場之悟，是王守仁思想轉變的關鍵時刻，徹底改變了他的學術態度，從此完全拋棄了求理於外的陳說，專以「格物致知」爲論學重點。42正德五年（1510）十一月，王守仁由江西回返北京，與湛若水、黃綰等人朝夕相處，相定共學之盟，問學論政，相處甚歡。正德六年（1511）九月，湛若水接獲出使安南的朝命，王守仁特撰〈別湛甘泉序〉，爲若水送行，自述爲學「資之於甘泉多矣」，內容著重在彼此的交誼，以及兩人相知相惜，共期以聖人之學爲終身職志，尚未出現分歧。及至湛若水從安南使還後，情勢開始有所轉變，最明顯的是，兩人在討論學術用力方向時經常出現差異，這些意見保存在雙方來往的書信中，不時迸發出智慧的火花，成爲研究王、湛二人思想發展與變化的珍貴文獻。以下即以這的爲學宗旨。

42《王陽明全集》卷 26，頁 974，〈王陽明先生年譜〉：「武宗正德三年戊辰，春，至龍場。先生始悟格物致知。龍場在貴州龍場在貴州西北萬山叢棘中，蛇虺魍魎，蠱毒瘴癘，與居夷人鴃舌難語，可通語者，皆中土亡命。舊無居，始教之以範土架木以居。時瑾憾未已，自計得失榮辱皆能超脫，惟生死一念尚覺未化，乃爲石墎自誓曰：『吾惟俟命而已！』日夜端居澄默，以求靜一；久之，胸中灑灑。而從者皆病，自析薪取水作糜飼之；又恐其懷抑鬱，則與歌詩；又不悅，復調越曲，雜以詼笑，始能忘其爲疾病夷狄患難也。因念：『聖人處此，更有何道？』忽中夜大悟格物致知之旨，寤寐中若有人語之者，不覺呼躍，從者皆驚。始知聖人之道，吾性自足，向之求理於事物者誤也。乃以默記五經之言證之，莫不吻合，因著《五經憶說》。」

些書信中涉及的問題爲主，探討二人關心的幾個關鍵問題。

（一）儒、釋之辨

湛若水〈陽明先生墓誌銘〉曰：

> 明年（正德七年，1512），甘泉子使安南。後二年（正德九年，1514），陽明公遷貳南太僕，聚徒講學。甘泉子還，期會於滁陽之間，夜論儒、釋之道。43

王、湛所討論的儒、釋之道內容爲何？已不能確知。湛甘泉的〈奠王陽明先生文〉中，保存了如下的敘述：

> 奉使安南，我行兄止。兄遷太僕，我南兄北。一晤滁陽，斯理究極。兄言迦、聃，道德高博，焉與聖異？子言莫錯？我謂高廣，在聖範圍，佛無我有，中庸精微。同體去根，

43《湛甘泉先生文集》，卷 3，頁 231-234。黎業明《湛若水年譜》：「正德九年甲戌（1514），甘泉四十九歲。春，與陽明先生會於滁陽之間，夜論儒釋之道。」（黎按：據〈陽明先生年譜〉，陽明於正德八年冬十月至滁陽，九年四月離滁陽。頁 1236。綜觀〈陽明先生年譜〉與〈陽明先生墓誌銘〉，可以確定，滁陽之會在正德九年春。陳來《有無之境：王陽明哲學的精神》頁 346，亦同。頁 50）

大小公私，斁敘彝倫，一夏一夷。夜分就寢，晨興兄嘻，夜談子是，吾亦一疑。44

據此看來，雙方辯論的重點是儒、釋同異的問題。據若水的敘述，似乎守仁肯定釋、老道德高博，主張儒、釋相同。這個觀點為若水所反對，他指出：所謂釋、老道德高廣，其實全在儒家聖人範圍之內，釋、老並無超出儒家之處。儒家主張實有，而佛、老追求空無，遠不及儒家的中庸之道精微合理；再則以釋、老與儒家同一根柢，是根本的錯誤。他強調儒、佛根本差異在於儒家重視人倫，主張為公去私，效用廣大；佛家則但求個人的修行，出家滅欲，不顧人倫，為的是一己之私，效用窄小，兩者天差地別，反映的是蠻夷與華夏的差異。45王、湛二人對儒、釋之別意見不同，其實早在正德七年兩人同在北京任官時即已出現，當時守仁主張儒與

---

44 湛若水：〈奠王陽明先生文〉，見《湛甘泉先生文集》，卷 30，頁 219-220。新編本《王陽明全集》，卷 51，〈附錄一〉，頁 2028-29。

45 此前，在〈太史張秀卿歸省贈別〉中，若水即曾說明自己對儒、釋差異的看法，他說：「槎湖張子與甘泉子同守太史，相善。張子將歸省，求贈言。湛子曰：『司封陽明王子曰：「夫贈言者，莫大乎講學矣。」』張子曰：『學孰為大？』對曰：『辨為大。』曰：『辨孰為大？』對曰：『儒、釋為大。』曰：『孰為儒？』曰：『知釋知所以為釋，則知儒矣。』曰：『孰為釋？』曰：『知儒之所以為儒，則知釋矣。』曰：『請問所以。』曰：『儒有動靜，釋亦有動靜。夫儒之靜也體天，其動也以天，是故寂感一矣。夫釋之靜也滅天，其動也違天，是故體用二矣。故聖人體天地萬物而無我，釋者外四體六根而自私。是故公私大小判矣。』張子曰：『然。』湛子曰：『然則可以別矣。』遂拜而別之。正德辛未八月口日。」（《湛甘泉先生文集》，卷 17，頁 701-702）

釋、老根柢相同，只是枝葉有所差異。若水對此觀點則大不以爲然，他強調若是枝葉相同，必然同一根柢，孟子說的伊尹、伯夷、柳下惠雖各有所偏，與孔子同爲聖人，他們可說是來自於同一根柢，只是枝葉發展不同。相較於此，老聃、釋氏與孔子完全不同，根本是不同的根株，不能說根柢相同，這個類比並不妥當。46

正德十一年（1516）丙子，湛若水有〈寄陽明〉一信，繼續就儒、釋之辨這個問題，與王守仁進行討論。他說：

> 昨叔賢（方獻夫）到山間，道及老兄，頗訝不疑佛、老，以為一致，且云到底是空，以為極致之論。若然，則不肖之惑滋甚。此必一時之見耶？抑權以為救弊之言耶？不然，則不肖之惑滋甚。不然，則不肖平日所以明辨之功未至也。上下四方之宇，古今往來之宙，宇宙間只是一氣充塞流行，與道為體，何莫非有！何空之云？雖天地弊壞，人物消盡，而此氣此道亦未嘗亡，則未嘗空也。道也者，先天地而無始，後天地而無終者也。

46 湛若水：《湛甘泉先生文集》，卷 30，頁 219-220，〈奠王陽明先生文〉：「聚首長安，辛壬之春。兄復吏曹，於我卜鄰。自公退食，坐膳相以。存養心神，剖析疑義。我云聖學，體認天理。天理問何？曰廓然爾。兄時心領，不曰非是。言聖枝葉，老聃、釋氏。予曰同枝，必一根柢，同根得枝，伊尹夷惠。佛於我孔，根株咸二。」。又《王陽明全集新編》，卷 51，〈附錄一〉，頁 2028-2029。

夫子川上之嘆，子思鳶魚之說，顏子卓爾之見，正見此爾。此老兄平日之所潛心者也。叔賢所聞者，必有為而發耶？此乃學最緊關處，幸示教以解惑。47

其後，正德十二年（1517）夏天，湛若水有〈答王陽明書〉，又提到儒、釋之辨，他說：

不肖孤適在禫除之際，忽接手諭，此心悲喜交集。……前葉以嘉來，手諭中間不辟佛氏、及到底皆空之說，恐別有為。不肖頑鈍，未能領高遠之教。雖若小有異同者，然得於吾兄者多矣。此一節宜從容以候，他日再會，或有商量處也。48

〈奠王陽明先生文〉也說：

及逾嶺南，兄撫贛師。我病墓廬，方子來同，謂兄有言，學竟是空，求同講異，責在今公。予曰：豈敢不盡愚衷。莫空匪實，天理流行。兄不謂然，校勘仙佛，「天理」二

---

47 湛若水：〈寄陽明〉，見《湛甘泉先生文集》，卷 7，頁 561。按：本信未注年月，黎業明《湛若水年譜》採黃敏浩《湛甘泉的生平及其思想》（頁 37-38 及頁 73-74 注 88）說，繫於正德九年七月葬母之後。陳來〈善本《甘泉先生文集》及其史料價值〉（《中國近世思想史研究》，頁 571），則繫於正德十一年丙子。今從之。

48 本信未注年月，繫年據陳來：〈善本《甘泉先生文集》及其史料價值〉，《中國近世思想史研究》，頁 571。

字，豈由此出？予謂學者，莫先擇術，孰生孰殺，須辨實物。[49]

若水前後二次去信守仁，主要是方獻夫、葉以嘉先後面告，守仁來信亦言不闢佛、老，並且有「到底是空」的言論，讓他大感訝異，懷疑這是否守仁不得已而說的權宜言論，因此希望未來有機會當面釐清。同時，他也義正詞嚴的表達了自己對佛家所謂「空」的堅定立場，他強調宇宙之間只是一氣充塞流行，道爲本體，即使天地崩壞，萬物消失，也不能改變道、氣存在的這個事實。既然道亙久長存，無始無終，則佛家所謂「四大皆空」之說自不可能成立。

從上述的論述中可以看出，湛若水與王守仁對儒、釋之辨的基本立場有明顯的歧異，若水絕對排斥釋、老，視之爲異端，除了理論上的理由外，還有夷、夏之辨的民族立場。相較於湛若水，王守仁畢竟有浸潤佛、老二十餘年的經驗，對佛、老理論較爲深入，了解二氏之學的優缺點，[50]因此也較能包容，他經常主張「二氏之學，其妙與聖人只有毫釐之間，故不易辨，

49《湛甘泉先生文集》，卷30，頁219-220。

50《王陽明全集》，卷1，頁3，〈傳習錄上〉：「蕭惠好仙、釋，先生警之曰：『吾亦自幼篤志二氏，自謂既有所得，謂儒者爲不足學。其後居夷三載，見得聖人之學若是其簡易廣大，始自嘆悔錯用了三十年氣力。大抵二氏之學，其妙與聖人只有毫釐之間。汝今所學乃其土苴，輒自信自好若此，真鴟鴞竊腐鼠耳！』」

惟篤志聖學者始能究析其隱微，非測憶（臆）所及也。」51因此也極易爲時人誤會，認爲其學同於禪學。在回答門人張元沖問爲學是否應兼取二氏之長時，王守仁曾明確表達不可，他說：

> 說兼取，便不是。聖人盡性至命，何物不具，何待兼取？二氏之用，皆我之用：即吾盡性至命中完養此身謂之仙；即吾盡性至命中不染世累謂之佛。但後世儒者不見聖學之全，故與二氏成二見耳。譬之廳堂三間共為一廳，儒者不知皆吾所用，見佛氏，則割左邊一間與之；見老氏，則割右邊一間與之；而己則自處中間，皆舉一而廢百也。聖人與天地民物同體，儒、佛、老、莊皆吾之用，是之謂大道。二氏自私其身，是之謂小道。52

守仁強調聖人之學無所不包，即使釋、老的性命之學也涵括在內，後世儒者不了解聖學之廣大周全，將聖學與釋、老截然二分，這是舉一廢百的錯誤觀念。他主張聖人既與天地萬物同體，當然具有儒、釋、道各家之長，這才是所謂的「大道」。聖人之學普及萬物、天下爲公，不似

51《王陽明全集》，卷 35，頁 1289，〈年譜三〉，「正德九年五月」條。

52《王陽明全集》，卷 35，頁 1289，〈年譜三〉，「世宗嘉靖二年，十有一月，至蕭山」條。

釋、老只謀一己之私，所見甚小。53王守仁這種見解基本植基於程顥的「仁者渾然與物同體」與張載的〈西銘〉，所見甚大，能包容並泯除了儒、釋、道的藩籬，但卻難以見容於觀念較保守的傳統儒者，生前死後都一再受到其學近禪的質疑與抨擊，其實是可以想見的。

儒、釋之辨是王守仁與湛若水泉交往過程中始終存在的一個問題，至守仁過世都沒有徹底解決。值得注意的是，昔日王守仁在〈別湛甘泉序〉中大力爲若水辨別甘泉非禪學，其後湛若水也曾有類似爲守仁辯護的舉措。54而此處若水則一再質疑守仁對釋、老的立場不明，這是相當弔詭的現象，也是兩人所建立的明代心學揮之不去的陰影。王、湛書信往來一再討論，恰

---

53 湛若水也不同意這種類比，〈新泉問辨錄〉42 條的言論，似乎即針對「三間說」而來，「近來有爲儒、釋之辨者，遂有三間之說，謂儒居其中，而異端亦得竊其左右間而處之，其亦以無累相同，而謂論其同而異者乎？」「其儒、釋無累，亦已自不同，何得在三間之內？是皆講學不精之故也。」見《湛甘泉先生文集》，卷 8，〈新泉問辨錄〉，頁 611。

54《湛甘泉先生文集》，卷 23，頁 143，〈語錄〉：「一條論陽明公之學云：或議陽明公之學，亦從蔥嶺借路過來。此言似是而非，豈惟吾儒不借禪家之路，禪家亦自不借吾儒之路。昔香嚴童子問潙山從來意。潙山曰：『我自說我的，不干你事。』終不加答。後因擊竹証悟，始禮謝。當時若與說破，豈有今日？故曰：『丈夫自有沖天志，不向如來行處行。』豈惟吾儒不借禪家之路，吾儒亦自不借吾儒之路。今日良知之說，人孰不聞，卻須自悟始得。夫吾人借路之弊，則誠有之。然此路自是古今公共之路，得到歸宿，即亦我之路矣。陽明公蔥嶺之借，斯亦何害！『今日未堪欺老衲，昔人取善及陶漁。』千里毫釐，其所證悟去取，在觀者當自識之。」

也反映出這個問題的關鍵性。

（二）「格物」之辨

「格物」究竟該如何解釋？其內涵究竟爲何？是宋代二程兄弟標榜《大學》以來，學界始終纏訟的一個公案，至今沒有一致的見解。東漢鄭玄（127-200）注云：「格，來也。物猶事也。其知於善深，則來善物；其知於惡深，則來惡物。言事緣人所好來也。」[55]這是從人事上加以解釋，並無太大思想意義。南宋朱熹上承程頤「格，至也。窮理而至於物，則物理盡」的說法，[56]注解《大學》「格物」云：「格，至也。物，猶事也。窮至事物之理，欲其極處無不到也。」[57]並且將《大學》分爲經一章傳十章，還補上了著名的〈格物補傳〉。朱熹之學大顯之後，《四書章句集注》因之成爲元明以下士子必讀的著作，朱熹的「格物說」自然而然變成讀書人耳熟能詳的定說，影響既深且遠。

55 漢·鄭玄注、唐·孔穎達疏：《禮記正義·大學》（臺北：藝文印書館，1965年，影印清嘉慶二十年江西南昌府學《十三經注疏》本）卷60，總頁983。

56 宋·程顥、程頤：《二程集·河南程氏遺書》（臺北：里仁書局，1982年，影印北京中華書局本），卷2上，頁21。

57 宋·朱熹：《四書章句集注·大學章句》（臺北：大安出版社，1986年，影印北京中華書局本），頁4。

由於年輕時有極不愉快的格竹子經驗，因此當學問有成之後，王守仁成爲明代大力反對朱熹「格物說」與〈格物補傳〉的先導，他指出：「先儒解格物爲格天下之物，天下之物如何格得？且謂一草一木亦皆有理，今如何去格？縱格得草木來，如何反來誠得自家意？」58因此，王守仁改弦更張，另闢新解，對《大學》「格物」提出迥異於前的解釋，他說：「格物，如《孟子》『大人格君心』之『格』，是去其心之不正，以全其本體之正。」又說：「格者，正也。正其不正，以歸於正也。」59更批評朱熹的「即物窮理」說爲「是就事事物物上求其所謂定理者也。是以吾心而求理於事事物物之中，析『心』與『理』而爲二矣。」60這種破除舊解的嶄新詮釋，正面挑戰了朱熹的權威，也對謹守朱熹說法的湛若水，形成了極大的衝擊。

《湛若水年譜》載：

> 正德十年乙亥（1515），二月，丁母憂。先生扶柩南歸，陽明先生逆弔於南京龍江關，兩人辯論格物。61

---

58 王守仁：《王陽明全集》，卷3，頁119，《傳習錄下》，「黃以方錄」。

59 王守仁：《王陽明全集》，卷1，頁6，《傳習錄上》，「徐愛錄」。

60 王守仁：《王陽明全集》，卷2，頁44-45，《傳習錄中》，〈答顧東橋書〉。

61 黎業明：《湛若水年譜》，頁51。

《傳習錄下》亦載：

正德乙亥（十年，1515），（陳）九川初見先生（陽明）於龍江，先生與甘泉先生論格物之說，甘泉持舊說。先生曰：「是求之於外了。」甘泉曰：「若以格物理為外，是自小其心也。」九川甚喜舊說之是。62

這次辯論究竟誰先提出不得而知，但「格物」畢竟是講求心性修養上的關鍵問題，所以當守仁批評朱熹舊說以窮理解格物是「求之於外」時，若水自然不能沈默不語。返回增城之後，雖在居喪中，湛若水仍然提筆回應了這個質疑，他說：

不肖孤稽顙，別來無任哀戀。昨承面諭《大學》「格物」之義，以物為心意之所著，荷教多矣。但不肖平日所以受益於兄者，尚多不在此也。兄意只恐人捨心求之於外，故有是說。不肖則以為，人心與天地萬物為體，心體物而不遺，認得心體廣大，則物不能外矣。故格物非在外矣，格之致之之心又非在外也。於物若以為心意之著見，恐不免有外物之病，幸更思之。老兄仁者之心，欲立人達人甚切，故不免急迫，以召疑議。在《易》之「咸」，以無心感物，物之感也深。九四：「貞吉悔亡，憧憧往來，朋從爾

62 王守仁：《王陽明全集》，卷3，頁90，《傳習錄下》。

思」;其上六:「咸其輔頰舌」,「騰口說也」。感人以心且不可,況以頰舌乎?此不肖與老兄當共戒之。63

王守仁主張「無心外之理,無心外之物。」物是心意之所在,他強調心是一身之主宰,心之所發便是意,意之所在便是物。此意在於事親,則事親便是一物;當意在於事君、在於仁民愛物、在於視聽言動時,則事君、仁民愛物、視聽言動便是一物。64湛若水並不同意王守仁這種「以物爲心意之所著」的新見解,他雖然謹守格物即窮理的說法,但卻認爲「人心與天地萬物爲體」,既然心體廣大,體物而不遺,本於孟子「萬物皆備於我矣」的基本立場,他強調「蓋此心,原與天地萬物同體,亦與天地萬物同大,洋洋乎!優優乎!隨感而發育、擴充之耳,原無內外、心事之判。」65心與萬物同體,本無內、外之別,當然就不能說格物是在外了。他更勸守仁立說要謹愼,以免遭人誤解,滋生更多疑義。

湛若水的意見,王守仁應該有所答覆,由於文獻缺乏,其詳不得而知。可以確定的是,王

---

63 湛若水:《湛甘泉先生文集》,卷 7,頁 560,〈與陽明鴻臚〉。參陳來〈善本《甘泉先生文集》及其史料價值〉,《中國近世思想史研究》,頁 569-570。

64 王守仁:《王陽明全集》卷 1,頁 6,《傳習錄上》,「徐愛錄」。

65 湛若水:《湛甘泉先生文集》,卷 23,頁 112,〈語錄〉。

守仁並不同意湛若水的觀點，依然堅守自己的見解。兩人之間對這個問題書信往來，討論了許久。

正德十三年戊寅（1518）七月，王守仁刊刻了古本《大學》與《朱子晚年定論》，[66]八月門人薛侃又重刻《傳習錄》，正式對朱熹的《大學》改本表達了反對的意見。此前龍場一悟之後，王守仁即已衝破朱子學束縛，建立自己「心即理」的新學說，強調知行合一，並批評朱熹對「格物」的解釋不妥，但基本上僅限於師友之間的討論，並未公開提出自己的《大學》版本，凸顯其與朱熹的對立。此次在江西刊刻古本《大學》，並分贈師友，[67]不僅顯示一己學術體系的成熟，也無異公然挑戰了朝廷認可的朱熹改本，其意義自然非同小可。

66《王陽明全集》，卷 33，頁 1253-1254，《王陽明年譜》：「正德十三年戊寅（1518）七月，刻古本《大學》，刻《朱子晚年定論》。」並云：「先生在龍場時，疑朱子《大學章句》非聖門本旨，手錄古本，伏讀精思，始信聖人之學簡易明白。其書止爲一篇，原無經傳之分。格致本於誠意，原無缺傳可補。以誠意爲主，而爲致知格物之功，故不必增一敬字。以良知指示至善之本體，故不必假於見聞。至是錄刻成書，傍爲之釋，而引以敘。」

67 明．羅欽順《困知記．三續》（北京：中華書局，1990 年）云：「庚辰春，王伯安以《大學古本》見惠，其序乃戊寅（正德十三年，1518）七月所作。」（頁 95-96）羅氏乃朱學大儒，亦獲贈此書，則守仁師友如湛若水等人，定必早已得見。據俞樟華：《王學編年》（長春：吉林大學出版社，2010 年）頁 102，載：「正德十三年戊寅（1518），楊仕德自贛州歸潮州，經西樵，攜王陽明與湛若水、方獻夫書及《朱子晚年定論》。」《朱子晚年定論》與古本《大學》同刻於是年七月，則古本《大學》當亦同時贈與湛若水。

在收到王守仁的來信與贈書之後，湛若水先則致信王氏，[68]表達對《朱子晚年定論》內容的不滿，他說：

> 楊仕德到，並領諸教，忽然若拱璧之入手，其為慰沃可量耶！諸所論說，皆是嶄新自得之語，至《朱子晚年定論》一編，似為新見。第前一截則溺於言語，後一截又脫離於言語，似於孔子所謂「執事敬」、內外一致者，兩失之耳。承獎進之意極厚，至讀〈與叔賢書〉，又不能無疑。謂宇宙性分，與張子〈西銘〉、程子〈識仁〉同一段，皆本吾心之體，「見大者謂之大，見近者謂之近」，恐未可以大小遠近分也。凡兄所立言，為人取法，不可不精也。[69]

其後，又針對古本《大學》所涉及的「格物」問題，提出自己的看法，他說：

> 小僮歸，承示手教，甚慰。衡岳之約，乃僕素志，近興益濃，然以煙霞山居未完，又以老兄方有公事，皆未可遽遂也。老兄事竣，就彼地上疏，不復返府，是亦一機會也。格

---

68 黎業明：《湛若水年譜》，頁66，「正德十四年己卯（1519）」條云：「去年底或是年初，湛甘泉在收到陽明先生書信及《朱子晚年定論》後，有〈答陽明都憲〉。」

69 湛若水：《湛甘泉先生文集》，卷7，頁565，〈答陽明都憲〉。

物之說甚超脫，非兄高明，何以及此！僕之鄙見大段不相遠，大同小異耳。鄙見以為格者至也，「格於文祖」、「有苗」之格。物者，天理也，即「言有物」、「舜明於庶物」之「物」，即道也。格即造詣之義，格物者即造道也。知行並造，博學、審問、慎思、明辨、篤行，皆所以造道也。讀書親師友酬應，隨時隨處皆求體認天理而涵養之，無非造道之功。意、身、心一齊俱造，皆一段工夫，更無二事。下文誠正修功夫皆於格物上用了，其家國天下皆即此擴充，不是二段，此即所謂止至善。故愚嘗謂止至善則明德親民皆了者，此也。如是方可謂之知至。若夫今之求於聞見之末，謂之知至可乎？知至即孔子所謂聞道矣，故其下文以修身釋格物，而此謂知之至，可徵也。故吾輩終日終身只是格物一事耳。孟子「深造以道」即格物之謂也，「自得之」即知至之謂也，「居安資深逢原」即修齊治平之謂也。近來與諸同志講究，不過如此，未審高明以為何如？70

此處湛若水分別就「格物」的訓詁與《大學》的章句文義，做了更具體的解釋，他認爲「格者

70 湛若水：《湛甘泉先生文集》，卷7，頁568-569〈答陽明〉。此信未繫年月，志賀一朗《湛甘泉與王陽明之關係》（東京都：風間書房，昭和60年7月）（頁160）繫於正德十四年己卯（1519），黎業明《湛甘泉年譜》（頁66）亦繫於正德十四年己卯（1519）。陳來〈善本《甘泉先生文集》及其史料價值〉，《中國近世思想史研究》，頁572，則疑當在正德十三年戊寅（1518），今從陳說。

至也」，與《尙書》的「格於文祖」、「格於有苗」字義相同；而所謂的「物」即是天理，與「言有物」、《尙書》「舜明於庶物」的用法相同。因之，他進一步引申，將「格物」解釋爲「造道」，這依然是程頤（1033-1107）釋格物的路數[71]。同時，他又結合《中庸》的「博學之、審問之、愼思之、明辨之、篤行之」，強調這種修養工夫的終極目的，即在於造道。透過這種論證，他試圖說服王守仁「格物」當作修身的工夫解釋，方可以綰合修齊治平，達致明德親民止於至善的最後目標。湛若水的論證，乍看之下似乎合於傳統治經「以經解經」的方式，其實訓詁上頗有問題，與王守仁的說法同樣有以經就我的弊病，只是程度上有所差別罷了。這種說明，自然未能說服理論完整，早有定見的王守仁。[72]值得注意的是，湛若水此處提出

---

71 宋・程頤：《二程集・河南程氏遺書》卷2上，頁21，〈二先生語上〉：「『致知在格物』。格，至也，窮理而至於物，則物理盡。」。又同書，卷25，頁316，〈伊川先生先生語十一〉：「格猶窮也，物猶理也，猶曰窮其理而已也。窮其理，然後足以致之，不窮則不能致也。格物者適道之始，欲思格物，則固已近道矣。」

72 對於自己不依訓詁，強經就我的問題，王守仁其實心裡相當清楚，《王陽明全集》卷34，頁1280，《王陽明年譜》：「正德十六年辛巳（1521）」條載：「庚辰（正德十五年，1520）春，甘泉湛先生避地髮履冢下，與霍兀厓韜、方叔賢同時家居爲會。先生聞之曰：「英賢之生，何幸同時共地，又可虛度光陰，失此機會耶？」是秋，兀厓過洪都，論《大學》，輒持舊見。先生曰：「若傳習書史，考正古今，以廣吾見聞則可；若欲以是求得入聖門路，譬之採摘枝葉，以綴本根，而欲通其血脈，蓋亦難矣。」可見他認爲傳統的治經方法，頂多只能考證古今，增廣見聞。至於要藉此求得入聖之途，非得另闢蹊徑不可，因此他採取了六經注我的方式，以建構入聖的工夫。

「止至善則明德親民皆了者」一語，用「親民」而不取朱熹改本「新民」之說，看似偶然，其實已隱約透露出轉向古本《大學》的朕兆，這與湛若水讀過王守仁致贈的古本《大學》應有密切的關連。王守仁《傳習錄》上有一段陳九川的言論，明確注為己卯年（正德十四年，1519），據其內容來看，所敘述的就是湛若水改採古本《大學》此事：

> 己卯歸自京師，再見先生於洪都。先生兵務倥傯，乘隙講授。……又問：「甘泉近亦信用《大學》古本，謂格物猶造道。又謂窮理如窮其巢穴之窮，以身至之也。故格物亦只是隨處體認天理，似與先生之說漸同。」先生曰：「甘泉用功，所以轉得來。當時與說『親民』字不須改，他亦不信。今論格物亦近，但不須換物字作理字，只還他一物字便是。」[73]

可知湛若水在上封信中會有「格物之說甚超脫，非兄高明，何以及此！僕之鄙見大段不相遠，大同小異耳。」這樣肯定的話語，必然是讀過新刻出的《大學》古本才會有的反應，這種轉變對原本篤信朱子改本的湛若水而言，是思想上的極大轉折。

對於湛若水一改此前尊信朱熹《大學》改本的一貫態度，轉而接受古本《大學》的轉向，

73 王守仁：《王陽明全集》，卷3，頁90，〈傳習錄下〉。

王守仁自然極爲欣喜，隨即覆信表達了對老友此一轉變的歡迎，他說：

> 旬日前，楊仕德人來，領手教及〈答子莘書〉，具悉造詣用功之詳。喜躍何可言！蓋自是而吾黨之學歸一矣。此某之幸！後學之幸也！來簡勤勤訓責僕以久無請益，此吾兄愛僕之厚，僕之罪也。此心同，此理同，苟知用力於此，雖百慮殊途，同歸一致。不然，雖字字而證，句句而求，其始也毫釐，其末也千里。老兄造詣之深，涵養之久，僕何敢望？至共向往直前，以求必得乎此之志，則有不約而契、不求而合者。其間所見，時或不能無小異，然吾兄既不屑屑於僕，而僕亦不以汲汲於兄者。正以志向既同，如兩人同適京都，雖所由之途間有迂直，知其異日之歸終同耳。向在龍江舟次，亦嘗進其《大學》舊本及格物諸說，兄時未以為然，而僕亦遂置而不復強聒者，知兄之不久自當釋然於此也。乃今果獲所願，喜躍何可言！崑崙之源，有時而伏流，終必達於海也。僕窶人也，雖獲夜光之璧，人將不信，必且以謂其為妄為偽。金璧入於猗頓之室，自此至寶得以昭明於天下，僕亦免於遺璧之罪矣。雖然，是猶喻二也。夜光之璧，外求而得也；此則於吾所固有，無待於外也，偶遺忘之耳；未嘗遺忘也，偶蒙翳之耳。……兩承楚人之

誨，此非骨肉，念不及此，感刻！74

有感於老友的幡然轉向，期盼「自是而吾黨之學歸一矣」，愉悅之情，躍然紙上，如在眼前。

湛若水之所以會有此一轉變，並非偶然。王守仁的《大學》古本推翻了朱熹《大學》改本強分經傳並補入〈格致補傳〉的作法，強調《大學》本以誠意爲主，文義自足，沒有分經分傳求理於外的必要。在讀過古本《大學》之後，湛若水發覺此一調整與朱熹改本以窮理解格物有所不同，重點已轉爲以修身釋格物，75他肯定這種轉變更爲切近聖人的原意，因而斷然做出

---

74 王守仁：《王陽明全集》，卷 4，頁 173，〈答甘泉一〉（己卯）。黎業明《湛甘泉年譜》（頁 63-64）認爲此信應作於正德十三年戊寅之下半年，而非「己卯」年。陳來亦以爲此書當作於戊寅秋冬。見陳來《有無之境：王陽明哲學的精神》頁 357。

75 《湛甘泉先生文集》中此類言論極多，如：〈答聶文蔚侍御〉：「程子曰：『格者至也，物者理也，至其理，乃格物也。』故《大學》古本以修身說格物。」（卷 7，頁 573-574）〈答黃孟善〉：「《大學》古本好處，全在以修身釋格物。……後世學者少讀古《大學》，雖見之，亦以膠於章句成說，不復能疑，安望其有悟！今孟善理會至此，可謂能疑矣。」（卷 7，頁 577）〈大科訓規．大科書堂訓〉第五十條（正德庚辰作）：「諸生讀《大學》，須讀文公《章句》應試，至於切己用功，更須玩味古本《大學》。《大學》一書，是古人入道階梯，其要下手，只在止至善，止之之功在知行，故「知止」以至「能得」，即知行之功也。格物者，程子曰：「至其理也」，格之之功，即上知行是也。《大學》古本好處，全在以修身釋格物至（致）知，使人知所謂格物者至其理，必身至之，而非聞見想像之粗而已，此其爲益甚大。其他節節，皆有條理。」（卷 4，頁 558）

改採古本《大學》的決定。[76]由於王守仁的啓發，就在這年，湛若水開始整理古本《大學》、《中庸》，並撰作《古大學》、《中庸測》。[77]

正德十五年庚辰（1520），湛若水完成了《古大學測》、《中庸測》二書，自覺有得於心，於是將二書分送友好。次年（正德十六年辛巳，1521），[78]王守仁即收到陳世傑帶來的贈書。在回信中，王守仁明確表達了自己讀後的心得，他說：

> 世傑來，承示《學庸測》，喜幸喜幸！中間極有發明處，但於鄙見尚大同小異耳。「隨處體認天理」，是真實不誑語，鄙說初亦如是，及根究老兄命意發端處，卻似有毫釐未協，然意終當殊途同歸也。修齊治平，總是格物，但欲如此節節分疏，亦覺說話太多。且語意務為簡古，比之本文，反更深晦，讀者愈難尋求，此中不無亦有心病？莫若明白淺易其詞，略指路徑，使人自思得之，更覺意味深長也。高明以為何如？致知之說，鄙見恐不可易，亦望老兄更一致意，便間示知之。此是聖學傳心之要，於此既明，其餘皆

---

76 湛若水：《湛甘泉先生文集》，卷 17，頁 690，〈古大學測序〉云：「或曰：『子之必主乎古本，何也？』曰：『古本以修身申格致，其教人也，力身之也，非口耳之也。學者審其詞焉，其於道斯過半矣。是故其書完，其序嚴，其文理，其反覆也屢，其義盡。大哉！博矣約矣，其道也其至矣乎！』

77 黎業明：《湛若水年譜》，頁 65，「正德十四年己卯（1519）」條。

78 《王陽明全集》，卷 34，頁 1280-1281，《王陽明年譜》，「正德十六年辛巳」條。

洞然矣。意到懇切處，不得不直，幸不罪其僭妄也！79

王守仁固然同意湛若水所揭示的「隨處體認天理」與自己的爲學宗旨「致良知」殊途同歸，但卻指出兩人論學在命意發端處仍有毫釐未協，這是兩人始終有所爭議的關鍵所在。他認爲湛若水所謂修齊治平即是格物的觀點雖與己相同，問題出在湛氏的論述方式過於注重細節，語意簡古，節節分疏的結果是說話太多，過於煩瑣，反而使讀者不易了解，不如明白淺顯指點路徑即可，讓人透過自思以得之。至於格物致知的解釋，他仍堅持自己「無心外之理，無心外之物」的觀點，強調「格物，如孟子『大人格君心』之『格』，是去其心之不正，以全其本體之正。但意念所在，即要去其不正，即無實無處不是存天理，即是窮理。」80他認爲這是「聖學傳心之要」，不可能有絲毫妥協退讓的餘地。81

---

79 王守仁：《王陽明全集》，卷 5，頁 181，〈答甘泉〉（辛巳，1521）。

80 王守仁：《王陽明全集》，卷 1，頁 6，《傳習錄上》。

81 在同時稍後寄給方獻之的信中，王守仁也同樣表達了堅持論學宗旨的信念，〈答方叔賢〉（辛巳，1521）云：「君子論學，固惟是之從，非以必同爲貴。至於入門下手處，則有不容於不辯者，所謂毫釐之差千里之謬矣。致知格物，甘泉之說與僕尚微有異，然不害其爲大同。若吾兄之說，似又與甘泉異矣。相去遠，恐辭不足以達意，故言語直冒，不復有所遜讓。近與甘泉書，亦道此，當不以爲罪也。」見《王陽明全集》卷 5，頁 184。

王守仁的回信坦誠「直言」讓湛若水極爲失望，在〈答陽明王都憲論格物〉中，82他也直言不諱地指出王守仁的格物說有「不敢信者四」，而自己主張的格物說「可採者五」，相較之下，王氏的說法「考知本章既如此，稽之往聖又如彼，吾兄確然自信而欲人以必從，且謂聖人復起不能易者，豈兄之明有不及此？蓋必有蔽之者耳。」而自己的說法則「五者可信，而吾兄一不省焉，豈兄之明有不及此？蓋必有蔽之者耳。」因此他極力反對王守仁訓「格」爲「正」，訓「物」爲「念頭之發」的解法，認爲這樣解釋將使得「下文誠意之意，即念頭之發也，正心之正即格也，於文義不亦重複矣乎？」再則所謂的「正念頭」也很難判定，釋、老、楊、墨皆自以爲正，夷、惠、伊尹之流於隘與不恭，問題都出在「無講學之功」而自以爲正念頭之上。83因此他無法同意王守仁的「正念頭」說，並再次強調格物即是「至其理」，這是本之程子的說法，其權威性自無可疑。「至其理」，引而言之就是「體認天理」，天理渾然無內外，所以「體認天理」是兼知行、合內外的圓融理解。84這是湛若水對王守仁批評的直接答

82〈答陽明王都憲論格物〉未署著作年月，黎業明《湛若水年譜》（頁 73）、陳來〈善本《甘泉先生文集》及其史料價值〉（《中國近世思想史研究》，頁 572-573）均繫於正德十六年辛巳（1521），今從之。

83 以上引文均見湛若水：《湛甘泉先生文集》，卷 7，頁 571-573，〈答陽明王都憲論格物〉。

84 湛若水：《湛甘泉先生文集》，卷 7，頁 571-573，〈答陽明王都憲論格物〉：「僕之所以訓格者，至其理也。至其理云者，體認天理也。體認天理云者，兼知行、合內外言之也。天理無內、外也。」

覆。王守仁對這封措詞激烈的信並未答覆，[85]兩人之間關於「格物」問題的討論也到此為止。

（三）支離與內外之辨

所謂「支離與內外」之辨，其實來自於王守仁對湛若水「隨處體認天理」主張的質疑。由於「隨處體認天理」是湛氏論學的宗旨，王守仁既懷疑「隨處體認天理」有「支離」之嫌，不啻對若水論學的根本做了批評。為了回應王氏的疑慮，湛若水在〈答陽明〉做了言簡意賅的答覆，他說：

> 西樵兩承遠慮，非骨肉之義，何以及此！……所事前此支離之憾，恐兄前此未相悉之深也。夫所謂「支離」者，二之之謂也，非徒逐外而忘內謂之支離，是內而非外者亦謂之支離，過猶不及耳。必體用一原，顯微無間，一以貫之，乃可免此。僕在辛壬之前，未免有後一失，若夫前之失，自謂無之，而體用顯微，則自癸甲以後自謂頗見歸一，不知

---

85 湛若水：《湛甘泉先生文集》，卷30，頁219-220，〈奠王陽明先生文〉：「我居西樵，格致辨析，兄不我答，遂爾成默。」又《王陽明全集新編》，卷51，〈附錄一〉，頁2028-2029。

> 兄之所憾者安在也？86

湛若水認爲，王守仁在沒有反躬自省本身學說是否合理的情況下，一再質疑自己主張的「隨處體驗天理」有偏外支離之嫌，不是公正客觀的論學態度，對此他頗不以爲然。針對此一指摘，湛若水嚴正指出，所謂的「支離」不能作選擇性的片面解釋，應持平理解。「逐外而忘內」固然可說是支離，反過來，「是內而非外」又何嘗不是支離！就此而言，避免「支離」的爲學之道應是力求中正，無過無不及，唯有「體用一原，顯微無間」方能避免支離此一弊病。他坦誠自己過去的確有「是內而非外」的問題，但絕無守仁所懷疑的偏外支離之病。87在〈送楊少默序〉中，他也表達了相同的意見：

> 楊少默遊煙霞一載，將歸潮，詣於甘泉子。甘泉子曰：「嗚呼楊子，一爾心，毋支離爾

---

86 湛若水：《湛甘泉先生文集》，卷 7，〈書〉，頁 567-568，〈答陽明〉。此信黎業明《湛若水年譜》（頁 71）繫於正德十五年庚辰（1520），陳來〈善本《甘泉先生文集》及其史料價值〉則以爲作於正德十三年戊寅冬至正德十四年己卯夏之間，見《中國近世思想史研究》，頁 572。

87 岡田武彥即認爲：「王、湛二家對支離之弊的看法多少有些不同，陽明主要在朱子學那裡看到支離之弊，甘泉則主要在楊慈湖心學那裡看到支離之弊。」見岡田武彥著、吳光·錢明·屠承先譯：《王陽明與明末儒學》（上海：上海古籍出版社，2000 年 5 月），頁 98，注 1。

學矣。曷謂支離？曰：或偏則外，或偏則內，二之皆支離也。人知偏外者之支離矣，而未知偏內者之為支離矣。偏外故忘本，忘本則跡；偏內故惡物，惡物則寂。二者皆支離之疚也。……君子之學，內外合一，動靜合幾，體用合原，物我合體。……是故內外動靜一矣，體用物我一矣。孔、顏之後，離而二之者漸矣。千有餘年而後有周、程。故程子曰『一原』，曰『無間』。周、程之後，離而二之者甚矣。嗚呼！一之者其誰乎？是故內外分而動靜判，動靜判而體用離，體用離而物我間。夫天之生物一本也，夫道一本者也，知不二本，又何有於內外？故一之而後可以入道，道無二也」。88

此處他重申偏內或偏外都是支離，並分別說明了二者的弊病所在。強調一般人只注意到偏外為支離，卻忽略了偏內其實也是支離。理想的君子之學，應是合內外、動靜、體用、物我為一，不分彼此，渾然為一，這是孔、顏以來的「一本」之學，唯有掌握「體用一原，顯微無間」訣竅的周、程，纔真正體會了這種聖人之學。他自己的治學途徑，走的即是此一路數。

正德十五年庚辰（1520），在〈答陽明王都憲論格物〉中，針對「格物」這個概念，湛若水曾直截了當地指出王守仁的格物說有「不敢信者四」，而自己的格物說有「可採者五」之外。同時也對王守仁始終堅持「隨處體認天理」說是求之於外的論調不以為然，他說：

88 湛若水：《湛甘泉先生文集》，卷17，頁700，〈送楊少默序〉。

> 陳世傑書報，吾兄疑僕「隨處體認天理」之說為求於外，若然，不幾於「義外」之說乎？求即無內、外也。吾之所謂隨處云者，隨心、隨意、隨身、隨家、隨國、隨天下，蓋隨其所寂所感時耳，一耳。寂則闊然大公，感則物來順應，所寂所感不同，而皆不離於吾心中正之本體。本體即實體也、天理也、至善也、物也，而謂求之外，可乎？致知云者，蓋知此實體也、天理也、至善也、物也，乃吾之良知良能也，不假外求也。但人為氣習所蔽，故生而蒙、長而不學則愚。故學、問、思、辨、篤行諸訓，所以破其愚、去其蔽、警發其良知良能者耳，非有加也，故無所用其絲毫人力也。如人之夢寐，人能喚之惺耳，非有外與之惺也。故格物則無事矣，大學之事畢矣。若徒守其心，而無學、問、思、辨、篤行之功，則恐無所警發，雖似正實邪，下則為老、佛、楊、墨，上則為夷、惠、伊尹是也[89]

對於守仁這位老友一而再、再而三地懷疑自己爲學宗旨是求之於外的看法，湛若水相當無奈，也再次做了說明。他強調自己以「隨處體認天理」解格物，此處所謂的「隨處」並非一般理解的向外追求，所指的是「隨心、隨意、隨身、隨家、隨國、隨天下」，換言之，即是「隨其所寂所感時耳」。不論所感所寂爲何，基本上都「不離於吾心中正之本體」，此一本體（物）就是

---

89 湛若水：《湛甘泉先生文集》，卷7，頁571-573，〈答陽明王都憲論格物〉。

天理、至善，也就是良知良能，這些都不是外物。既然如此，當然沒有內、外之別，自然不能說是求之於外。同時，他指出學爲聖人不能過於簡易，若僅「徒守其心」而不講究修養工夫，不僅不能提升一己德行，甚至有流入異端的可能，因此學、問、思、辨、篤行之功夫絕對是不可或缺的。湛若水的基本預設是孟子的「萬物皆備於我」與程顥「仁者渾然與物同體」，這些都與王守仁的理念相同無二，因此他覺得王氏誤解了他的理論。在這種情形下，湛若水一再強調：「夫學以救偏者也。如其不偏，何俟講學？故學者，大公之道也，每見程氏兄弟說文不同，而張、朱訂論不容少貸。昔者夫子憂學之不講，夫講必有必不同、不必同，所以求其同也，然後義理生焉。如彼二磨，其齒不齊，然後粟米出焉，故天地之所以能化生萬物者，以陰陽變合之不齊也。兄其無嫌於小不齊之間，不直以教我，而或論說於人，無益也，惟兄其擇焉。」90

90 湛若水：《湛甘泉先生文集》，卷7，頁576-577，〈寄陽明〉。對於湛若水的質疑，王守仁並未回應。其後黃宗羲在編纂《明儒學案》，論述湛氏學術時，於〈文簡湛甘泉先生若水傳〉中，則就此做了分疏，他說：「先生與陽明分主教事。陽明宗旨『致良知』，先生宗旨『隨處體認天理』。學者遂以良知之學，各立門戶。其間爲之調人者，謂天理即良知也，體認即致也，何異何同？然先生論格物，條陽明之說四不可。陽明亦言『隨處體認天理』爲求之於外。是終不可強之使合也。先生大意，謂陽明訓格爲正，訓物爲念頭，格物是正念頭也，苟不加學問思辨行之功，則念頭之正否未可據。夫陽明之正念頭，致其知也，非學問思辨行，何以爲致？此不足爲陽明格物之說

湛若水期盼甚深，希望王守仁能正面回應他的問題。次年（正德十六年辛巳，1521），王守仁也回了一封信，〈答甘泉〉云：

> 「隨處體認天理」，是真實不誑語，鄙說初亦如是，及根究老兄命意發端處，卻似有毫釐未協，然意終當殊途同歸也。91

他承認自己原本也曾主張過「隨處體認天理」，但在深入探究之後，發覺此說仍有「毫釐未協」，並非他理想中的修養工夫。即使如此，王守仁還是肯定兩人的修養方式有可能殊途同歸，達到入聖的最終目標。

王守仁的回應過於簡略，並不符合湛若水的預期。失望之餘，在稍後的〈答楊少默書〉中，湛若水對兩人論學未能完全相合的原因有所反省，並提出了自己的看法，他說：

病。先生以爲心體萬物而不遺，陽明但指腔子裡以爲心，故有是內而非外之誚。然天地萬物之理，不外於腔子裡，故見心之廣大。若以天地萬物之理即吾心之理，求之天地萬物以爲廣大，則先生仍爲舊說所拘也。天理無處而心其處，心無處而寂然未發者其處。寂然不動，感即在寂之中，則體認者亦唯體認之於寂而已。今曰隨處體認，無乃體認於感？其言終覺有病也。」見《明儒學案．甘泉學案一》，《黃宗羲全集》（杭州：浙江古籍出版社，1992年）冊8，卷37，頁140-141。

91 王守仁：《王陽明全集》，卷5，頁181，〈答甘泉〉（辛巳，1521）。

靜言思之，吾與陽明之說不合者，有其故矣。蓋陽明與吾看心不同：吾之所謂心者，體萬物而不遺者也，故無內、外；陽明之所謂心者，指腔子裡而為言者也，故以吾說為外。92

這個觀察是否正確不得而知，也無從知道王守仁對此批評的回應如何。但從王守仁世宗嘉靖五年丙戌（1526），所寫的〈寄鄒謙之〉這封信提到：

「隨處體認天理」之說，大約未嘗不是，只要根究下落，即未免捕風捉影，縱令鞭辟向裡，亦與聖門「致良知」之功尚隔一塵。若復失之毫釐，便有千里之謬矣。93

以及同年的另一信〈寄鄒謙之五，丙戌〉所云：

「隨處體認天理」，即戒慎恐懼工夫，以為尚隔一塵，為世之所謂事事物物皆有定理而求之於外者言之耳。若致良知之功明，則此語亦自無害，不然即猶未免於毫釐千里也。

92 湛若水：《湛甘泉先生文集》，卷7，頁570-571，〈答楊少默書〉。

93 王守仁：《王陽明全集》，卷6，頁201，〈寄鄒謙之〉（丙戌）。

> 來喻以為恐主於事者，蓋已深燭其弊矣。94

可知他雖同意湛若水標舉的「隨處體認天理」是戒慎恐懼的修養工夫，但卻認爲此一修養工夫與自己的「致良知」仍然尙隔一塵，原因即在前者求理於外，依然擺脫不了程朱以「窮理」解「格物」的窠臼，仍有捕風捉影之嫌。所以他一再強調二者之間有「毫釐千里」差異存在。次年（嘉靖六年，丁亥，1527）在〈與毛古庵憲副〉書中，王守仁又再次表達了同樣的看法：

> 凡鄙人所謂「致良知」之說，與今之所謂「體認天理」之說，本亦無大相遠，但微有直截迂曲之差耳。譬之種植，致良知者，是培其根本之生意而達之枝葉者也；體認天理者，是茂其枝葉之生意而求以復之根本者也。然培其根本之生意，固自有以達之枝葉矣；欲茂其枝葉之生意，亦安能舍根本而別有生意可以茂之枝葉之間者乎？95

此處他直接以「致良知」與「隨處體認天理」來做比較，指出兩者表面上似無太大差異，但在工夫上仍有直截與迂曲的區別。他自己主張的「致良知」直截簡易，是培本以茂末的修養方式；相對的，湛若水力主的「隨處體認天理」恰好相反，不僅迂曲煩瑣，而且是茂末以求固

94 王守仁：《王陽明全集》，卷6，頁206-207，〈寄鄒謙之五〉（丙戌）。

95 王守仁：《王陽明全集》卷6，頁218-219，〈與毛古庵憲副〉。

本。換言之，除了堅持自己的一貫主張之外，王守仁仍然無法支持湛若水這種修養方式。

四、王、湛二人的交往對雙方學術的影響

王、湛二人在北京初識，雙方一見如故，交往密切。其後加上黃綰，三人昕夕往來，談道論學，同以倡導周、程以來的心性之學為己任，相期共研並發揚光大聖人之學。這一時期，湛若水的「隨處體認天理」宗旨已經成熟，96相較於湛氏，王守仁雖然嚮往周敦頤、程顥的思想，但卻尚未明確建立自己的為學宗旨。二人思想上最大的交集，應是共同推崇程顥「仁者渾然與物同體」的觀點，這由下列文獻可以看出：

> 歲在丙寅。與兄邂逅，會意交神。同驅大道，期以終身。渾然一體，程稱識仁。我則是崇，兄亦謂然。97

---

96 湛若水早在陳獻章門下受學時，即已提出「隨處體認天理」為個人治學宗旨，羅洪先〈湛甘泉先生墓表〉云：「從游江門，得自然之教，取所給部檄焚之，絕意仕途。深思力詣，悟隨處體認天理之旨。白沙先生喜曰：『著此一鞭，何患不到古人佳處？』」見《湛甘泉先生文集》，卷 32，〈外集〉，頁 242-245。

97 湛若水：《湛甘泉先生文集》，卷 30，頁 219-220，〈奠王陽明先生文〉。

正德丙寅（1506），始歸正于聖賢之學。會甘泉子於京師，與人曰：「守仁從宦三十年，未見此人。」甘泉子與人亦曰：「若水泛觀於四方，未見此人。」遂相與定交講學。一宗程氏「仁者渾然與天地萬物同體」之指。98

因此，湛若水相當懷念這段雙方論學融洽無間的歲月，也一再強調王守仁同意自己的學術觀點：

> 自余之志於斯道也，倡天理之學於斯道衰微之餘，一時在朋友之列者，同聲相應，若和而隨之，若翼而飛之，若或合而離之。終始無違者幾何人？斯乃吾於金台得陽明王子焉，吾於金陵得古庵毛子焉。而余昔與陽明究此天理於長安之邸，陽明曰：「如是，如是。」繼余與古庵就此天理於新泉之涘，古庵曰：「唯唯，唯唯。」99

王守仁雖不似湛若水那麼肯定此時兩人的論學意見一致，至少沒有刻意凸顯雙方觀點不同

---

98 湛若水：《湛甘泉先生文集》，卷 31，頁 231-234，〈明故總制兩廣將西湖廣等處地方提督軍務奉天翊衛推誠宣力守正文臣特進光祿大夫柱國少保兼太子太保新建伯南京兵部尚書兼都察院左都御史陽明先生王公墓誌銘〉。

99 湛若水：《甘泉先生文集》，嘉靖本，內編，卷 18，頁 24-26，〈奠黃門毛古庵先生文〉。轉引自《湛若水年譜》，頁 215。

或有所差異。不僅如此，透過與湛若水的切磋問學，王守仁對湛氏之師陳獻章之學，也應有相當深入的了解與體會。[100]這從王守仁貶謫龍場時，湛若水贈〈九章〉，王守仁答以〈八詠〉的內容，可以大致觀察得出來。其後湛若水奉命赴安南，王守仁特撰〈別湛甘泉序〉，明言「某幼不問學，陷溺於邪僻者二十年，而始究心於老、釋。賴天之靈，因有所覺，始乃沿周、程之說求之，而若有得焉，顧一二同志之外，莫予翼也，岌岌乎仆而後興。晚得友於甘泉湛子，而後吾之志益堅，毅然若不可遏，則予之資於甘泉多矣。」[101]這可說是王守仁的肺腑之言，也是此時兩人思想相近的確證。

明武宗正德三年戊辰（1508）的龍場之悟，徹底改變了王守仁的思想，建立起個人獨特的觀點，這使得他與湛若水思想的差異逐漸明朗化，此時二人思想上最明顯的差距在於「格物」的解釋上。王守仁不僅擺脫了朱熹的影響，而且徹底推翻了朱熹以「窮理」解釋「格物」的說

---

100 王守仁著作中甚少提及陳獻章，但其學路數接近陳氏，曾受其影響則是事實。扮演中介角色的人物有二：一是許璋，另一則是湛若水，二人都是陳獻章的弟子，也都與王守仁有頗爲密切的交往。王守仁與許璋的交往見清．張履祥《楊園先生全集．近古錄三》（北京：中華書局，2002），頁1293-1294，引耿天台《先進遺風》。

101 王守仁：《王陽明全集》卷7，頁230，〈別湛甘泉序〉。由此可見，湛若水在王守仁「歸正於聖賢之學」的過程中，扮演的角色是堅定其走向聖賢之學的決心，而非促進其由「五溺」（任俠、騎射、神仙、佛氏）轉向聖人之學。參看錢明：《陽明學的形成與發展》（南京：江蘇古籍出版社，2002年），頁87。

法，反對向外窮理，提出「心即理也。天下又有心外之事，心外之理乎？」[102]主張「格者，正也。正其不正，以歸於正也。」[103]這種絕對以心爲主的觀念，自不爲當時猶謹守朱熹《大學》改本的湛若水所接受。針對這個問題，二人在正德十年乙亥（1515）二月，湛若水丁母憂扶柩南歸，王守仁逆弔於南京龍江關時，正面展開辯論。王守仁批評湛氏所持的說法是「求之於外」，湛若水大不以爲然，認爲「若以格物理爲外，是自小其心也。」[104]兩人話不投機，幾乎不歡而散。回到增城老家，處理完母親喪事後，湛若水迫不急待地寫了〈與陽明鴻臚〉一書，[105]對自己的看法做了比較完整的解釋。王守仁似乎沒有回覆這封信，看來他並不接受湛若水的解釋，依然反對所謂「格物舊說」。

正德十三年戊寅（1518）七月，王守仁刊刻出版了古本《大學》，隨即贈送給湛若水。這部書的出現，改變了湛若水對《大學》這部書的看法，此前他篤信朱熹的《大學》改本，也對朱熹的「格物即窮理」的解釋深信不疑，並且爲之辯護。仔細研讀古本《大學》之後，湛若水

---

102 王守仁：《王陽明全集》卷1，頁2，〈傳習錄上〉。

103 王守仁：《王陽明全集》卷1，頁25，〈傳習錄上〉。

104 王守仁：《王陽明全集》，卷3，頁90，〈傳習錄上〉：「正德乙亥，（陳）九川初見先生於龍江，先生與甘泉先生論格物之說，甘泉持舊說。先生曰：『是求之於外了。』甘泉曰：『若以格物理爲外，是自小其心也。』」

105 湛若水：《湛甘泉先生文集》，卷7，頁560，〈與陽明鴻臚〉。

頗有體會，毅然決然地放棄了朱熹的《大學》改本，改而接受了王守仁的古本《大學》，具體的例證是此後棄「新民」改從「親民」，同時開始重視並整理古本《大學》、《中庸》，進行《古大學》、《中庸測》的撰寫工作，明顯看出王守仁對他的影響。106至於關鍵性的「格物」問題，雖然在〈答陽明〉信中態度有所軟化，恭喜守仁「格物之說甚超脫，非兄高明，何以及此！」並且謙說「僕之鄙見，大段不相遠，大同小異耳。」107事實上對於「格物」的詮釋，他的說法是將「格」字訓為至，將「物」字解為天理，即是道。所謂「格物」，也就是「造道」之意，他認為這個解釋，切合於孟子「君子深造之以道」的真諦。108這個調整依然未脫程頤的路數，並未符合王守仁的期盼，所以王守仁沒有接受。其後二人雖然魚雁往返，繼續就「格物」進行辯論，但彼此都更加堅持自己的主張，互不相讓，誰也無法說服對方。

「格物」問題之外，「儒釋之辨」與「內外支離之辨」方面，王守仁與湛若水都各有自己既定的立場，幾乎沒有甚麼交集，也看不出彼此相互的影響。可以說在王、湛交往的二十三年中，除了京師共處的一段時間，湛若水對王守仁的思想發生若干影響，雙方共同信從程顥「仁者渾然與物同體」此一信念，沒有太大的異同之外。往後分處南北，聚少離多，分別發展各自

---

106 黎業明：《湛若水年譜》，頁65。

107 湛若水：《湛甘泉先生文集》，卷7，頁568-569，〈答陽明〉。

108 湛若水：《湛甘泉先生文集》，卷7，頁568-569，〈答陽明〉。

的事業，深化本身的學術理念，所到之處講學授徒，傳授聖人之學，卓然各成一家之言。儘管學術走向相同，同屬心學一脈，也共同開創了以心學取代程朱理學的新局面，但王守仁與湛若水在學術宗旨上卻各有所主，無法一致。湛若水堅持「隨處體認天理」，始終如一；王守仁則由標舉「心即理」而「知行合一」，以至「致良知」，主張「心外無理，心外無事」，[109]「心外無物」，[110]是絕對的唯心論者。因此，王守仁力主湛氏的「隨處體認天理」說，是「求之於外」，[111]儘管湛若水一再要求，希望他能就此說法有所調整，王守仁始終堅持自己的觀點，沒有絲毫妥協的跡象。[112]

---

109 王守仁：《王陽明全集》，卷1，頁15，〈傳習錄上〉。

110 王守仁：《王陽明全集》，卷1，頁24，〈傳習錄上〉。

111 湛若水：《湛甘泉先生文集》，卷7，頁570-571，〈答楊少默書〉。

112 王守仁態度如此堅定，一方面是對自己的觀點深具信心，絕無懷疑；另一方面，可能是他認爲這位老友太過好勝，處處爭強，唯恐後人。爲了珍惜雙方的友情，堅持自己立場即可，沒有必要與之辯論計較。這由下述言論可以看得出來，〈寄鄒謙之五，丙戌〉云：「寄示甘泉〈尊經閣記〉，甚善甚善！其間大意亦與區區〈稽山書院〉之作相同。〈稽山〉之作，向嘗以寄甘泉，自謂於此學頗有分毫發明。今甘泉乃謂『今之謂聰明知覺，不必外求諸經者，不必忽而能覺』之類，則似急於立言，而未暇細察鄙人之意矣。後世學術之不明，非爲後人聰明識見之不及古人，大抵多由勝心爲患，不能取善相下。明明其說之已是矣，而又務爲一說以高之，是以其說愈多而惑人愈甚。凡今學術之不明，使後學無所適從，徒以致人之多言者，皆吾黨自相求勝之罪也。…甘泉之意，未必由此，

在王、湛二人的各自堅持之下，此後雖然兩人的學術體系愈趨完善，也各成一家之言，蔚為當代大家。但是就學術思想的發展而言，已經看不出兩人密切的交往對彼此的思想與主張有何影響。

五、結語

王守仁與湛若水兩人同爲開啓明代中葉思想變化的大家，在心學由萌芽、發展、確立以至茁壯、昌盛的過程中，兩人的講學授徒對變化風氣、轉移學術方向都有著莫大貢獻，尤以王氏爲盛。當心學大盛，陽明儼然成爲一代宗師之後，相對的，湛若水的學術與思想影響也逐漸式微，以至黯然少爲人知。今日論述明代學術時，經常以王守仁逕接陳獻章，目之爲心學正宗，卻忽略了在心學的發展過程中，身爲陳獻章高足的湛若水，事實上也曾開宗立派，引領一時風騷，與王守仁雙峰並峙，扮演過積極活躍的角色。在研究探討明代學術史時，這是不能輕易忽視的一頁。

在湛若水與王守仁二十三年的交往中，從雙方認識開始，即互相切磋琢磨，在闡揚周、程

因事感觸，輒漫及之。蓋今時講學者，大抵多犯此症，在鄙人亦或有所未免，然不敢不痛自克治也。」見《王陽明全集》，卷 6，頁 206。

聖學的共同理念下，彼此交換學習心得，論辯異同，開展思考，逐步建立起各自的思想體系。大致而言，交往初期階段，王守仁自言受益良多，從湛若水的身上學習到周、程學說的精要，堅定了鑽研儒家聖人之學的信心。龍場一悟之後，王守仁思想豁然貫通，徹底了悟，從而棄外向內，逐步建構起個人的心學體系。此時二人書札往來頻繁，交換個人的學習所得，文字中也開始出現意見不一致的現象，這主要表現在對「格物」的解釋與儒、佛異同的理解上。其後雖經長期的溝通與論辯，始終無法化解這些問題，主要的關鍵在於王、湛二人已有各自的爲學宗旨，學術路數也出現本質上的差異，難以放棄己見，從而達成一致的見解。在這段書信論學的過程中，王守仁始終謹守自己的「心即理」立場，不爲湛氏的勸說所動。相較之下，湛若水則受到守仁的影響，主動放棄了朱熹的《大學》改本，轉而接受王守仁的古本《大學》，但這只是湛若水的局部轉變，基本爲學宗旨則沒有任何鬆動。

相較於思想學說上的反覆論難，王守仁與湛若水的交情卻不受任何影響，歷久而彌篤，從未改變，這也極爲罕見。湛若水經常氣勢凌厲，咄咄逼人地要求王守仁答覆他的質疑，王氏則選擇低調回應或婉轉迴避，從不正面對抗。原因即在於王守仁極爲珍惜這分難得的友誼，嘉靖七年（1528）十月的最後兩首詩：〈書泉翁壁〉、〈題甘泉翁居〉，即是最具體的寫照。與此相應，湛若水卻經常抱怨「兄不謂然」、「兄不我答」、「不還一墨」，甚至有時還嚴詞責怪守仁刻意迴避問題。儘管如此，但他始終以王守仁爲自己唯一的知己，甚至說：「某平生與陽明公同志，他年當與同作一傳矣。人言非區區者，必波及陽明。昨聞周子文規大興陽明公之學，則區區亦與有慶焉。」[113]王、湛二人的交情之深、互信之篤，於此可見。

（原載《國際陽明學研究》，第3輯，頁1-34，上海古籍出版社，2013年10月）

---

113 湛若水：《湛甘泉先生文集》，卷7，頁579，〈答王汝中兵曹〉。

試論與戴震學術淵源有關的一個問題[1]

一

戴震是清朝中期的大學者，也是乾嘉漢學的代表人物，不僅小學訓詁名物制度之學當行出色，更在義理之學上卓然自成一家之言。他的《原善》、《緒言》、《孟子字義疏證》等書，都是探討學術思想的名著，也奠定了戴氏在清代哲學史上屹立不搖的地位。

戴震的學術成就固然廣受後代學者所肯定，但「譽之所至，謗亦隨之，」與他相關的學術公案就不只一件，如他對江永的態度早晚不同的問題、攘奪趙一清整理《水經注》成果的問題等，都使時人對他的人品與學術道德產生懷疑。尤其《水經注》一案，自張穆、魏源、王國

1 本文為 1998 年 5 月，北京大學成立一百週年漢學研究國際會議宣讀論文，經修改後收入論文集。本書所收為修訂稿。

維、孟森等著名學者相繼提出質疑後，2更給戴震帶來揮之不去的陰影。民國以來，雖有安徽同鄉胡適爲其打抱不平，更耗盡晚年心力試圖爲他解套，3但訖至目前爲止，成效似乎並不怎麼彰著。

「辨章學術，考鏡源流」，本來就是學術史研究的重要課題。戴震早年曾師承江永，晚年

---

2 如清·張穆〈方穆夫先生壽序〉云：「東原抗心自大，晚頗諱言其師（江永）。」（《㐆齋文集》，咸豐 8 年壽陽祁氏刻本，卷 2，頁 17。原書未見，轉引自陳勝長〈論戴震之師承問題〉，載《香港中文大學中國文化研究所學報》，19 卷，頁 363-367）。魏源〈書趙校《水經注》後〉云：「戴爲婺源江永門人，凡六書三禮九數之學，無一不受諸江氏，有同門方晞所作〈群經補義序〉稱曰『同門戴震』可證。及戴名既盛，凡己書中稱引師說，但稱爲『同里老儒江慎修』，而不稱師說，亦不稱先生，則攘他氏之書，猶其事之小者也。」（《魏源集》，北京中華書局本，1976 年，3 月，頁 226）王國維〈聚珍本戴校《水經注》跋〉云：「東原學問才力，固自橫絕一世，然自視過高，騖名亦甚。其一生心力專注於聲音訓詁名物象數，而於六經大義，所得頗淺。……其著他書，亦往往述其所自得，而不肯言其所自出。其平生學術出於江慎修。……其於江氏亦未嘗篤在三之誼，但呼之曰《婺源老儒江慎修》而已。」見《觀堂集林》，《海寧王靜安先生遺書》，（臺北：臺灣商務印書館，民國 68 年），卷 12，總頁 568。

3 胡適從民國 32 年 11 月起開始審查戴竊趙一清《水經注》校本問題，12 月 7 日夜寫了〈戴震對江永的始終敬禮〉一文，35 年 8 月 28 日在《經世日報·讀書周刊》第 3 期發表，揭開了胡適爲戴震打抱不平的序幕。此後胡適一直關切並繼續審查此案，胡適身後出版的《胡適手稿》全部十集，其中《水經注》部份就佔了六集，可見胡適晚年在戴震的公案上，幾乎耗盡了心血，有關此事的詳情，請參看胡頌平《胡適之先生年譜長編初稿》（臺北：聯經出版公司，民國 79 年）。

卻直呼江氏為「婺源老儒」，因而招致「諱言其師」之譏，甚而批評戴震對江氏「未嘗篤在三之誼」，有「背師」之嫌。這些指控，舉證歷歷，資料佐證具在，戴氏恐怕是難辭其咎。江、戴有師生之誼固然是事實，而江永雖有《近思錄集注》之作，但其影響於戴震的是主要是經學，戴震的義理之學恐怕是另有淵源，與江永關係不大。在此情況下，戴震的義理之學淵源為何，就成了學者關心的另一個重點。

晚清學者戴望在《顏氏學記》中首先提出戴震之學源出顏、李的說法，其後梁啓超、胡適及其他學者相繼肯定此一說法。胡適更在他的名著《戴東原的哲學》及其他相關論文中，一再強調戴震與顏、李的學術淵源關係，認定戴震思想深受顏、李的影響。胡適在學術界的影響極大，相信這個說法的也大有人在，但這個說法是否正確，仍有待學界的論斷。本文之作，用意即在據可靠的證據來重新思考檢討這個問題，並嘗試尋找合理的答案，探討結果是否可信，則有待學界大雅方家的指正。

二

戴望是顏李學的後勁，在他的《顏氏學記》中首先提出戴氏之學淵源於顏元的說法，他說：

> 先生之學確守聖門舊章，與後儒新說別者大致有三：……其一謂氣質之性無惡。惡也者，蔽也、習也。纖微之惡，皆自玷其體；神聖之極，皆自踐其形也。……，先生此言，合孔、孟而一之，其有功於聖道最大。同時陸道威（世儀）、李文貞（光地）雖見及之，而牽於程、張不能決。乾隆中，戴吉士震作《孟子緒言》，始本先生此說言性，而暢發其旨。4

這裡所說的「先生此言」，指的是顏元所主張的「氣質之性無惡，惡也者，蔽也、習也。纖微之惡，皆自玷其體；神聖之極，皆自踐其形也。」5。戴望的這個說法在當時似乎並沒有人注意，也沒有什麼回響，一直到民國時期，才引起胡適的注意。

胡適於民國十二年十二月中開始撰寫《戴東原的哲學》一書，民國十六年十月出版該書。6在這本書的第二章〈戴東原的哲學〉中，胡適一開始就談「戴學與顏李學派的關係」，7他

---

4 戴望：《顏氏學記》（臺北：廣文書局，民國64年，影印光緒二十年龍山白巖書院刻本）卷1，總頁7。

5 同上注。

6 依照胡頌平的《胡適之先生年譜長編初稿》（臺北：聯經出版公司，民國72年），胡適於民國12年12月中在北平開始撰寫《戴東原的年譜》一書（冊2，頁558），14年8月13日脫稿（冊2，頁596），何以遲至此時才出版，原因不得而知。有關此書的寫作、出版等事，請參看該書民國12年至16年相關各條。

7 此據商務印書館民國16年初版，其後商務在臺再版本及遠流版，均已刪去細目。欲知其詳可參看《年譜長編》

說：

> 我們看他的兩部哲學書，——《孟子字義疏證》和《原善》——不能不疑心他曾受著顏李學派的影響。戴望作《顏氏學記》，曾說戴震的學說是根據於顏元而暢發其旨（原注：《學記》一，頁四）。我們至今不曾尋出戴學與顏李有淵源關係的證據。我個人推測起來，戴學與顏學的媒介似乎是程廷祚。8

胡適受戴望的影響，認爲「戴震的學說根據於顏元而暢發其旨」，並且依據這個看法推測戴學與顏學的媒介是程廷祚。就在這個認知上，其後胡適接連又寫了〈顏李學派的程廷祚〉與〈北京大學新印程廷祚《青溪全集》序〉兩篇文章9，一方面肯定戴望的說法不錯，一方面也爲他自己的假設——程廷祚是顏學與戴學的媒介——找到一些證據，因而終其一生，胡適始終堅持他這個看法。

大約與胡適同時而稍後，梁啓超在他爲「戴東原生日二百年紀念會」撰寫的〈戴東原先生

冊2，頁596-597。

8 胡適：《戴東原的哲學》（臺北：遠流出版公司，1986年）頁17-18。

9 〈顏李學派的程廷祚〉一文，刊登在北京大學《國學季刊》5卷3號（民國25年4月出版）；〈北京大學新印程廷祚《青溪全集》序〉先在天津《益世報·讀書周刊》51期（民國25年6月4日）發表，其後附原書以行。

傳〉中10，也提出了與胡適類似的說法，他說：

> 我深信東原的思想，有一部份是受顏李學派影響而成。雖然在他的著作中一點實證也找不出來，但我覺得這件事有可能性，試大略尋一尋他的線索：一、方望溪的兒子方用安為李恕谷門生。望溪和恕谷論學不合，用安常私自左袒恕谷，是桐城方家有能傳顏李學的人。東原和方家人素有往來，方希原即其一，（原注：《集》中有〈與方希原書〉。）所以他可以從方家子弟中間接聽見顏李的緒論。二、恕谷很出力在江南宣傳他的學派，當時贊成反對兩派人當然都不少，即如是仲明這個人，據《恕谷年譜》知道恕谷曾和他往復論學，據《東原集》又知道他曾和東原往復論學，《仲明年譜》中也有批評顏李學的話，或者東原從他或他的門下可以有所聞。三、程綿莊（今案：廷祚字。）是當時江南顏李學派的大師，綿莊死的時候，東原已三十歲了。他們兩位曾否見面雖無可考，但程綿莊和程魚門是摯友，魚門東原交情也不淺，東原最少可以從二程的關係上得聞顏李說，乃至得見顏李的書。11

10〈戴東原先生傳〉後來收在梁啓超的《戴東原》（臺北：臺灣中華書局，民國68年）一書中，見該書頁1-13。

11梁啓超，《戴東原．戴東原哲學》頁21-22。

在這篇文章的結尾，梁啓超還附了一個小注：「我還打算做一篇〈顏習齋與戴東原〉，子細討論這個問題。」很可惜的是這篇文章始終沒有寫出來，梁先生對這個問題是否有更進一步的論述或發掘出更多的證據，我們也就無法得知其詳了。但就上述的文字來看，梁啓超也提到程廷祚可能是東原得聞顏李學的媒介，這個說法與胡適相合，兩人提出的時間也大致相同，[12]當時胡、梁一在北一在南，事先曾否交換意見也無從得知，有此共識相當巧合。梁啓超在程廷祚一證之外，另提出方苞子弟及是仲明二證，用以證明戴震可能得聞顏李學。其說是否可從，我們下節再討論。

由於胡適與梁啓超在當時學術界的聲望極高，影響力也大，這個說法是否合理，除錢穆以外，[13]似乎少有學者提出質疑。相信這個說法的學者還大有人在，至今未已，如張西堂於民國二十六年初撰《顏習齋學譜》時[14]，即云：

---

12 胡適是民國 12 年 12 月中開始寫《戴東原的哲學》（見《胡適之先生年譜長編初稿》冊 2，頁 558），梁啓超是民國 13 年 1 月 19 日寫完〈戴東原先生傳〉、〈戴東原著述撰校書目考〉、〈戴東原哲學〉等三篇文字的（見《戴東原》頁 38-39），時間非常接近。

13 錢穆對此一說法並不接受，錢氏的意見見錢著《中國近三百年學術史》（臺北：臺灣商務印書館，民國 57 年），頁 355-364。

14 張氏此書雖遲至民國 83 年才在臺北出版，但據作者之子張銘洽在該書〈附記〉所云，《學譜》一書早在民國 26

與綿莊同時受顏李之影響者，又有戴東原（震），東原亦為綿莊之友人，著有《原善》《孟子字義疏證》等書，攻駁宋明諸儒，……其說頗近於顏李，蓋實受顏李之影響也。戴氏獲聞顏李之學，或由於綿莊，綿莊《青溪文集續編》曾兩引戴東原說，此可知一。（原注：此用績溪胡氏說）或由於是仲明，據惲皋聞與恕谷書，南方聞顏李之學而興起者有是仲明，今《東原文集》有〈與是仲明書〉。戴氏亦可由仲明而得聞顏李之學，此可知者二。戴氏稍易顏李思想之面目，而其說大行於時，攻戴氏者，雖不知戴氏與顏李之關係，然輒因戴氏而議及顏李，如方東樹《漢學商兌》云：「又若李塨等以講學不同，乃至說經亦故與宋人相反，雖行誼可尚，而妒惑任情，亦所不能。」又云：「至於顏元、李塨、李顒等，知尊性崇禮矣，亦不能道中庸盡精微。」（卷上）方氏猶得讀顏李書，則戴氏當可得知顏李學，此可知者三。顏李之名，亦可因戴氏而益使人知也。15

張氏的三點理由中，前兩點因襲胡適與梁啟超的說法，第三點則是他所提出的新證據，所謂「攻戴氏者，雖不知戴氏與顏李之關係，然輒因戴氏而議及顏李」，用以證明「戴氏當可得知

年（1937年）即已撰成，後因故未出版。

15 張西堂：《顏習齋學譜》（臺北：明文書局，民國83年）頁184-185。

顏李學」。姑且不論這個推論是否有效，畢竟這是一個新見解，所以也把它放在這裡，留待下節一併討論。16

三

以上我們將戴望以來，主張戴震受顏李之學影響的各家說法，依時間先後羅列出來，用意即在彰顯這個問題是如何出現，又如何發展成眼前的這個模樣。下面就針對主張這個說法的各個證據，逐一進行討論。由於戴望提出的是思想方面的問題，與其他各家所提在性質上並不相同，為討論方便起見，我們將戴望放到最後，先討論比較單純的考證問題。

胡適是戴望之後最早肯定戴震之學與顏李學友淵源關係的人，由於他的聲望卓著，學術地位崇高，當他提出這個說法時，幾乎無人反對，儼然有鐵案如山的氣勢。但是，如果深入檢討的話，其中實在有太多的疑問，如：胡適在研讀過戴震的兩部重要哲學著作——《原善》與《孟子字義疏證》之後，受到戴望的啓示，「不能不疑心他曾受著顏李學派的影響。」這是所

16　1988 年周兆茂的〈論程廷祚哲學思想〉一文，開首即云：「程廷祚是顏元、李塨學派的重要弟子，其哲學思想又曾給予戴震以一定影響。」（《安徽師大學報．哲學社會版》，1988 年 1 月，頁 44-51）由於周氏毫無保留的接受胡適的觀點，並未另提新的證據，因此本文不將周文列入討論範圍。

謂「大膽的假設」，緊接著的應該是「小心的求證」。但胡適卻出人意料之外的說：「我們至今不曾尋出戴學與顏李有淵源關係的證據。」沒有證據，事情到此也許就該告一段落了，此時胡適卻找到一位學者——程廷祚，認為他是戴學與顏李學的媒介，胡適的理由是：程廷祚終身是顏、李的信徒，也是南方顏李學的宣傳者，程氏雖是徽州人，但寄籍在江寧。而戴震自二十多歲起，曾多次到江寧、揚州（西元 1742、1757、1758、1760），都有和程廷祚相見的機會。戴震於乾隆二十七年（西元 1762 年）中舉人，此前屢次在江寧參加鄉試，也有見著程廷祚的機會。此外，程廷祚的族姪孫程晉芳是戴震的朋友，戴震也有可能透過他見到程廷祚或顏李的著作。就在這種情形下，胡適說：

> 依段玉裁的記載，戴震的《原善》三篇作於癸未（1763）以前，甲戌（1754）以後的十年之間（原注：《戴氏年譜》，頁 16）。這十年正是戴氏往來揚州、江寧之間，常得見程廷祚的時期。段氏又說乾隆三十一年（1766 年）曾聽得戴震自說，「近日作得講理學一書」，即是《孟子字義疏證》的初稿（原注：《年譜》，頁 17）。這正是程廷祚死的前一年。依這種可能的機會看來，我們似乎很可以假設程廷祚是顏學與戴學之間的媒介了。

[17]

胡適上述的推論是否可以成立呢？個人認爲其中問題極多，成立的可能性不大，其理由如下：

第一、胡適所提出的各種證據中，沒有一個是直接證據，既沒有兩人來往的書信，也找不到兩人認識的記載，可見兩人根本不相認識。後來胡適非常努力的在程廷祚的《青溪文集》中找到兩條資料，「一處是他託程晉芳寫信去問『里中戴東園』兩個關於廟寢制度的問題（卷十一，〈與家魚門論萬充宗儀周二禮說書〉，一處是他引用『近日新安戴東原』的轉注說（卷三，〈六書原起說〉。這都可以證明他和戴震果然相知相識。」[18]胡適並且認爲〈與家魚門論萬充宗儀周二禮說書〉「當在程廷祚未見戴之前」，而〈六書原起論〉「當在他們已相知之後」。[19]胡適所見到的兩條資料中，第一條的原文是：「聞里中戴東園素留心經義。足下早與往

---

17 胡適：《戴東原的哲學》，頁18。

18 胡適：〈北京大學新印程廷祚《青溪全集》序〉，見《青溪文集》（北平：北京大學影印清道光辛酉年程兆恒東山草堂版）卷首頁2a。案：本文曾於民國25年6月4日，在天津《益世報．讀書週刊》51期發表。其中〈六書原起說〉乃〈六書原起論〉之誤。

19 胡適：〈顏李學派的程廷祚〉一文後的〈附記〉，原文見北京大學《國學季刊》5卷3期，民國25年4月。本文所用係《青溪文集》附錄本，見是書頁29a。

復，望走札問以大夫士寢廟有西房與夾室否？東西堂屬何地？廂在何所？以與萬說愚說相發，不無裨益。[20]」就其內容而言，看不出兩人有相識的跡象，否則程廷祚應該不會把戴震的名字都寫錯了。第二條資料的原文是：「又六品之中明轉注者，有展轉訓註之義（近日新安戴東原說）。」[21]就「近日新安戴東原說」這八個字來說，語意不是很清楚，可以說程廷祚讀到並且採用了戴震有關轉注的說法，至於兩人是否相識，謹慎一點的說法，恐怕是有此可能但並不必然。

第二、胡適認爲程廷祚寄籍江寧，而戴震曾多次到江寧、揚州，也在江寧鄉試，兩人應有見面的機會。據段玉裁所撰《戴東原先生年譜》所載，戴震的確於乾隆二十二年、二十三年、二十五年（1757、1758、1760年）「客揚州」，也於乾隆二十四、二十七年（1759、1762年）在江寧鄉試，但兩人同在一個地方，除非有特別機會或有人居中介紹，否則並不必然一定會見面，這個道理應該是很清楚的。更何況這幾年的記載中，戴震確實是見到不少學者，如惠棟（定宇）、沈大成（沃田）、是鏡（仲明）等，《年譜》中都有明確記載，獨於程廷祚則否。可見胡適這個假設是不成立的。

20 程廷祚：《青溪文集》卷11，頁28b，〈與家魚門論萬充宗儀周二禮說書〉。

21 《青溪文集》，卷3，頁12a，〈六書原起論〉。

第三、胡適又說程廷祚的姪孫程晉芳（魚門）是戴震的朋友，戴震也許有可能從程晉芳那裡得見程廷祚或顏、李的著作。程晉芳是戴震的朋友誠然沒錯，但程晉芳非常不喜歡顏李之學，甚至作了〈正學論〉痛詆顏、李，流彈所及還掃到戴震身上。胡適自己也說「程晉芳始終不能接受顏李的思想。」[22]程晉芳既然極不欣賞顏李之學，那他是否有可能主動將顏、李或程廷祚的相關著作引介給自己的朋友？細思之，可能性實在不大。

第四、《青溪文集續編》裡有一篇極重要的文章——〈與宣城袁蕙纕書〉，胡適後來考出袁蕙纕的本名是袁穀芳，曾爲袁枚的《小倉山房文集》寫〈後序〉。[23]袁蕙纕曾去信責備程廷祚何以不繼續宣傳顏李之學？程廷祚在這封回信中對此做了相當坦承的說明，他說：

> 承反復于某不以顏、李之書示人。其故有可得而言者。蓋學者束縛於功令，而習見之蔽錮于其中也，非一日矣。某弱冠得讀二家之書。壯歲晤剛主先生於白門，往復議論。未幾遊京師，而當代名儒即有疑其以「共詆程、朱」相唱和者。夫孔、孟既沒，程、朱奮乎百世之下，以斯道為己任，此誠聖賢之徒，而非可妄加以譏評者也。……然而聞「共詆程、朱」之說，不可不為大懼也。某之懼，非敢不自立而甘於徇俗也。……當舉世未

22 胡適：《青溪文集．附錄》，〈顏李學派的程廷祚〉，頁 15b。
23 胡適：《青溪文集．附錄》，〈顏李學派的程廷祚〉，頁 29a，附註 2。

> 能信從之日，而強聒不舍，必有加以非聖之謗而害其道者，不可之大者也。當舉世未能信從之日，忽有聞而愛慕之者，而亦不與之言，是咎在失人，而坐視其道之終晦，亦不可也。……茲幸遇足下研精聖學，不以成見自畫，獨有樂乎恕谷之書，且裒輯之，以廣其傳，真斯道之幸，前哲之幸，而區區之誠寤寐弗諼者矣。24

就這封出語真誠的信來看，程廷祚坦承是有「不以顏、李之書示人」的事實，而時間就在遊北京遭到當代名儒疑其以「共詆程、朱」相唱和者之後。由於袁蕙纕為宣揚顏李之學做了具體的工作，他才自白並未放棄顏李之學。就此而言，程廷祚在中年以後就「不以顏、李之書示人」，25那麼即使戴震真有機會認識程廷祚，程氏在並無深交情況之下，恐怕也不會將顏李

24《青溪文集續編》卷7，頁19a-20b，〈與宣城袁蕙纕〉。

25據胡適〈顏李學派的程廷祚〉一文的考證，程廷祚曾四次到北京，前三次分別是：雍正甲辰（西元 1724 年），程廷祚三十四歲，第一次到北京，（見《青溪文集續編》卷3，〈儲恕齊傳〉；第二次在雍正丙午（西元 1726 年），他三十四歲，到北京應順天鄉試（見《文集》卷12，〈余公墓表〉）；第三次在乾隆元年（西元 1736 年），他到北京應博學鴻詞科試，這時他已四十五歲了。考試失敗後，他回到南京，從此再不應鄉試，專心作自己的經學研究工作。至於第四次是乾隆十六年（西元 1751 年），此時他已六十一歲，江蘇巡撫保舉他應「經明行修」的召試，他到北京，仍然未中選。若就他在〈答宣城袁蕙纕書〉中所說「某弱冠得讀二家之書，壯歲晤剛主先生於白門，往復議論。未幾遊京師，……」而言，李、程二人在南京見面，事在雍正庚子（西元 1720 年）11月至次年1月。則

之學告知戴震。

第四、胡適又據《段譜》，謂乾隆三十一年（1766 年），戴震自云「近日做得講理學一書」，即是《孟子字義疏證》的初稿，而其時間恰好是程廷祚死的前一年，據此證明戴震受了程廷祚的影響。這個證據似乎相當堅強，其實有很大的誤解。就錢穆先生所考，戴震的《孟子字義疏證》成書在乾隆丙申年，即乾隆四十一年（1776 年），[26]而非乾隆三十一年。而戴震告訴段玉裁的「講理學」之書，實爲《原善》三篇之擴大本，並非段氏所說的《孟子字義疏證》一書。如此一來，這一條資料也不能用做戴震曾受程廷祚影響的證據。

根據上述四點，胡適有關程廷祚是戴震與顏李之學的媒介的假設，充滿了太多的可能性，理由不夠充分，還不足以成爲一個令人信服的說法。

梁啓超在程廷祚之外，另找出方希原（矩）及是仲明（鏡）兩條線索，用做戴震曾聞顏李學說或得見顏李書的證據，來支持戴震曾受顏李之學影響這一說法，以下就來檢討他所提出的

程廷祚在第一次去北京，受到當代儒者懷疑他以「共詆程、朱」相唱和之後，就改變以往的態度，「不再以顏、李書示人」了。

26 戴震《孟子字義疏證》成書在乾隆四十一年（西元 1776 年），可由《年譜》所附兩封〈與段懋堂書〉、《戴東原集》中的〈與某書〉、〈答彭允初書〉及陸燿（朗夫）的〈復戴東原言理欲書〉（見《切問齋文鈔》）等大都寫於乾隆丁酉（四十二年）得證。有關此事的詳細考證，請參閱錢穆《中國近三百年學術史》頁 326-331。

證據。

第一、方用安是李塨（恕谷）的學生，也是能傳顏李學的人，但梁啓超並未指出方用安與戴震是否相識？如果不相識的話，從何影響戴震？如果兩人認識的話，證據在哪裡？梁啓超說「東原和方家人素有往來，方希原即其一。所以他可以從方家子弟中間聽見顏李的緒論。」戴震認識方希原，《文集》中有〈與方希原書〉即是明證，[27]但是認識方希原而且有來往，並不必然也認識方用安，這是兩回事，不宜混爲一談。至於方希原是否也治顏李之學，則不得而知。如此說來，這一條資料並不能證明什麼。

第二、至於是仲明此人，梁啓超說他曾和李塨往復論學，又曾和戴震往復論學。梁啓超的這個說法，與事實稍有出入，據《李塨年譜》所載，雍正三年（西元 1725 年），「四月，惲皋聞書至，自言聞道晚，而躬行淺，境遇多艱，惟平旦懍懍自持，庶不負先生之教耳。又言南方聞顏李之學而興起者，有是仲明、章見心、、許聞繡、孫子房。」[28]除此之外，未見李塨有與是仲明論學之記載。而惲皋聞說是仲明也是「南方聞顏李之學而興起者」中的一人，恐怕是個誤會，因是仲明始終堅信程朱之學，並且曾批評顏李之學，可見他對顏李學不是沒有意見，

27 見《戴震集》（臺北：里仁書局，民國 69 年　，影印點校本），《文集》卷 9，頁 188。

28 馮辰、劉調贊撰：《李塨年譜》（北京：中華書局，1988 年），卷 5，頁 185。「雍正三年」條。

在這種情形下，是仲明會不會扮演傳遞顏李之學的角色，頗值得懷疑。再說，戴震雖和是仲明論學，《文集》中也有與是氏論學的書信，29然而戴氏對此人很有意見，《年譜》說「其人不為先生所重，故諷之。」30戴震對是仲明的印象既然如此，則是仲明做媒介的可能性自然大為降低了。

至於張西堂所提出的三點理由中，前兩點分別用胡適、梁啓超的說法，討論已見前，只有第三點是新的意見，以下且來看看這個理由是否可能成立。

張西堂認為攻擊戴震的學者「雖不知戴氏與顏李之關係，然輒因戴氏而議及顏李，」又以方東樹《漢學商兌》力攻顏、李為例，從而得出「方氏猶得讀顏李書，則戴氏當可得知顏李學」這個結論來。張西堂在提出第三點理由時，事實上已經預設戴震之學源自於顏、李，這可由他所說的「戴氏稍易顏李思想之面目，而其說大行於時」一語得知。在此一認知下，張氏得出這樣的結論實在不足為奇，但事實是否就是如此呢？方東樹的《漢學商兌・序例》開宗明義就說：

29《戴震集》，《文集》，卷9有〈與是仲明論學書〉。

30 案段玉裁《戴東原先生年譜》，「乾隆二十二年」條載：「〈與是仲明論學書〉，當亦其時所作。仲明名鏡，是姓，江陰人，客遊於揚者，欲索先生《詩補傳》觀之，先生答此書。平生所志所加功，全見於此，亦以諷仲明之學非所學也。仲明築室於江陰舜過山講學，其人不為先生所重，故諷之。」

> 近世有為漢學考證者，著書以闢宋儒攻朱子為本，首以言心言性言理為厲禁。海內名卿鉅公、高才碩學數十家遞相祖述，膏唇拭舌，造作飛條，競欲咀嚼。究其所以為之罪者不過三端，……而其人為言之指亦有數等，若黃震、萬斯同、顧亭林輩，自是目擊時敝，意有所激，創為救病之論。而析義未精，言之失當；楊慎、焦竑、毛奇齡輩，則出于淺肆矜名，深妒《宋史》創立〈道學傳〉，若加乎儒林之上，緣隙奮筆，忿設詖辭。若夫好學而愚智不足以識真，如東吳惠氏、武進臧氏，則為闇于是非。自是以來，漢學大盛，新編林立，聲氣扇和，專與宋儒為水火。而其人類皆以鴻名博學為士林所重，馳騁鼻舌，弗穿百家，遂使數十年間承學之士，耳目心思為之大障。歷觀諸家之書，……眾口一舌，不出于訓詁小學名物制度，棄本貴末，違戾詆誣，於聖人躬行求仁修齊治平之教，一切抹撥。名為治經，實足亂經；名為衛道，實則畔道。……其有害于世教學術，百倍于禪與心學。又若李塨等，以講學不同，乃至說經亦故與宋人相反，雖行誼可尚，而妒惑任情，亦所不解。31

開首所言的「近世」，並不是清代，更不是乾嘉，這由下文所提的黃震是南宋末人，楊

31 方東樹，《漢學商兌》（臺北：廣文書局，民國 52 年，影印清浙江書局刊本），〈序例〉，頁 1a-2a。

慎、焦竑爲明人可知。其次《漢學商兌》中雖有頗多攻擊戴震之處，[32]但就這段文字來講，主要是針對整個漢學，並未以戴震爲唯一攻擊對象。不僅如此，方東樹以捍衛宋學爲己任，凡是對宋學不滿或是採取敵對態度的學者，他都表示排斥，漢學如此，反對程、朱的顏李學派亦復如此。[33]他曾明言，他之所以反對漢學是因爲漢學家的做法「使人失其是非之心，其有害于世教學術，百倍于禪與心學，」在這種情形下，方東樹以攻擊漢學爲第一要務，顏李之學是次要目標，暫時不加打擊。[34]張西堂將方東樹對漢學整體的攻擊，解釋爲對戴震個人的攻擊，已經不妥；又把上述引文解釋爲「攻戴氏者，雖不知戴氏與顏、李之關係，然輒因戴氏而議及顏李」，似乎牽連過多，有斷章取義以就己說之嫌，並非客觀的論述，其說實不足採信。

以上已將胡適、梁啓超、張西堂等人所提出的證據逐一討論過，在整個討論中可以發現一

32《漢學商兌》對戴震的攻擊主要集中在該書卷中，方東樹說：「考戴氏生平著述之大及諸人所推在《孟子字義疏證》及《原善》。《孟子字義》戴氏自謂正人心之書，余嘗觀之，轇轕乖違，毫無當處。《原善》亦然，如篇首云云。取《中庸》《論》《孟》之字，標舉古義，以刊正宋儒，徒使學者茫然昏然，不得主腦下手處，大不如陳北溪《字義》。」（卷中之上，頁24b）可見方氏對戴震的評價不高。

33 方東樹曾說：「永嘉之事功，習齋、二曲等之躬行實踐，漢學家之考證名物，同欲用補者也。特方藥均偏，或遂誤致殺人耳。」見《漢學商兌》，卷上，頁20b。

34 方東樹自云：「至于顏元、李塨、李容等，知尊性崇禮矣，亦不能道中庸盡精微，則仍是問學之失。此方辨漢學，未暇及彼也。」（《漢學商兌》卷上，頁21b）就是最好的明證。

個相當明顯的現象，那就是他們都受了戴望的影響，認為戴震之學淵源於顏、李。肯定了這個結論之後，再設法找資料來證明此事。因之可以見到胡適在找不到直接證據時，拉出了程廷祚做顏、李與戴震之間的媒介，無視於程廷祚中年以後即不以顏、李之書示人此一事實；梁啓超則在方苞家人及是仲明的身上著手，認為他們既然彼此認識，當然就有可能將顏李之學傳遞到戴震身上。殊不知戴震與方苞子弟來往固然是事實，但缺乏文字資料做佐證，很難斷定是否有學術間的交往。至於是仲明此人，戴震對他的觀感並不怎麼好，段玉裁所編戴氏《年譜》有清楚的記載，戴震固然有〈與是仲明論學書〉，但就其內容而言，「以諷仲明之學非所學也」，[35]在這種情形下，心高氣傲的戴震是否有可能向是仲明問學請益，殊足令人懷疑。張西堂所找到的證據，由於想當然耳以意為之的成份太濃，也不足以當作佐證。由此可見，胡、梁、張三位先生所提的文字資料還是相當薄弱，不足以證明戴震曾受顏李之學的影響。

戴望是戴震曾受顏李之學影響說的始作俑者，他有沒有具體可信的證據呢？很可惜，他除了揭出顏元的「氣質之性無惡。惡也者，蔽也、習也。纖微之惡，皆自玷其體；神聖之極，皆自踐其形也」，並據此提出戴震本顏氏說法言性「而暢發其旨」。除此之外，戴望並沒有提出其

35 見段玉裁編《戴東原先生年譜》「乾隆二十二年（丁丑）」條，《戴震集》，頁462。

他的證據。若就顏元的學說來看，他認為「渾天地間一性善也」，[36]惡來自於後天的習染，不能因習染致惡而謂氣質為惡。顏元此一觀點主要是針對宋儒而發，程、朱將理氣二分，義理之性純然至善，氣質之性則有善有不善。顏元則謂「若謂氣惡，則理亦惡，若謂理善，則氣亦善。蓋氣即理之氣，理即氣之理，烏得謂理純一善而氣質偏有惡哉？」[37]換言之，他既不同意以氣質為惡，也不贊成將義理獨立於氣質之外的看法。其實這種觀點並非顏元首創，與顏元同時而年歲稍長的陸世儀（桴亭，1611-1672），就有類似的說法。陸世儀在當時號稱「醇儒」，與陸隴其（稼書）並稱「二陸」，時人同以朱學大家視之。但陸世儀雖承朱學，其學特色卻是「不立宗旨」，不預存門戶之見，[38]與陸隴其謹守朱學渠矱的作風大相逕庭。在人性問

---

36 顏元：《四存編・存性編》（北京：中華書局，1981年），卷2，頁30。

37 同上書，卷1，頁1。

38 陸世儀這種論學態度在他的言論中表現的十分清楚，如《陸桴亭先生文集》（中央研究院歷史語言研究所藏清光緒25年刊《陸桴亭先生遺書二十二種》本）卷2，頁6b，〈答晉嶺湯公綸論學書〉云：「且弟於道學一途，尤不喜言宗旨，以為此分立門戶之漸。孔孟之學如天之無不覆，如地之無不載，亦何必沾沾舉似一、二語以為言者？」又如《思辨錄輯要》（臺北：廣文書局影印光緒丁丑秋日江蘇書局刻本，民國66年）後集卷9，總頁248，「諸儒類」載世儀自謂：「予嘗有言：大儒決不立宗旨。譬之醫家，其大醫國手無科不精、無方不備、無藥不用，豈有執一海上方而沾沾以語人曰：『此方之外別無藥。』近之談宗旨者，皆海上奇方也。豈曰不能治病，然而淺矣！小矣！」

題上，陸世儀有自己獨特的看法，他認為「太極、兩儀未嘗二，性如何有二？」[39]在這種認知下，針對程朱理氣二分的說法，他做了若干的修正，提出「天地之間莫非氣，而其所以然之故，則莫非理。理與氣，在天則為天之命，在人則為之性。性與命兼理與氣而言之者也。」[40]，因而他有「性原無二」的主張，並且說所謂義理即「氣質中合宜而有條理者」，「非於氣質之外別有所謂義理」。[41]本於此，他強調「人之氣質善，捨氣質之外無性也。」[42]清楚的彰顯了重視氣質的特色。陸世儀這種重氣質，性善由氣質而定的觀點，與顏元相當一致，可見論性重氣質，在清初是不乏其人。[43]由此說來，戴震的人性論可能的來源很多，不見得一定來自於顏元，也有可能是戴氏的創見。戴望在沒有其他佐證的情形下，僅據兩人論性相同這一點，就推出戴震論性受顏元的影響，這個說法恐怕是難以成立的。

---

39 陸世儀：《思辨錄輯要》，後集卷4，總頁97，「人道類」。

40 同上書：《後集》，卷4，總頁95，「人道類」。

41 陸世儀：《性善圖說》（中央研究院歷史語言研究所藏清光緒25年刊《陸桴亭先生遺書二十二種本》）頁3a。

42 同上書，頁9b。

43 除了上述學者之外，清初的陳確、黃宗羲、王夫之等人論性，都有不分氣質、義理，性只是一個氣質之性，主張氣質之性即是善的類似論調，可見這是清初學風的一個發展方向。有關這個問題的討論，請參看黃懿梅的〈清代哲學中人性論之探究〉，刊於臺大哲學系《哲學論評》第6期，頁201-225，民國72年1月。

四

以上我們將戴望以來，胡、梁等各家對所謂戴震思想淵源於顏李學派的證據，做了一個比較徹底的討論。透過這個探討，可以清楚的發現：這個問題的產生固然源起於戴望在相關證據不足的情況下，即認定戴震論性源於顏元。他忽略了思想相同或相近者固然時間有差異，未必就一定有淵源傳承的關係這一事實，所謂「思想之事，固可以閉門造車，出門合轍，相視於莫逆，相望於無形者。」[44]因而有此斷案，也誤導了胡適以下諸家的思考。

再就胡適而言，在處理這個問題上，原先他的態度固然相當謹慎，如《戴東原的哲學》一書中經常出現類似「不能不疑心他曾受著顏李學派的影響」（頁 17）、「我們至今不曾尋出戴學與顏李有淵源關係的證據」（頁 18）、「（戴氏）與顏李學派似有淵源的關係」（頁 53）等疑而未定之詞。但在找到了程廷祚這一個線索之後，胡適就開始了「大膽的假設」，儘量去發掘相關的「證據」，來證成己說。在這個過程中，他忽略了即使程廷祚知道戴震此人並不等同於兩人相識，也忽略了程廷祚中年以後不以顏、李之書示人這一事實，更找出深惡顏李之學的程晉芳做程廷祚傳學的媒介，用心良苦莫過於此。在缺乏直接證據支持下，這一連串的「可能」還是

---

44 錢穆：《中國近三百年學術史》，頁 356。

停留在可能階段，無法變成「必然如此」。至於梁、張二人，他們所犯的毛病跟胡適一樣，都是先肯定有這回事，再去找可能的證據；換言之，先有結論，再找證據，就嚴格的考證工作而言，這是相當危險的作法。

學術史上本有極多時代不同，思想卻如出一轍的例證，如果沒有經過廣泛的蒐集相關資料與縝密的考證過程，就逕自認定二者必然有淵源傳承的關係，這種處理問題的方式過於草率，也容易產生誤導，對學術研究而言，是負面的示範，並不足取。戴震的學術淵源問題固然只是一個個案，其中蘊藏的相關問題，卻頗值得後學深思。

（原載《文化的饋贈——北京大學成立一百週年漢學研究國際會議論文集（哲學卷）》，頁230-239，北京大學出版社，2000年8月）

但開風氣不為師——試論胡適的清代學術史研究[1]

一、前言

中國近代學術史上有許多了不起的大師，他們引領風氣，開啓新的學術研究領域，指引學者新的研究方向，創造了新一代的學術研究。這一類的大師多半具有群眾魅力，不僅是當時輿論的寵兒，也是社會風氣的領導者，其影響力甚大，往往歷數十年而不衰。如康有爲（1858-1927）、章炳麟（1869-1936）、梁啓超（1873-1929）、胡適（1891-1962）等人都是這類的典範人物，其中又以胡適的影響力爲最大，也最值得注意。

胡適的《中國哲學史大綱》（卷上）於民國八年（1919）二月由商務印書館出版，當時即

1 本文爲 2010 年 10 月，中國人民大學國學院主辦「國學前沿問題研究暨馮其庸先生從教六十週年國際學術研討會」宣讀論文，經修改後，正式發表。本書所收爲修訂稿。

令人耳目一新，造成了學界的轟動，產生了建立史學革命的典範（paradigm）作用，[2]其對中國哲學史或思想史研究的影響之大，可以想見。除了哲學史之外，胡適在文學、歷史各方面都有傑出的著作與前瞻的觀點，衝擊著傳統文化與學術，帶動了一波又一波的改革浪潮，為近現代的中國人文學術開啓了新的一頁，成就斐然，至今依然極受肯定。

比較少為人注意的是，從民國八年至二十五年（1919-1936）之間，除了中國中古思想史的著述之外，[3]胡適還寫作了相當數量有關清代學術史的專書與論文，不僅探討了清代三百年學術的發展，同時透過這些論述，胡適將他個人對研究方法的關切、研究資料的處理，做了具體且深入的闡述，期待帶動風氣，改變學界傳統保守的習氣，進而開展出科學的研究方法，促進中國學術的發展。凡此種種，都流露在他有關清代學術的研究之中，用心頗為良苦。

本文之作，用意不在全面檢討胡適的清代學術史研究成果，重點主要集中於胡適如何觀察清代學術？如何評價「樸學」？他的觀察是否合理？他的評論是否持平？上述的論述若有失衡

2 參見余英時：〈《中國哲學史大綱》與史學革命〉，《重尋胡適歷程》（桂林：廣西師範大學出版社，2004 年），頁 221-232。

3 民國 19 年至 24 年（1930-1935）之間，除了撰寫《中國中古思想史長編》之外，胡適還撰寫了有關道教、禪宗的論文，足見他此時的思想史研究，主要是接續探討中古思想史。詳見胡頌平：《胡適之先生年譜長編初稿》（校訂本）（臺北：聯經出版事業公司，1983 年），冊 2 至冊 4。

之處，其原因又是甚麼？最後再對胡適的觀點試做討論，提出看法。

二、胡適對清代學術的觀察

胡適有關清代學術史的著述，有下列數種：

1、〈清代學者的治學方法〉（1919年8月作，《胡適文存》一集，卷2，頁383-412）；

2、《章實齋先生年譜》（1922年1月21日序，商務印書館出版）；

3、北京大學〈《國學季刊》發刊宣言〉（1923年1月，《胡適文存》二集，卷1，頁1-18）；

4、〈崔述年譜：科學的古史家崔述〉（1923年4月，北京大學《國學季刊》第1卷第2期，寫至嘉慶二年崔述58歲，此後由趙貞信補完。《胡適選集・年譜》，頁1-139，臺北：文星書店，《文星叢刊》108，1966年6月）；

5、〈戴東原在中國哲學史上的位置〉（1923年12月19日，許嘯天編《國故學討論集》第4集，1927年1月上海群學社出版；《胡適學術文集・中國哲學史》下冊，頁1102-1106）；

6、〈費經虞與費密——清學的兩個先驅者〉（1924年9月17日脫稿，《胡適文存》二集，卷1，頁48-90）；

7、《戴東原的哲學》（1925年8月13日脫稿，原載1925年12月北京大學《國學季刊》第2卷第1期，1927年商務印書館單行本）；

8、〈幾個反理學的思想家〉（1928年2月7日改定稿，《胡適文存》三集，卷2，頁53-107）；

9、〈治學的方法與材料〉（1928年9月，《新月》1卷9期，《胡適文存》三集，卷2，頁109-122）；

10、〈顏李學派的程廷祚〉（北京大學《國學季刊》第5卷第3期，1936年4月北平出版；《胡適學術文集．中國哲學史》下冊，頁1186-1223）；

11、〈北京大學新印程廷祚《青溪全集》序〉（天津《益世報．讀書週刊》第51期，1936年6月4日；《胡適學術文集．中國哲學史》下冊，頁1224-1227）；

12、〈顏習齋哲學及其與程朱陸王的異同〉（1937年「廬山暑期訓練團講演稿」，《文史雜誌》1卷8期，1941年7月16日香港出版；《胡適學術文集．中國哲學史》下冊，頁1224-1227）。

這些著述共同的特色是表彰以往較少為人注意的學者，如章學誠（1738-1801）、崔述（1740-1816），胡適都為他們編輯了年譜；至於程廷祚（1691-1767），則是有意建立顏李學派與戴震學術淵源的關鍵環節；費經虞（1599-1671）、費密（1625-1701）的討論，用意在探討清學的先驅。大致說來，透過對這些學者與相關問題的研究，胡適逐步建構起他對清學的看法。

在上述這些著述中，可以歸納出胡適對清代學術史的幾點觀察：

（一）清代學術的興起，來自於對理學的反動

胡適在〈幾個反理學的思想家〉一文中說：

> 五百多年（1050-1600）的理學，到後來只落得一邊是支離破碎的迂儒（按：程朱），一邊是模糊空虛的玄談（按：陸王）。到了十七世紀的初年，理學的流弊更明顯了。……於是有反理學的運動起來。
>
> 反理學的運動有兩方面：
>
> （1）打倒（破壞）
>
> 打倒太極圖等迷信的理學，——黃宗炎、毛奇齡等。
>
> 打倒談心說性等等玄談，——費密、顏元等。
>
> 打倒一切武斷的，不近人情的人生觀，——顏元、戴震、崔述等。
>
> （2）建設
>
> 建設求新知識學問的方法，——顧炎武、崔述等。

建設新哲學，——顏元、戴震等。4

由此來看，不論清代學術的表現是打倒或是建設，胡適認定，清代學術的出現與發展，基本上來自於對宋明理學的反動。

在後來出版的《戴東原的哲學》這部書中，針對上述這個觀點，胡適又做了更進一步的說明，他說：

> 約略說來，當日「反玄學」的運動，在破壞的方面，有兩個趨勢。一是攻擊那談心說性的玄學；一是攻擊那先天象數的玄學。清學的開山祖師顧炎武就兼有這兩種趨勢。……這兩種趨勢後來都有第一流人才加入，繼續發揮。黃氏兄弟（黃宗羲、黃宗炎）攻擊象數之學最力；毛奇齡也很用功；胡渭的《易圖明辨》可算是這一方面的集大成。心性的玄學在北方遇著顏元、李塨的痛剿，在南方又遭遇費經虞、費密等人的攻擊。閻若璩指出古文《尚書》裡「人心惟危，道心惟微；惟精惟一，允執厥中」十六個字是出於《道經》的：這也可算是對那「危微精一」之學放了一枝很厲害的暗箭。但當日的「反玄學」大革命，簡單說來，不出兩個根本方略：一是證明先天象數之學是出於道士的，一

---

4 胡適：〈幾個反理學的思想家〉，《胡適文存》（臺北：遠東圖書公司，1968年），3集，卷2，頁56。

是證明那明心見性之學是出於禪宗的：兩者都不是孔門的本色。反玄學的運動，在破壞的方面居然能夠轉移風氣，使人漸漸地瞧不起宋明的理學。在建設的方面，這個大運動也有兩種趨勢：一面是注重實用，一面是注重經學：用實用來補救空疏，用經學來代替理學。前者可用顏李學派作代表，後者可用顧炎武等作代表。從顏李學派裡產出一種新哲學的基礎，從顧炎武以下的經學裡產出一種新的做學問的方法。戴東原的哲學便是這兩方面的結婚的產兒。5

胡適指出，清代學術的出現，來自於對五百多年來的宋明理學的反動。這個觀察並非他的首創，其實梁啓超已曾提出。早在民國九年（1920），梁啓超在《清代學術概論》一書中即曾公開說過：「『清代思潮』果何物耶？簡單言之：則對於宋明理學之一大反動，而以『復古』爲其職志者也。其動機及其內容，皆與歐洲之『文藝復興』絕相類。」可見胡適的觀點並不具有原創性。儘管如此，他也清楚說明了自己接受這個判斷的理由，他說：「宋以來的理學有幾個大毛病：第一，不近人情；第二，與人生沒大交涉；第三，氣象嚴厲，意氣陵人。」6理學的這些毛病，使得胡適難以忍受，因而他也同意梁氏的這個觀察。在梁啓超的基礎上，胡適有更進

5 胡適：《戴東原的哲學》（臺北：遠流出版公司，《胡適作品集》32，1986年），頁1-3。

6 胡適：〈費經虞與費密——清學的兩個先驅者〉，《胡適文存》2集，卷1，頁86。

一步的觀察與分析，他將清儒反理學的運動分爲兩個方面：消極的方面是打倒（破壞），代表的人物有打倒《太極圖》的黃宗炎（1616-1686）、毛奇齡（1623-1716）等；打倒心性玄談的費密、顏元（1635-1704）等；打倒武斷的、不近人情的人生觀的顏元、戴震（1723-1777）、崔述等。在積極的建設方面，有建設新研究方法的顧炎武（1613-1682）、崔述等；有建設新哲學的顏元、戴震等人。這種分析的考量，可以看出胡適的觀察極爲敏銳，也就是在這種思考基礎上，胡適同意梁啓超的觀察，以「反動說」建立起他個人對於清代學術來源的基本看法。

（二）清代學術最大的成就是經學的復興

在討論清代學術的發展時，胡適強調，在反理學運動的過程中，除了破壞是最明顯的特徵之外，相對於破壞的建設也不容小覷。破壞是消極的打倒，建設則是積極的創造。清儒在建設方面的具體成果，就是迴異於理學面目的新學術的出現，這就是經學的復興。他說：

> 當日反玄學的運動之中還有一個最有力而後來成績最大的趨勢，就是經學的復興。……用「經學」來代替「禪學」，這是當日的革命旗號。「經學」並不是清朝獨有的學術，但清朝的經學卻有獨到的長處，可以說是與前代的經學大不相同。漢朝的經學重詁訓，明為近古而實多臆說；唐朝的經學重株守，多注「注」而少注經；宋朝的經學重見解，多新

義而往往失經的本義。清朝的經學有四個特點：（一）歷史的眼光，（二）工具的發明，（三）歸納的研究（四）證據的注重。因為清朝的經學具有這四種特長，所以他的成績最大而價值最高。7

談到清代經學，顧炎武是不可忽略的關鍵人物。明末清初的顧炎武是清代經學復興的主要功臣，在反對理學上，顧氏有感於王學末流禍國的弊病，對理學展開了最猛烈的攻擊，他說：「愚以爲理學之名自宋人始有之。古之所謂理學，經學也，非數十年不能通也。…今之所謂理學，禪學也；不取之五經而但資之語錄，校諸帖括之文而尤異也。」8因此，顧炎武極力鼓吹用儒家傳統的「經學」，來取代實質淪爲「禪學」的「理學」，以回歸儒家學術的正途。胡適認爲，顧炎武的主張不僅用革命的方式打倒了五百年來的宋明理學，事實上也建設了此下新的學術，這就是經學的復興。

這種學術雖然以「經學」的面目出現，其實大不同於傳統的經學。這由於歷代經學各有所長，也各有所短：漢代經學重訓詁，貌似近古實多臆說；唐代經學重株守，重注疏而忽略經文；宋代經學重見解，新義雖多卻違失經文本義。就胡適而言，相較於過去的經學，清代經學

7 胡適：《戴東原的哲學》，頁8-9。

8 清・顧炎武：〈與施愚山書〉，《顧亭林詩文集・亭林文集》（臺北：世界書局，1963年），卷3，頁62。

有其獨到的優點，這就是：（1）歷史的眼光，（2）工具的發明，（3）歸納的研究，（4）證據的注重等四個特點。由於這些特點，使得清代經學能獨具優勢，不僅超越歷代，而且成就不凡，合於近代的科學思想。正因清儒治學有這些優勢，使得清代經學與以往的經學非常不同，他說：

> 主觀的臆說，穿鑿的手段，一概不中用了。搜求事實不嫌其博，比較參證不嫌其多，審察證據不嫌其嚴，歸納引申不嫌其大膽。用這種方法去治古書，真如同新得汽船飛艇，深入不曾開闢的奇境，日有所得而年有所成；才大的可以有創造的發現，而才小的也可以盡一點「襞績補苴」的微勞。經學竟成了一個有趣味的新世界了！我們必須明白這一層，然後可以明白為什麼明朝的第一流人才都做理學，而清朝的經學居然可以牢籠無數第一流的人才。9

由於清儒做學問有歷史的眼光，又取得前人所沒有的治學工具，再加上合乎近代科學的精神與方法，因而在面對傳統典籍時，能不預設成見，重視證據，開展出新的觀點，發現新的問題；更能以縝密的方法，鉅細靡遺的歸納分析，逐步解決問題，從而得出具體可信的結論。這

9 胡適：《戴東原的哲學》，頁13。

種客觀的態度，精密的治學方法，促使清代經學從宋明時代的主觀冥想的窠臼解放出來，網羅了許多第一流的人才從事經學研究，也開啓了中國經學史上最光輝燦爛的一個時代。

（三）清代學術能超越前人的主要原因，在治學方法的創新與應用

早在民國八年（1919），胡適正式發表的第一篇有關清代學術的論文——〈清代學者的治學方法〉時，用意即在表彰清代學者研究學問，使用了迥異於前人的新方法。這種新的研究方法，使得他們在從事研究工作時，能突破前人主觀冥想的窠臼，建立起客觀可信的論點，創造出前所未有的成績，從而奠定了清代學術在學術史上屹立不搖的堅實地位。這種嶄新的研究方法的出現，主要動機來自於清儒不滿意「宋代以來的學者用主觀的見解來做考古學問的方法」[10]。具體說來，清儒攻擊宋儒的不當之方法包括下列幾項：

（1）隨意改古書的文字。

（2）不懂古音，用後世的音來讀古代的韻文，硬改古音為「協音」。

（3）增字解經。例如解「知致」為「致良知」。

（4）望文生義。例如《論語》「君子恥其言而過其行」，本有錯誤，故「而」字講不

---

10 胡適：〈清代學者的治學方法〉，《胡適文存》1集（臺北：遠東圖書公司，1968年），卷2，頁391-392。

通；宋儒硬解為「恥者，不敢盡之意；過者，欲有餘之辭。」卻不知道「而」字是「之」字之誤。（皇侃本如此。）[11]

胡適並且就這些弊病，分別舉例做了說明。[12]他指出正由於清儒不滿意宋儒的治學方法過於主觀，以意爲之，因此自顧炎武開始，針對上述弊病，清儒發展出一套重視證據，避免成見的客觀研究方法來。顧炎武曾說：「愚以爲讀九經自考文始，考文自知音始。以至諸子百家之書，亦莫不然。」[13]此處所說的「『考文』便是校勘之學，『知音』便是音韻訓詁之學。」[14]顧氏作《音學五書》，教人從文字聲音下手，用證據來考訂古音，胡適聲稱這就是一種科學的研究法。

其實這種方法並非顧氏首創，而是前有所承，來自於明代陳第（1541-1617）的《毛詩古音考》。陳第考證古音，用證據作基礎，提出「本證」與「旁證」兩種概念，「本證」是以《詩經》證《詩經》，「旁證」是以《易經》、《楚辭》證《詩經》，從而考證出《毛詩》的古音。顧

11 胡適：〈清代學者的治學方法〉，《胡適文存》1集，卷2，頁392。
12 胡適：〈清代學者的治學方法〉，《胡適文存》1集，卷2，頁392。
13 顧炎武：〈答李子德書〉，《顧亭林詩文集．文集》（臺北：世界書局，1963年1月），卷4，頁72-77。
14 胡適：〈幾個反理學的思想家〉，《胡適文存》3集，卷2，頁53-107。

炎武完全採用了陳第的方法，也用「本證」與「旁證」兩種概念來考證《詩經》的古音，只不過後出轉精，蒐集了更豐富的材料，提出了更多的證據。舉例而言，陳第考證「服」字古音讀「逼」，共舉出本證十四，旁證十；顧氏作《詩本音》，於「服」字下舉出本證十七，旁證十五。其後，顧炎武作《唐韻正》時，更於於「服」字下舉出了一百六十二個證據。這種重視證據的態度，影響既深且遠，到了乾嘉時代的學者如戴震、錢大昕（1728-1804）、段玉裁（1735-1815）、王念孫（1744-1832）、引之（1766-1834）父子，更是發揚光大，用同樣的方法研究音韻學、訓詁學，校勘古書，蔚爲風氣，形成一種新的研究學問的方法。胡適認爲，這種方法的基本觀念大致如下：

（1）研究古書，並不是不許人有獨立的見解，但是每立一種新見解，必須有物觀的證據。

（2）漢學家的「證據」完全是「例證」。例證就是舉例為證。……

（3）舉例作證是歸納的方法。舉的例不多，便是類推（Analogy）的證法。舉的例多了，便是正當的歸納法（Induction）了。類推與歸納，不過是程度的區別，其實他們的性質是根本相同的。

（4）漢學家的歸納手續不是完全被動的，是很能用「假設」的。這是他們和朱子大不

> 相同之處。他們所以能舉例作證，正因為他們觀察了一些個體的例之後，腦中先已有了一種假設的通則，然後用這通則包含的例來證同類的例。他們實際上是用個體的例，精神上實在是把這些個體的例所代表的通則，演繹出來。故他們的方法是歸納和演繹同時並用的科學方法。[15]

簡而言之，即是探討問題時，撇除主觀的態度，重視證據，採用例證，並且通過歸納的方式，得出一個客觀的結論來。

除了重視證據，使用歸納的方式之外，胡適特別強調，清代學者歸納的方式並非完全處於被動。事實上他們在觀察個別的例證時，已經先產生了一種「假設的通則」，然後運用包含這個通則的例證來推論同類的例子，觀察它是否能夠將所有同類的例子都解釋的清楚滿意，這就是演繹的方法了。若是演繹的結果充分滿意，原本的「假設的通則」，就成爲一條已證實的定理了。胡適認爲，清代學者常用的這種研究方法，其實就是科學家常用的方法，針對這種方法，胡適做了一個相當有名的概括：「他們用的方法，總括起來，只是兩點：（1）大膽的假設，（2）小心的求證。假設不大膽，不能有新發明。證據不充足，不能使人信仰。」[16]這

---

15 胡適：〈清代學者的治學方法〉，《胡適文存》1集，卷2，頁393-394。

16 胡適：〈清代學者的治學方法〉，《胡適文存》1集，卷2，頁409。

可以說是胡適對清代學者研究方法最重要的總結。[17]因此，清代三百年的治學成績在音韻學、訓詁學、校勘學、考證學、金石學以及史學方面都有傲視前人的成績，主要原因即在於有上述這樣精密的治學方法。

（四）清學的最大問題在於受限於研究的對象，因而開展不出現代的科學，也與國計民生毫無關連

儘管胡適對清代三百年學術的研究方法與研究成果相當肯定，讚譽有加，[18]並且認爲清代學者的研究方法合於科學，但這只是就中國學術的本身所作的觀察。若是放大視野，從人類學術發展的角度來衡量，尤其是與西洋近三百年的自然科學發展相比較，胡適對清代學術的觀察就有迴然不同的評價了。

---

17 關於胡適所概括的「大膽的假設，小心的求證」此一治學方法，討論者頗多，可參看榮瑞和：〈胡適「大膽假設，小心求證」新探〉，《河南師範大學學報》（哲學社會科學版），1987年第2期，頁12-15。

18 胡適曾說：「『亭林百詩之風』造成了三百年的樸學。這三百年的成績有聲韻學，訓詁學，校勘學，考證學，金石學，史學，其中最精采的部分都可以稱爲『科學的』；其間幾個最有成績的人，如錢大昕、戴震、崔述、王念孫、王引之、嚴可均，都是科學的學者。我們回顧這三百年的中國學術，自然不能不對這班大師表示極大的敬意。」參見〈治學的方法與材料〉，《胡適文存》3集，卷2，頁111。

胡適肯定清代三百年學術的研究方法，認爲它合於科學方法，與西洋近三百年自然科學的研究方式並無不同，他說：

> 顧炎武、閻若璩的方法，同格利賴（Galileo）牛敦（Newton）的方法，是一樣的：他們都能把他們的學說建築在證據之上。戴震、錢大昕的方法，同達爾文（Darwin）柏司德（Pasteur）的方法，也是一樣的：他們都能大膽地假設，小心地求證。[19]

既然同一時代的中、西學者，同樣講求客觀的證據，都使用同樣的科學研究方法，何以會做出不同的研究成果，對人類文明的貢獻又有截然不同的表現呢？這是胡適提出來，也令人深思的一個大問題。

對於這個問題，胡適自己的解答很簡單：關鍵在於研究的材料不同。他說：

> 他們的方法是相同的，不過他們的材料完全不同。顧氏閻氏的材料全是文字的，格利賴一班人的材料全是實物的。文字的材料有限，鑽來鑽去，總不出這故紙堆的範圍；故三百年的中國學術的最大成績不過是兩大部《皇清經解》而已。實物的材料無窮，故用望遠鏡觀天象，而至今還有無窮的天體不曾窺見；用顯微鏡看微菌，而至今還有無數的微

19胡適：〈治學的方法與材料〉，《胡適文存》3集，卷2，頁109-122。

> 菌不曾尋出。但大行星已添了兩座，恆星之數已添到十萬萬以外了！……然而我們的學術界還在爛紙堆裡翻我們的觔斗！[20]

簡而言之，胡適認爲清代學者儘管發展出合於科學的研究方法，也做出了相當優秀的研究成果，但是受限於研究對象（材料），將研究的眼光集中在傳統的古書上，因此無法如同時西洋的科學家，做出優秀的，有益社會人生的成果來。他說：

> 我們的考證學的方法儘管精密，只因為始終不接近實物的材料，只因為始終不曾走上實驗的大路上去，所以我們三百年最高的成績終不過幾部古書的整理，於人生有何益處？於國家的治亂安危有何裨補？雖然做學問的人不應該用太狹義的實利主意來批判學術的價值，然而學問若完全拋棄了功用的標準，便會走上很荒謬的路上去，變成枉費精力的廢物。這三百年的考證學固然有一部分可算是有價值的史料整理，但其中絕大的部分卻完全是枉費心思。[21]

由於研究對象的不同，研究材料的差異，再加上不注重實驗的態度，使得清三百年的學術研究

20 胡適：〈治學的方法與材料〉，《胡適文存》3集，卷2，頁115-116。

21 胡適：〈治學的方法與材料〉，《胡適文存》3集，卷2，頁119。

只能侷限在傳統思想範圍內，無法突破藩籬，「絕大部份是枉費心思」，自然也開展不出胡適所念茲在茲，時刻不忘的近代自然科學來！這是他始終引以爲憾的恨事，也是他終生難以解開的心結。

在這種心境下，儘管胡適褒揚清代學者治學的方法，許之爲「科學方法」；也肯定清代學者治學的認真專一，認爲「但宜推求，勿爲株守」，這八個字是清學的真精神。[22]但在他針對清代學術做出具體的總評時，胡適還是說出了非常嚴厲的重話，他說：

> 這三百年之中，幾乎只有經師，而無思想家；只有校史者，而無史家；只有校注，而無著作。這三句話雖然很重，但我們試除去戴震、章學誠、崔述幾個人，就不能不承認這三句話的真實了。…古人說：「鴛鴦繡取從君看，不把金針度與人。」…多數的人只愛看鴛鴦，而不想自己動手去學繡。清朝的學者只是天天一針一針的學繡，始終不肯繡鴛鴦。所以他們儘管辛苦殷勤的做去，而在社會的生活思想上幾全不發生影響。他們自以為打倒了宋學，然而全國的學校裡讀的書仍舊是朱熹的《四書集註》，《詩集傳》，《易本義》等書。他們自以為打倒了偽古文《尚書》，然而全國村學堂裡的學究仍舊繼續用蔡沈的《書集傳》。三百年第一流的精力，二千四百三十卷的經解，仍舊不能換朱熹一個

22 胡適：〈清代學者的治學方法〉，《胡適文存》1集，卷2，頁412。

人的幾部啟蒙的小書！這也可見單靠功力而不重理解的失敗了。[23]

這是胡適對清代三百年學術的總評價。他具體指出清代學術的優點在功力深厚，方法精妙；缺點在於不重理解，缺乏整體的認知與系統的貫穿，因而不能有完整的思想與體大思精的著作出現。這正是章學誠所說的：「近日學者風氣，徵實太多，發揮太少，有如蠶食葉而不能抽絲。」[24]更要緊的是，清代的學術完全脫離了社會民生，與實際的人生完全沒有關連，這才是胡適所最爲關心的一點。

---

23 胡適：〈《國學季刊》發刊宣言〉，《胡適文存》2集，卷1，頁5-6。胡適在〈幾個反理學的思想家〉中也曾有類似的意見，只不過說的較含蓄，語帶保留，沒有這麼直接批評罷了。他說：「這個運動的特色是沒有組織大哲學系統的野心，人人研究他的小題目，做專門：或專治一部書，（如《說文》。）或專做一件事，（如輯佚書。）或專研究一個小題目。（如「釋繪」。）這個時代的風氣是逃虛就實，寧可做細碎的小問題，不肯妄想組成空虛的哲學系統。」見《胡適文存》3集，卷2，頁70。

24 章學誠：《章學誠遺書》（北京：文物出版社，1985年，據壬戌吳興劉氏嘉業堂刊本影印），卷9，總頁82，〈與汪龍莊書〉。

三、對胡適論點的討論

上面略舉四個要點，分別討論了胡適對清三百年學術的幾個看法，這幾個看法是否一定正確無誤為學界所接受呢？由於觀察角度的不同，自然會有不同的意見，見仁見智之處勢必所在多有。學術觀點未必見得非定於一尊不可，眾聲喧譁，紛紛擾擾，常常可以見出思想自由、多元並存的可貴。此處謹就胡適所論各點，略抒個人的淺見。

(一)對「清學是理學的反動」論點的討論

胡適接受梁啓超的觀點，認定清代學術是理學的反動，以這種論點來解釋清代學術的出現，是否足夠周延，是否能夠清楚解釋清學興起的原因呢？以個人淺見，用一個簡單的觀點想執簡御繁，去解釋一個時代思潮興起的原因，想法過於單純，幾乎不太可能做到。

就在胡適發表這幾篇討論清代學術的文章之後，時在北京大學任教的錢穆，在其新作《中國近三百年學術史》中，很清楚的提出了不同的看法，他說：

明清之際，諸家治學，尚多東林餘緒。梨洲（黃宗羲）嗣軌陽明，船山（王夫之）接跡橫渠，亭林（顧炎武）於心性不喜深談，習齋（顏元）則兼斥宋明，然皆有聞於宋明之緒論者也。[25]

又說：

> 言漢學淵源者，必溯諸晚明諸遺老，然其時如夏峰（孫奇逢）梨洲（黃宗羲）二曲（李顒）船山（王夫之）桴亭（陸世儀）亭林（顧炎武）蒿庵（張爾岐）習齋（顏元），一世魁儒耆碩，靡不寢饋於宋學。繼此而降，如恕谷（李塨）望溪（方苞）穆堂（李紱）謝山（全祖望）乃至慎修（江永）諸人，皆於宋學有甚深契詣，而於時已及乾隆，漢學之名，始稍稍起，而漢學諸家之高下淺深，亦往往視其所得於宋學之高下淺深以為判。[26]

錢穆雖未明白指斥「反動說」的不是，但從他具體陳述「明清之際，諸家治學，尚多東林餘緒」、「言漢學淵源者，必溯諸晚明諸遺老……一世魁儒耆碩，靡不寢饋於宋學」而言，他並不贊成梁啓超、胡適以「反動說」來解釋清學的興起。相對於梁、胡的說法，他提出另外一種觀察，以晚明諸遺老黃宗羲（1610-1695）、王夫之（1619-1692）、顧炎武、顏元，以及稍後的李

---

25 錢穆：《中國近三百年學術史．自序》（臺北：臺灣商務印書館，1990年），頁1。

26 錢穆：《中國近三百年學術史．引論》，頁1。

塨（1659-1733）、方苞（1668-1749）、李紱（1673-1750）、全祖望（1705-1755）、江永（1681-1762）等人莫不深受宋學影響爲例，主張清學的出現，淵源於宋明理學的繼續發展。錢穆的論點其實很清楚，他認爲學術的發展猶如自然的演進一樣，有其內在的脈絡，先後相連相承，不能截然劃分，判若二事。錢穆的這種觀察，其實也是有所本，乾嘉時期的章學誠就曾經說過：

> 通經服古，由博反約，即是朱子之教。一傳而為蔡九峰（沈）、黃勉齋（榦），再傳而為真西山（德秀）、魏鶴山（了翁），三傳而為黃東發（震）、王伯厚（應麟）。其後如許白雲（謙）、金仁山（履祥）、王會之（柏），直至明初宋潛溪（濂）、王義烏（禕），其後為八股時文中斷。至國初而顧亭林（炎武）、黃梨洲（宗義）、閻百詩（若璩）皆俎豆相承，甚於漢之經師譜系。戴氏亦從此數公入手，而痛斥朱學，此飲水而忘其源也。27

章氏的說法雖係針對戴震反程朱理學而發，就他所論述的學術譜系來看，事實上說明了學術有其傳承，後之視前雖有所不同，甚至面目內涵差異頗大，但淵源所自，實歷歷可數，若以「反動」一語帶過，難免與人「抽刀斷水」之譏。我們可以說，胡適以「反動說」來解釋清學興起

27 章學誠：〈又與朱少白書〉，《章學誠遺書·章氏遺書補遺》，總頁 611。亦可參看同書頁 15-16，《文史通義·內篇二·朱陸》。

的原因，固然有其道理，但是絕對不夠周延；同樣的，以「內在理路說」來說明清代學術與前一時代學術的關係，也可能出現過於牽扯，難以自圓其說的困境。

學術的演進發展是相當複雜的現象，其中有延續、有變化，猶如滾滾長江東逝，但見波濤起伏，後浪推湧前浪，其實前後二者之間實難劃分清楚。前後時代的學風儘管有所差異，甚至迥然不同，但二者之間必然有著千絲萬縷的關係存在，後來的變化多半在前一階段已經出現端倪，只是稍微隱密，不易發覺罷了。清代的考證風氣雖自顧炎武開風氣，但是顧氏之前，明代的學者如胡適所標舉的陳第，以及胡適未注意到的錢謙益（1582-1664）等人，其實著作中已有頗多考證之作，而且精密之見所在多有，這是難以一筆帶過，忽略不提的。就此而言，胡適以「反動說」來解釋清學的興起，似乎有過於簡單化之嫌。

（二）對於「清代學術的最大成就是經學的復興」的思考

就清代學者在治經的研究精神、研究方法及所做出的成績而言，清代經學不僅集歷代經學之大成，而且成就亦遠在歷代經學之上，這是完全可以確定的。28所以胡適的評價相當正

28 有關清代學者治經成果的大致表現，可參看梁啓超：〈清代學者整理舊學之總成績（一）〉，《中國近三百學術史》（上海：復旦大學出版社，朱維錚校注《梁啓超論清學史二種》本，1985年），頁294-329。

確。不僅如此，胡適對清代學術的觀察確實也遠在當時其他學者之上，此處就以清末的皮錫瑞爲例，與胡適的觀點略做比較，以見胡氏的眼光超卓之處。

皮錫瑞在他所撰的《經學歷史》一書中，分中國經學史的發展爲十期，除孔子時期爲「經學開闢時代」，兩漢爲「經學極盛時代」，唐代爲「經學統一時代」之外，宋代被列爲「經學變古時代」，元明兩朝則爲「經學積衰時代」，至於清朝，則列爲「經學復盛時代」。皮氏認爲清代經學之所以復盛，原因有二：「一則明用時文取士，至末年而流弊已甚。……一時才俊之士，痛矯時文之陋，薄今害古，棄虛崇實，挽回風氣，幡然一變。王夫之、顧炎武、黃宗羲皆負絕人之姿，爲舉世不爲之學。於是毛奇齡、閻若璩等接踵繼起，考訂校勘，愈推愈密。斯爲近因。」遠因則是宋儒之中，朱子之學最爲篤實，「王、顧、黃三大儒，皆嘗潛心朱學，而加以擴充，開國初漢、宋兼采之派。斯爲遠因。」[29]由於上述諸儒「實事求是」學風的影響，再則「雍、乾以後，古書漸出，經義大明。惠（棟）、戴（震）諸儒，爲漢學大宗，已盡棄宋詮，獨標漢幟矣。」[30]這些經師有兩項特質，即「傳家法」與「守顓門」，「傳家法則有本

29 清．皮錫瑞著、周予同注釋：《經學歷史》（北京：中華書局，1989年），頁299-300。

30 《經學歷史》，頁313。

原，守顓門則無淆雜」[31]，這使得他們能繼承漢學，開展出經學的新局面，做出前所未有的成績。這些成績表現在三個方面，即：輯佚書、精校勘、通小學。輯佚書成果豐碩，漢、唐經師遺說殘存者大致略備，增添許多研究材料。精校勘指的是清代校勘名家輩出，刊誤訂譌，具析疑滯，提供具體可信的資料。通小學則不僅解決古今文字語言差異，有助於解經通古，更因而附庸蔚爲大國，從小學發展出文字、音韻、訓詁三門獨立的學問。綜上所云，皮錫瑞因此肯定清代經學的成就遠邁前人，地位獨特。

從上面的論述可以看出，同樣是推崇清代經學，皮氏的觀點猶是拘守傳統經師窠臼，不脫今古、漢宋的門戶成見，雖然盛推清儒經學，卻受限於既有立場，未能清楚掌握清學的特質。而胡適卻極爲不同，他明確指出：「清朝的經學有四個特點：（一）歷史的眼光，（二）工具的發明，（三）歸納的研究（四）證據的注重。」透過對四個特點的分析探討，胡適不僅勾勒出清代學術的特質，同時也將清學與傳統經學研究的差異所在凸顯出來。皮錫瑞只描述了清代經學的種種現象，卻沒能說出這種現象背後的所以然，關鍵因素究竟何在？相較於皮錫瑞說法的含糊不清，胡適則要言不煩的點出清代經學之所以興盛，所以能遠過前代，在於清代學者改變了傳統治經的態度，以歷史的眼光、客觀的態度，注重方法，掌握新的治學工具，所以能做出

31《經學歷史》，頁321。

令人信服的成績，並且開拓出合乎科學的學風。這種觀察，是從未受過近代西洋學術洗禮的皮錫瑞所難以企及的。

（三）對「清代學術能超越前人的主要原因，在治學方法的創新與應用」的思考

胡適專論治學方法的〈清代學者的治學方法〉一文，撰著於民國八年（1919 年）八月至民國十年（1921 年）十一月，大部分寫於民國八年（1919 年）至民國九年（1920 年）之間。較胡適稍晚，梁啓超在其民國十年（1921 年）出版的名著《清代學術概論》一書上，也同樣討論到乾嘉學者治學的學風特色，有下述十項：

1、凡立一義，必憑證據；無證據而以臆度者，在所必擯。2、選擇證據，以古為尚，以漢唐證據難宋明，不以宋明證據難漢唐；據漢魏可以難唐，據漢可以難魏晉，據先秦西漢可以難東漢，以經證經，可以難一切傳記。3、孤證不為定說；其無反證者姑存之，得有續證則漸信之，欲有力之反證則棄之。4、隱匿證據或曲解證據，皆認為不德。5、最喜羅列事項之同類者，為比較的研究，而求得其公則。6、凡采用舊說，必明引之；勦說認為大不德。7、所見不合，則相辯詰，雖弟子駁難本師，亦所不避；受

之者從不以為忤。8、辯詰以本問題為範圍，詞旨務篤實溫厚，雖不肯枉自己意見，同時仍尊重別人意見；有盛氣凌轢，或支離牽涉或影射譏笑者，認為不德。9、喜專治一業，為「窄而深」的研究。10、文體貴樸實簡絜，最忌「言有枝葉」。32

梁啓超所列出的這十項特色中，前四項都與重視證據有關，第五項則顯示出他也注意到歸納比較以求通則的現象，六至八項則是著述道德、討論辯駁的態度，第九項爲做學問講究專精，第十項則是寫作文章的基本要求。通過與胡適〈清代學者的治學方法〉的比較，我們可以發現，兩人都注意到清代學者治學重視證據、注意歸納比較的特色，也同樣舉出清儒喜歡做「窄而深」的研究，這是英雄所見略同。不同的是梁啓超討論的範圍較廣，不限於治學方法，也兼論著作道德、辯駁的態度與論文寫作的基本文體。由於兩人寫作的時間相近，胡適亦曾讀過《清代學術概論》的原稿，並且提出過修正意見，33兩人之間究竟誰影響誰?實在很難判定。

如果專就治學方法的討論而言，胡適在觀察到清儒注重證據之外，進一步討論到他們的治學方法經常使用歸納法，並且也注意到清儒在進行歸納時，「很能用『假設』」，甚至於將假設的通則「演繹出來」。就此而言，胡適判斷清代學者的治學方法，不僅僅是歸納法，其實是

32 梁啓超：《清代學術概論》（臺北：臺灣商務印書館，1985年），頁77-78。

33 參看梁啓超：《清代學術概論》，頁（1），〈第二自序〉。

「歸納與演繹同時並用的科學方法」，他以錢大昕考定「古無輕唇音」、「古無舌頭舌上之分」、王念孫、王引之父子考定文言虛字、王念孫、段玉裁校勘古書爲例，說明清代學者治學用的就是科學方法，進而導出他們的方法就是「大膽的假設，小心的求證」。相較之下，梁啓超雖也提及清人重視歸納以求通則的方法，但卻沒有進一步的申說，殊爲可惜。姑且不論胡適的結論是否一定成立，是否論證過程絕無瑕疵，僅就他挖掘問題的深度，勇於創說的治學態度而言，在當時的學術界，的確是相當前衛罕見的。

胡適對於治學方法的重視，從他青年時期即已開始，[34]他的博士論文《先秦名學史》以及以此書爲基礎所編寫的《中國哲學史大綱（卷上）》，寫作的重點都放置在方法的討論上。[35]而胡適研究清代學術時，探討的對象、關切的問題，著眼點也全在清代學者的治學方法，

---

34 參看胡適口述、唐德剛譯注：《胡適口述自傳》（臺北：傳記文學出版社，1981年），頁121-139，第六章〈青年期逐漸領悟的治學方法〉。

35 胡適曾在〈《中國古代哲學史》臺北版自記〉說：「我這本書的特別立場是要抓住每一位哲人或每一個學派的『名學方法』（邏輯方法，即是知識思考的方法），認爲這是哲學史的中心問題。我在第八篇裡曾說：『古代本沒有甚麼「名家」，無論哪一家的哲學，都有一種爲學的方法。這個方法，便是這一家的名學（邏輯）。所以老子要無名，孔子要證明，墨子說，「言有三表」…這都是各家的「名學」。因爲家家都有「名學」，所以沒有甚麼「名家」。』這個看法，我認爲根本不錯。試看近世思想史上，程、朱、陸、王的爭論，豈不是一個名學方法的爭論？…所以我這本哲學史在這個基本立場上，在當時頗有開山的作用。可惜後來寫中國哲學史的人，很少能夠充

這一點我們從胡適的〈清代學者的治學方法〉、〈崔述年譜：科學的古史家崔述〉、〈費經虞與費密——清學的兩個先驅者〉、《戴東原的哲學》、〈幾個反理學的思想家〉以及〈治學的方法與材料〉這些著作的內容，討論的人物以及探討的問題來觀察，無一例外的全都指向治學方法的分析與探討。不僅如此，胡適本人在研究中國傳統小說時，也採取了清代學者研究古書的治學方法，蒐集可能掌握到的材料，尊重證據，屏除成見與附會，讓證據引導推論，在他膾炙人口的〈《紅樓夢》考證〉一文的結語中，他懇切的說：

> 我在這篇文章裡，處處想撇開一切先入的成見；處處存一個搜求證據的目的；處處尊重證據，讓證據做鄉導，引我到相當的結論上去。我的許多結論也許有錯誤的，——自從我第一次發表這篇考證以來，我已經改正了無數大錯誤了，——也許有將來發見新證據後即須改正的。但我自信：這種考證的方法，除了〈董小宛考〉之外，是向來研究《紅樓夢》的人不曾用過的。我希望我這一點小貢獻，能引起大家研究《紅樓夢》的興趣，能把將來的《紅樓夢》研究引上正當的軌道去：打破從前種種穿鑿附會的「紅學」，創

分了解這個想法。」由此可知，胡適在從事學術研究工作時，最關心的就是研究方法。

> 造科學方法的《紅樓夢》研究！36

其後在〈廬山遊記〉的結語也說：

> 我為什麼要考證《紅樓夢》？在消極方面，我要教人懷疑王夢阮、徐柳泉、蔡子民一班人的謬說。在積極方面，我要教人一個思想學問的方法。我要教人疑而後信，考而後信，有充分證據而後信。
>
> 我為什麼要替《水滸傳》作五萬字的考證？我為什麼要替廬山一個塔作四千字的考證？我要教人一個思想學問的方法。我要教人知道學問是平等的，思想是一貫的，一部小說同一部聖賢經傳有同等的學問上的地位，一個塔的真偽同孫中山的遺囑的真偽有同等的考慮價值。37

可以看出，胡適之所以強調他要考證《紅樓夢》、《水滸傳》，爲的就是要改變大家的思考模式，通過人人都讀易懂的通俗小說，來教導社會大眾打破因循苟且的習性，不要盲從輕信，要學會懷疑；更積極的則是要學會「疑而後信，考而後信，有充分證據而後信」的「思想學問方

---

36 胡適：〈《紅樓夢》考證〉，《胡適文存》1集，卷3，頁618。

37 胡適：〈廬山遊記〉，《胡適文存》3集，卷2，頁171。

法」。這種思考方法，主要來自於清代考證之學的影響。

（四）對「清學受限於研究的對象，因而開展不出現代的科學，也與國計民生毫無關連」評價的思考

胡適對於清代學術雖然並不否認其有缺點，38但基本上是持肯定態度的，這由上述的許多論述中再三強調清代學者的治學方法合乎科學可以觀察得出來。但是民國十七年（1928年）發表的〈治學的方法與材料〉論文，卻似乎對他過去讚譽有加，甚至許之爲以「科學的方法」治學的清代學者，有了相當負面的批評。問題究竟出在哪裡？是胡適的觀點有了轉變，還是因對象不同而有所斟酌？或者他根本就不以傳統學術爲然？這是一個相當嚴肅且值得思考的問題。

不同於此前的一貫強調治學方法的重要，胡適在這篇〈治學的方法與材料〉中，特別強調治學的方法與治學的材料同樣重要。「不但材料規定了學術的範圍，材料並且可以大大地影

38 胡適在 1923 年 1 月的〈《國學季刊》發刊宣言〉就曾指出：「這三百年的古學的研究，在今日估計起來，實在還有許多缺點。分開來說，也有三層：一、研究的範圍太狹窄了。……二、太注重功力而忽略了理解。……三、缺乏參考比較的材料。」，《胡適文存》2 集，卷 1，頁 1-18。

響方法的本身。」39因此他極力凸顯研究材料的重要，有時甚至於在方法之上。這種論調和他以往處處強調科學方法，標榜清代學者由於治學方法合於科學的方式，因而能做出超出前人的成績，的確有很大的差異！也因而造成讀者極大的困擾。這種現象出現的原因，可能是有所爲而言，用意在改正年輕人某些較爲偏差的觀念。

我們知道胡適固然大力提倡治學要有方法，尤其是科學的研究方法，長期以來更一直積極鼓吹這個觀念。當這種重視方法普遍被接受並且形成風氣之後，很自然就會出現一些矯枉過正甚至似是而非的說法，例如：「治學問全靠有方法；方法最重要，材料卻不很重要。有了精密的方法，什麼材料都可以有好成績。糞同溺可以作科學的分析，《西遊記》同《封神演義》可以作科學的研究」40等等。胡適認爲這種說法不能說錯，但是只能說是「片面的真理」，不是完整全面的觀察。相同的材料，使用的方法不同，做出來的成果自然不同；若用同樣的方法，但在不同的材料上，做出來的成果自然也大不相同，這是極基本的常識。可能是因爲當時有許多年輕人雖然熱心於研究學問，卻惑於治學方法至上的風氣，因而不了解材料的重要性，只是一味講究治學方法，因而形成相當偏頗的觀念。有鑑於此，胡適雖然極力提倡治學方法，

39 胡適：〈治學的方法與材料〉，《胡適文存》3集，卷2，頁116。
40 胡適：〈治學的方法與材料〉，《胡適文存》3集，卷2，頁109。

爲了避免積非成是，也爲了導正這種錯誤觀念，因此在這篇文章中強調治學方法固然重要，研究的材料也重要。若使用相同的科學方法，就有益於國計民生的角度來看，研究自然科學，甚至比研究古書更重要。或許是因爲這個緣故，所以胡適刻意貶低清代學者的成就，甚至說出：「我們的考證學的方法儘管精密，只因爲始終不曾走上實驗的大路上去，所以我們的三百年最高的成績終不過幾部古書的整理，於人生有何益處？於國家的治亂安危有何裨補？……這三百年的考證學固然有一部分可算是有價值的史料整理，但其中絕大的部分卻完全是枉費心思」[41]的話來！這與他當年膾炙人口的名言：「研究學術史的人，更當用『爲真理而求真理』的標準去批評各家的學術。學問是平等的，發明一個字的古義，與發現一顆恆星，都是一大功績。」[42]真是相去懸遠，不可以道里計！出現這種論調的原因，與其說是胡適的想法有所改變，[43]不如說他是有所爲而言，爲了導正偏失而做出的過激之言，可能更爲妥當。

---

41 胡適：〈治學的方法與材料〉，《胡適文存》3集，卷2，頁119。

42 胡適：〈論國故學——答毛子水〉，《胡適文存》1集，卷2，頁441。

43 周質平在〈評胡適的提倡科學與整理國故〉一文中，曾主張：「胡適對整理國故的態度，到了一九二八年有了相當的改變，這個改變可以說是從純粹的『爲真理而求真理』的非功利的治學觀點，漸漸了解到學術研究與國計民生完全脫節，也有危險與荒謬的可能。」《胡適叢論》（臺北：三民書局，1992年7月），頁5。雖然如此，從後來胡適有關清代的論文來看，他所作的依然是與國計民生毫無關連的紙上研究工作，如1936年4月發表的〈顏李

儘管如此，胡適在這篇文章中貶低了清代學者的治學成績卻是事實，也無可否認。對於這種現象，筆者淺見以爲，胡適在論述中所作的類比其實很有問題，由於比較的對象不妥當，所以纔推論出清代學者的研究成果遠不如同時代西方學者的結論，這是胡適在進行論證時考慮欠周全所導致的結果，對三百年的清代學者而言，這個評價並不十分公允。以下謹略述個人的看法。

所謂比較，必須在公平合理的條件下進行比較，才是合理的比對。領域不同，研究對象不同，儘管研究方法完全相同，也未必見得就是合理的比較。胡適的中、西學者研究成果不同，對人類貢獻相較懸殊的判斷，其實頗存在一些問題。

從研究領域來說，胡適所舉出的清代三百年的學者，如顧炎武、閻若璩（1636-1704）、戴震、錢大昕、段玉裁、孔廣森（1752-1786）、王念孫、王引之等人，他們的研究領域都在傳統

學派的程廷祚〉（北京大學《國學季刊》第 5 卷第 3 期，1936 年 4 月北平出版）；1936 年 6 月發表的〈北京大學新印程廷祚《青溪全集》序〉（天津《益世報．讀書週刊》第 51 期，1936 年 6 月 4 日）；1937 年在「廬山暑期訓練團」講演的〈顏習齋哲學及其與程朱陸王的異同〉（1937 年「廬山暑期訓練團講演稿」，《文史雜誌》1 卷 8 期，1941 年 7 月 16 日香港出版），都是這類性質的研究，看不出胡適有改變思想的跡象。而晚年全力進行的《水經注》研究，只爲了替他的安徽同鄉戴震攘奪全祖望、趙一清的公案辨誣，充分展現出他的「歷史癖」與「考據癖」，更足以證明胡適並沒有改變他「故紙堆裡討生活」的研究工作。

學術的範圍內，研究的對象是人文學。相對於這些中國學者，胡適所舉的西洋學者，如格利賴（Galileo，1564-1642）、牛敦（Sir Isaac Newton，1642-1727）、達爾文（Charles Darwin，1809-1882）、柏司德（Louis Pasteur，1822-1895）等人，這些都是自然科學領域的學者。儘管如胡適所說，中、西學者所使用的方法一樣，他們的學說也都建築在證據之上，但由於研究的材料（對象）不同，因此而有不同的成就。領域不同，研究的對象不同，儘管研究方法相同，所得出的成果不同，這是很正常的。若因此而判斷人文研究的表現不如自然科學，人文研究的成果不像自然科學的成果能造福人類，有益於國計民生，那就是極大的偏差了。44胡適是不

44 四十多年後，胡適在夏威夷召開的「東西方哲學討論會」上宣讀了他的論文："The Right to Doubt in Ancient Chinese Thought."其後刊登在《東西方哲學月報》12 卷 4 期上。（*Philosophy East and West*,Vol.XII, No.4, January, 1963,pp.295-300.）此文後由徐高阮譯爲中文，題目是〈中國哲學裡的科學精神與方法〉，文中胡適對當年在〈治學的方法與材料〉所做的不合理比較，有了較深刻的反省，他說：「不止四分之一世紀以前，我曾試提一個歷史的解釋，做了一個十七世紀中國與歐洲知識領袖的工作的比較年表。…這是一個歷史的解釋，但是對於十七世紀那些中國大學者有一點欠公平。我那時說，『中國的知識階級只有文學的訓練，所以他們活動的範圍只限於書本和文獻。』這話是不夠的。我應當指出，他們所推敲的那些書乃是對於全民族的道德、宗教、哲學生活有絕大重要性的書。那些大人物覺得抄出這些古書裡每一部的真正意義是他們的神聖責任。他們正向白朗寧（Robert Browning）的詩裡所寫的『文法學者』（Grammarian）。…正因爲他們都是專心盡力研究經典大書的人，所以他們不能不把腳跟站穩：他們必須懂得要有證據才可以懷疑，更要有證據才可以解決懷疑。我看這就足夠給一件大可

是應以上述清代學者跟同時的西方學者倍根（Francis Bacon，1561-1626）、笛卡兒（Rene Descartes，1596-1650）來比較，可能會合理一些呢？

就語言學的領域來說，胡適認爲「一個格林姆（Grimm，1785-1863）便抵得許多錢大昕、孔廣森的成績。」又以瑞典學者珂羅倔倫（Bernhard Karlgren，今譯高本漢，1889-1978）爲例，強調「他幾年的成績，便可以推倒顧炎武以來三百年的中國學者的紙上工夫。」[45]格林姆與珂羅倔倫都是西方著名的語言學家，他們研究語音學，都有西洋語言學的理論做基礎，加以有機會研究各地方的方言，所以成就斐然。相較於這些西洋學者，清代的顧炎武、錢大昕、孔廣森以及陳澧（1810-1882）等人，他們既缺乏既有的語言學理論做基礎，又沒有研究

注意的事實做一種歷史的解釋，足夠解釋那些只運用『書本、文字、文獻』的大人物怎麼竟能傳下來一個科學的傳統，冷靜而嚴格的探索的傳統，嚴格的靠證據思想，靠證據研究的傳統，大膽的懷疑與小心的求證的傳統——一個偉大的科學精神與方法的傳統，使我們，當代中國的兒女，在這個近代科學的新世界裡不覺得困擾迷惑，反能夠心安理得。」文載《新時代》4卷8、9兩期，1964年8、9兩月出版，請參看。雖然對清儒已有較公正的評斷，但仍未承認這種比較的不公允、不合理。王元化則在〈胡適的治學方法與國學研究〉一文中指出，胡適拿清代考據學者的治學成績與近代西方自然科學的成就相比較是不妥當的，他說：「胡適在這裡做了一個不可比的比較：清代沒有誕生近代自然科學是事實，但這屬於另一問題，倘責之上述那些清代考據學者則是失於一偏的。」文載《讀書》，1993年9期，頁116-122。

45 以上引文參看胡適：〈治學的方法與材料〉，《胡適文存》3集，卷2，頁120。

方言的機會，可以說研究的方法已經遠落人後；加以研究素材除了紙上材料之外，更缺乏近代實驗、田野調查的機會，成果表現遠落人後，其實並不意外。所以，即使是同領域中、西學者的比較，因爲立足點不同，也並不合理。以這種比較來強調「三百年的第一流的聰明才滯銷磨在這故紙堆裡，還沒有什麼好成績」46，也不能說是一個公允的評斷。

四、結語

雖然沒有刻意的強調，但對於清代學術的研究，在胡適的著作中確實是佔著相當不少的份量。除了《章實齋先生年譜》、《戴東原的哲學》這兩部專書之外，其他的單篇論文也不在少數。在這些論著中，最明顯的特色是胡適一再強調治學方法的重要。如果連同《中國哲學史大綱卷上》一併合計，可以發現胡適在論述治學方法，宣揚他所標榜的科學方法時，所舉的具體實例幾乎全出於清代三百年之中，而且除了清初的顧炎武、閻若璩之外，其餘學者如戴震、錢大昕、段玉裁與王念孫父子等，也都是乾嘉考證之學的代表學者。這種現象顯示，雖然並非有意，但極清楚的表示了胡適對乾嘉漢學的重視與極度肯定。

46 胡適：〈治學的方法與材料〉，《胡適文存》3集，卷2，頁121。

胡適自承：「我治中國思想與中國歷史的各種著作，都是圍繞著『方法』這一觀念打轉的。『方法』實在主宰了我四十多年來所有的著述。」並且說：「從基本上說，我這一點實在得益於杜威的影響。」47雖然如此，但透過上述的討論之後，我們可以確切的說，在建構他的方法論上，除了他自稱受之於杜威的「實驗主義」之外，清代學者三百年的研究方法與治學成果，爲胡適自身的理論建構提供了最完整的資料來源與具體實例；如果沒有這些，胡適能否掌握具體材料，以完成他的理論體系，還是頗可討論的問題。這一點，我們從上述〈清代學者的治學方法〉、《戴東原的哲學》以及〈治學的方法與材料〉的論述內容，即可充分看出。48

胡適的學術成就究竟如何？他的學術地位應如何定位？即使到今日，恐怕仍然議論紛紛，難以有一致的結論。但是經過上述的討論之後，有一點是應該可以確定的，他是中國近代史上第一位提倡方法論的先驅，對治學講究方法有著難以抹殺的貢獻。所謂「但開風氣不爲師」，

---

47 唐德剛譯註：《胡適口述自傳》，頁94。

48 孔繁曾說：「胡適在現代學術史上的貢獻，很大部分在他的考據學，而他的考據方法則是直接清代學者而來，清代學者於文字音韻的訓詁校勘以及古書的考訂辨僞，對他起了示範和啓蒙的作用。…他於『樸學』方法論上並沒有多大創造，儘管他極力以實用主義方法附會樸學方法，然而他於考證學所作之發明，並非來自實用主義，而是來於『樸學』的啓迪。否則胡適便不成其爲胡適了。」參見孔著〈胡適對清代「樸學」方法的總結與評價〉，《文史哲》，1989年第3期，頁51-56。

應該是實至名歸的。

（原載《國學學刊》2011年第2期，頁23-34，中國人民大學國學院，2011年6月）

大安出版社最新書目

更新日期：2013 年 9 月

書碼	書 名 (書碼有"*"標記者,書封面底已有條碼)	出版年月	著/編/譯者	定價
	學術論叢 註:出版年採用西元紀年後二碼			
KA005*	石學論叢	(99.02)平裝	程章燦	300
KA006*	石學續探	(99.05)平裝	葉國良	280
KA009*	發跡變泰—宋人小說學論稿	(00.11)平裝	康來新	380
KA011*	敘事論集—傳記、故事與兒童文學	(00.08)平裝	廖卓成	250
KA012*	慕廬雜稿(王叔岷先生論文選集)	(01.02)平裝	王叔岷	250
KA015*	詩經風雅識論	(01.04)平裝	劉龍勳	300
KA016*	宋元逸民詩論叢	(01.08)平裝	王次澄	450
KA017*	魏晉學術人物新研	(01.08)平裝	張蓓蓓	300
KA020*	古典小說與民間文學—故事研究論集	(04.08)平裝	謝明勳	300
KB001*	漢魏六朝文學論集	(97.12)平裝	廖蔚卿	500
KB002*	文學批評的視野	(98.04)平裝	龔鵬程	400
KB003*	唐宋古文新探	(98.04)平裝	何寄澎	250
KB004*	易學乾坤	(98.08)平裝	黃沛榮	350
KB007*	晚明學術與知識分子論叢	(99.03)平裝	周志文	260
KB008*	晚清小說理論研究	(99.11)平裝	康來新	320
KB010*	文學美綜論	(00.09)平裝	柯慶明	400
AA003	中國海洋發展關鍵時地個案研究	(90.05)平裝	李東華	200
AA005	保守與進取： 十九世紀俄國思想與政治變動之關係	(91.03)平裝	段昌國	250
AA008	明代理學論文集	(90.05)平裝	古清美	350
AA013	許崇智與民國政局	(91.03)平裝	關玲玲	200
AA015	西漢前期思想與法家的關係	(91.04)平裝	林聰舜	250
AA016	中古學術論略	(91.05)平裝	張蓓蓓	300
AB006	石學蠡探	(89.05)平裝	葉國良	250

書碼	書 名 (書碼有"*"標記者,書封面底已有條碼)	出版年月	著/編/譯者	定價
AB007	李覯與王安石研究	(89.05)平裝	夏長樸	300
AB009	焦循研究	(90.05)平裝	何澤恆	350
AB014*	台灣閩南語語法稿	(00.09)平裝	楊秀芳	300
AB018	龍淵述學（鄭騫先生論文選集）	(92.12)平裝	鄭　騫	600
BA017	明代戲曲五論—附明傳奇鈎沈集目	(90.05)平裝	王安祈	200
BA028	李白詩的藝術成就	(92.02)平裝	施逢雨	300
BB003	抒情傳統與政治現實	(89.09)平裝	呂正惠	200
BB006	比興、物色與情景交融	(95.03)平裝	蔡英俊	300
BB007	中古文學論叢	(89.06)平裝	林文月	350
BB019*	晚明小品與明季文人生活	(97.10)平裝	陳萬益	200
BB026	崑曲清唱研究	(91.03)平裝	朱昆槐	300
BB029	抒情傳統的省思與探索	(92.03)平裝	張淑香	300
BB030	意志與命運—中國古典小說世界觀綜論	(92.04)平裝	樂蘅軍	400
BB037	清末小說與社會政治變遷（1895-1911）	(94.09)平裝	賴芳伶	480
BB038*	晚鳴軒論文集	(96.01)平裝	葉慶炳	400

古典新刊

書碼	書 名	出版年月	著/編/譯者	定價
DC001*	四書章句集注（朱熹集注）	(99.12)平裝	宋・朱熹	300
DC002*	楚辭補注（王逸注.洪興祖補注）	(99.11)平裝	宋・洪興祖	350
DC003*	文體序說三種（文章辨體序說等）	(98.05)平裝	明・吳訥等	250
DC004*	老子四種（王弼注.河上公注.馬王堆本.郭店本）	(99.02)平裝	王弼・河上公	250
DC005*	周易二種 (王韓注,朱熹本義)	(99.07)平裝	王弼・朱熹等	540
DC006*	周易王韓注	(99.07)平裝	王弼・韓康伯	300
DC007*	周易本義	(99.07)平裝	宋・朱熹	300

研教用書

書碼	書 名	出版年月	著/編/譯者	定價
AA001	童話析論	(02.05)平裝	廖卓成	300
AA002	葉水心先生年譜	(88.03)平裝	周學武	200

書碼	書 名 (書碼有"*"標記者,書封面底已有條碼)	出版年月	著/編/譯者	定價
AA021	王安石論稿	(93.11)平裝	王晉光	250
AA026*	清儒名著述評	(01.08)平裝	鄭吉雄	420
AA027*	一九九七年以來新出商周彝銘彙編(一)	(01.08)平裝	劉龍勳編	250
AA028	一九九七年以來新出彝銘與詩經相關詞彙便檢〈一〉	(01.08)平裝	劉龍勳編	200
AB004*	英國史	(00.11)平裝	陳炯彰	230
AB005*	印度與東南亞文化史	(05.09)平裝	陳炯彰	230
AB010	王國維著述編年提要	(89.08)平裝	洪國樑	150
AB011*	美國史	(01.10)平裝	張四德	220
AB017	視覺語言學	(91.09)平裝	游順釗	300
AB022	俄國史	(94.02)平裝	段昌國	200
AB024	經學史論集	(95.06)平裝	湯志鈞	350
AB027*	鄭因百先生百歲冥誕國際研討會學術論文集	(05.08)精16開	臺大中文系	1000
AB028*	劉吶鷗國際研討會論文集	(05.11)平裝	國家台灣文學館	450
AB029*	中國文學歷史與思想中的觀念變遷	(05.12)精16開	台大文學院	1000
AC001*	聲韻學中的觀念和方法	(01.10)平裝	何大安	350
AC023	中國學術研討會論文集: 紀念高明先生八秩晉六冥誕	(94.03)平裝	中央中文系所編	600
BB001	清晝堂詩集(鄭騫先生詩集)	(88.12)平裝	鄭　騫	400
BB009	杜甫與六朝詩人	(89.05)平裝	呂正惠	200
BB010*	中國詞學的現代觀	(99.07)平裝	葉嘉瑩	140
	唐宋名家詞賞析(一套四冊,可分售)	四冊平裝	葉嘉瑩	580
BB011*	唐宋名家詞賞析(一)溫、韋、馮、李	(99.05)平裝	葉嘉瑩	140
BB012*	唐宋名家詞賞析(二)晏、歐、秦	(99.07)平裝	葉嘉瑩	140
BB013*	唐宋名家詞賞析(三)柳永、周邦彥	(00.04)平裝	葉嘉瑩	160

書碼	書 名 (書碼有"*"標記者,書封面底已有條碼)	出版年月	著/編/譯者	定價
BB014*	唐宋名家詞賞析(四)蘇軾	(00.10)平裝	葉嘉瑩	140
BB015	元雜劇中的愛情與社會	(91.11)平裝	張淑香	250
BB027	紅樓夢探究	(91.11)平裝	孫遜	250
BB034*	中國文學縱橫論	(97.10)平裝	王 瑤	300
BB035	話本與才子佳人小說之研究	(94.02)平裝	胡萬川	300
BB039*	文學典範的反思	(96.09)平裝	林明德	360
BB041*	沈三白和他的浮生六記	(96.11)平裝	陳毓羆	200
BB045*	與爾同銷萬古愁—中國古典詩詞欣賞	(98.04)平裝	王保珍	150
BB046*	虛實空間的移轉與流動—宋元話本小說的空間探討	(04.02)平裝	金明求	400
BB047*	明遺民的「怨」「群」詩學精神—從覺浪道盛到方以智、錢澄之	(04.04)平裝	謝明陽	300
BB048*	古典小說散論	(04.11)平裝	樂蘅軍	300
BB049*	真假虛實—小說的藝術與現實	(05.05)平裝	胡萬川	420
BB050*	不離情色道真如—《紅樓夢》賈寶玉的情欲與悟道	(05.05)平裝	林景蘇	420
BC004*	詩詞曲格律淺說	(98.11)平裝	呂正惠	150
BC018*	歷代短篇小說選	(01.07)平裝	陳萬益等編	350
BC042*	古典小說精華選析	(96.07)平裝	孫遜、孫菊園	350
BC046	史記會注考證—附錄〈太史公行年考〉	(00.12)精16開	【日】瀧川龜太郎	700
BC047*	慕廬餘詠(王叔岷先生詩集)	(01.02)平16開	王叔岷	300
BC048*	閩南方言本字與相關問題探索	(03.02)平裝	徐芳敏	300
BC049*	經學通論	(05.08)平裝	葉國良等	550
BC050*	群經概說	(05.08)平裝	葉國良等	350
BC051*	追蹤躡跡:中國小說的文化闡釋	(05.09)平裝	高桂惠	350
BC052*	化外談紅	(06.07)平裝	劉廣定	600
BC053*	王安石八論	(06.08)平裝	王晉光	280

書碼	書 名 (書碼有"*"標記者,書封面底已有條碼)	出版年月	著/編/譯者	定價
BC054*	論朱一新與晚清學術	(07.06)平裝	曹美秀	800
BC055*	北宋文人的飲食書寫——以詩歌為例的考察	(07.06)平裝	陳素貞	900
BC056*	明清性愛小說論稿	(07.06)平裝	丁峰山	350
BC057*	儒佛交涉與宋代儒學復興———以智圓、契嵩、宗杲為例	(08.11)平裝	洪淑芬	770
BC059*	宋元明話本小說「入話」之敘事研究	(09.01)平裝	金明求	330
BC060*	中國文學流派學初論——以常州詞派為例	(09.07)平裝	侯雅文	550
BC061*	民國學者文論研究	(09.08)平裝	蕭鳳嫻	210
BC062*	李夢陽的詩學與和同文化思想	(09.09)平裝	侯雅文	400
BC063*	世變中的記憶與編寫——以丁耀亢為例的考察	(09.12)平裝	黃瓊慧	380
BC064*	雲間詩派的詩學發展與流衍	(10.04)平裝	謝明陽	420
BC065*	物體系的豔／異敘事——《燈草和尚傳》新論	(10.12)平裝	羅羌翎	400
BC066*	蚌病成珠:古今作家論	(11.03)平裝	王幼華	580
BC067*	主體屬性的追尋與重構：屈原的身分認同及漢人對他的閱讀與書寫	(11.07)平裝	許又方	350
BC068*	「演義」－明代四大奇書敘事研究	(11.08)平裝	李志宏	600
BC069*	居愚居文獻論叢	(11.09)平裝	葉國良	320
BC070*	《說文》讀記	(11.09)平裝	龍宇純	250

※團購 10 本以上打八折，單冊九折。書款在壹仟元以上者，郵運費用本社負擔；未滿壹仟元者，請另加郵資 60 元（零購單冊，郵資 40 元）〔本社一律掛號寄書〕。書價若有變動，以匯款日價格為準。

※郵政劃撥帳號 ： 10103877 大安出版社